DANDING DE NVREN
ZUI XINGFU

淡定的女人最幸福

一本女性缔造成熟之美，
获取人生幸福的完美之作！

刘艳 |编著|

内蒙古出版集团
远方出版社

图书在版编目（CIP）数据

淡定的女人最幸福 / 刘艳　编著．——呼和浩特：远方出版社，2013.7

ISBN 978－7－80723－995－6

Ⅰ．①淡…　Ⅱ．①刘…　Ⅲ．①女性－幸福－通俗读物　Ⅳ．①B82－49

中国版本图书馆 CIP 数据核字（2013）第 161491 号

淡定的女人最幸福

作　　者　刘　艳

责任编辑　王松年　王托雅

装帧设计　柏拉图创意机构

出版发行　内蒙古出版集团　远方出版社

社　　址　呼和浩特市乌兰察布东路 666 号

（电话：0471－2236466 邮编：010010）

经　　销　新华书店

印　　刷　北京毅峰迅捷印刷有限公司

开　　本　710×1000　1/16

字　　数　262 千

印　　张　18

版　　次　2013 年 11 月第 1 版

印　　次　2015 年 3 月第 2 次印刷

标准书号　ISBN 978－7－80723－995－6

定　　价　28.00 元

前言

在充满竞争和压力、诱惑和挑战的今天，琐碎的生活令人筋疲力尽，繁重的工作令人殚精竭虑，追逐金钱和名望则令人绞尽脑汁……所有这些生命中的欲望和负累，恰恰成了阻碍人们获得幸福的牵绊。人们常常因这些牵绊而迷失方向，丢失心灵的平静，甚至对生活失去信心，绝望恰似乌云压顶，为此，人们不禁开始抱怨：幸福究竟是什么？为什么我感受不到幸福？其实幸福很简单，只要怀揣一颗淡定的心去感谢上天赐予的一切，我们的生活便一定能多姿多彩、幸福快乐。

生活中，迎着幸福前行的女人，都有着淡定的心和饱满的精神，无论身处何方，她们看到的都是骄阳，听到的都是天籁；无论境遇如何，她们都知道怎样让自己走出泥潭，从生活中挖掘快乐、提炼幸福。而那些无心无力去感知幸福的女人，终日被心中的欲望和负累所困扰，整天抱怨命运的不公，感慨人生的不平。这样的女人，即便头上晴空万里，心中依然乌云密布，与幸福永远隔着一层透明的纱，心中虽然充满美好的憧憬，却只能渐行渐远。

所以，如果你想拥抱幸福，请敞开内心，让阳光照进来，遵从自己内心的宁静，用善良和爱心指引你前行的道路。当心灵里的阳光放射出温暖的光芒时，你的伤痛和不幸也将随之融化。

淡定的女人最幸福！要想成为一个淡定的女人，请先稳住自己的内心。“淡”是外在状态，“定”是内在心境，有了心的定，才有行的淡。正所谓：“宠辱不惊，闲看庭前花开花落；去留无意，漫随天外云卷云舒。”拥有了淡定的心态，女人才能卸下生活的重担，在人生的旅途上轻松前行，让爱和美充实自己的心灵世界，让崇高和尊严引领青春的目光。本书为所有女性朋友介绍了修炼心灵正能量的 49 种方式方法，是一本让她们能真正踏上幸福旅程的暖心之作。

目录 CONTENTS

一 微笑 女人最好的名片

1 微微一笑百媚生

几乎所有人都会认同：世界上最美丽的东西是微笑，最动人的表情也是微笑，我们最喜欢看到的也是笑容可掬的脸庞。微笑不仅能给我们的生命带来春天般的美丽气息，更能融化冰雪般的人生悲伤。

比如，处于陌生的环境，一个微笑就能消除所有不安；人际关系有了芥蒂，再见时互相给了笑脸，不愉快也就烟消云散了；生活中碰到艰难，一个鼓励的微笑，困难窘迫仿佛有了回转的空间；沮丧的时候，一个理解的微笑，沉到谷底的心也就得到了温暖的慰藉——微笑的魅力，有时远出意料之外。

女作家玛利·韦伯本身所爱好的有两样：一是大自然，一是文学。她那并不宽敞的园圃内，四季都开满了可爱的花卉，她晨昏守望在花园里，内心充满了不可言喻的喜乐。她为了使人分享到她园中的芳馨，同时更为了以极诗意的工作来减轻丈夫生活的重负，她常常黎明即起，将一些带露的花朵剪下来，放置在挑筐里，背到城中去叫卖，往往在中午前才能回到家。有时她中途遇雨，回来时全身都湿淋淋的，但她并不在意，一边用手帕擦拭着头上额间的雨水和汗珠，一边笑着对家人说："我已经完成了一件美的工作!"

然后，她走到书桌边，展开纸，拿起笔，才写了没有几行，看看时间已不早，她便又匆匆地赶到厨房，将面粉调好，做成饼子，放在火上焙烤着，随即擦擦手上的面粉，又拿起她的笔来。当她文思泉涌、写得正起劲的时候，一阵阵的焦味自厨房的锅子里飘了进来。她望着身边的丈夫，带着几分歉意地笑笑，赶紧跑到炉边。丈夫对她也极其体贴，饼子即使烤焦了，他也仍然觉得好吃，因为他深深地了解他那年轻的妻子，知道她爱自然、爱文学，同时更爱他。为了她这种种的爱，他便很容易地原谅了她——那个可爱的妻子兼愚笨的厨娘。

玛利·韦伯在那样艰苦的环境下依然生活得那样快乐，即使她穷困到需要步行数十里到城中去卖花，繁忙到写几行文稿就要到厨房里去翻看面饼，她的内心仍不怨不尤，她说："我已经完成了一件美的工作！"然后向丈夫露出带歉意的甜美的笑容。

她懂得生活，了解生活的艺术，倾心于美的、崇高的、有意义的事物与工作，最后，她的生活就变成了艺术！破陋的屋子、粗劣的饮食，有什么关系？破旧的衣裳、繁累的苦作，又有什么关系呢？什么都不能阻拦住一颗纯真、淳朴而快乐的心灵，向往那最崇高的美的境界，如同鸟儿逍遥地飞向高空一样。

其实生活本来就是这样，无论你的权力多大，地位多高，也不管你是富甲天下还是一贫如洗，只要会用微笑生活，你就懂得了生活的意义。因此，世界上只有微笑不分四季，不分南北，只要在有人群的地方就会开放。越是纯洁的心灵，越是为其之美。

英国游客杰克到美国观光，导游说西雅图有个很特殊的鱼市场，在那里买鱼是一种享受。杰克和同行的朋友听了，都感到很好奇。那天，他们去一探究竟，天气不是很好，但杰克发现市场并非鱼腥味刺鼻，迎面而来的是鱼贩们欢快的笑声。他们面带笑容，像合作无间的棒球队员，让冰冻的鱼像棒球一样，在空中飞来飞去，大家互相唱和："啊，5 条鱼飞往明尼苏达去了。""8 只蜂蟹飞到堪萨斯。"这是多么和谐的生活，充满了乐趣和欢笑。

杰克问当地的鱼贩："你们在这种环境下工作，为什么能保持如此愉快的心情呢？"鱼贩说，事实上，几年前这个鱼市场本来也是一个没有生气的地方，大家整天抱怨。后来，大家认为与其每天抱怨沉重的工作，不如改变工作的品质。于是，他们不再抱怨，而是把卖鱼当成一种艺术。再后来，一个创意接着另一个创意，一串笑声接着另一串笑声，他们成了鱼市场中一道美妙的风景线。

人生的乐趣莫过于用微笑生活。用微笑生活，生活将给予你更灿烂的微笑。当你留一个微笑给伤痛，伤痛便会悄然溜走；留一个微笑给弱者，弱者便会扬起希望的风帆；留一个微笑给过去，过去便会成就你美好的明天。

2　微笑，攻无不克的利器

现实中有些女人，大牌的彩妆涂在脸上，名牌的衣服穿在身上，穿梭在商场里寻觅奢华的名表和珠宝，也许她们还有令人羡慕的身材和优越的出身，但是这些惹人称羡的要素并不能给她们带来美丽和幸运，因为她们的脸上缺少真诚的微笑。的确，漂亮的女人，如果冷若冰霜起来，就像一座冰山，会远远地拉开与别人的距离，也让好运气与她们擦身而过。

一家信誉特好的连锁花店，高薪聘请一位售花小姐，招聘广告张贴出去后，前来应聘的人有四五十个。经过仔细的筛选，老板选出了3位女孩，让她们每人经营花店一个星期，以便最终挑选一人。这3个女孩长得都很漂亮，很适合卖花，其中A有着丰富的售花工作经验，B是花艺学校的应届毕业生，C是一位待业女青年。

A一听老板要以实战来考验她们，心中窃喜，毕竟这工作对于她来说是驾轻就熟。每当有顾客进来，她就不停地介绍各类花的花语以及给什么样的人送什么样的花，几乎每一位顾客进花店，她都能说动别人买一束花或一篮花，一个星期下来，她的成绩非常不错。

轮到B经营花店时，她充分发挥自己所学的专业知识，从插花的艺术到插花的成本都精心琢磨。她的专业知识和聪明为她赢得了相当好的业绩。

C经营起花店则有点放不开手脚，刚开始还有点手足无措。然而她置身于花丛中的笑脸简直就是一朵花，从内心到外表都表现出一种对生活、对工作的热忱。一些残花她总舍不得扔掉，而是修剪修剪，免费送给路过的小学生，而且每一个买花的顾客都能得到她一句微笑的甜甜的祝福——“鲜花送人，手有余香。”顾客听了，往往会开心地回她一笑，然后快乐地离开。不过，尽管C努力干了一星期，但她的业绩与前两个女孩比还是有差距的。出人意料的是，老板最终竟然选择了C。这是为什么呢？

老板自有他的道理，他说：“用鲜花挣再多的钱也是有限的，用如花的心情、如花的微笑去挣钱才是无限的。花艺可以慢慢学，经验可以慢慢积累，但如花的心情是学不来的，因为它体现了一个人的气质、品德和自信……”

是的，女人最能打动人的就是微笑。世界名模辛迪·克劳馥曾说过这样一句话：女人出门时若忘了化妆，最好的补救方法便是亮出微笑。微笑，本不是女人的专利，但女人从心底发出微笑时，却可以让灰暗的人生焕发出靓丽的光彩，让平庸的世界创造伟大的奇迹……

微笑，是一股清新的风，是一首优美而又流行的歌，是盛开在脸上的一朵美丽的花；微笑，是苦难中探索的希望曙光，是成长中顿悟的人生真谛，是人与人之间沟通的无形桥梁，是生命中轮回不息的蓬勃朝气；微笑，是临危不惧的镇静，是虚怀若谷的大度，是坦然自若的从容，是洒脱自信的人生态度。

在第28届奥运会上，中国女排在0∶2落后的情况下，连扳3局，最终以3∶2的比分力克俄罗斯女排，实现了20年后重夺奥运金牌的梦想。女排姑娘们的可圈可点处不胜枚举，而长留人们脑海中的却是主教练陈忠和的微笑……

比赛场上，温文尔雅的陈忠和始终在微笑着，无论是领先还是落后。每当技术暂停或球场休息时，陈忠和总是和蔼可亲面带微笑地给队员们指出要注意的地方。而与陈忠和形成鲜明对比的是闻名排坛的“怒吼主帅”——俄罗斯女排主教练卡尔波利，一到暂停时间或队员技术处理出现失误时，卡尔波利总是在怒吼、咆哮。也许卡尔波利后来会明白，怒吼并非最厉害的武器，微笑的力量远远大于咆哮如雷。正如一位女排姑娘所说："两局落后的时候，陈导依然微笑着鼓励我们，在场上，只要看见陈导在笑，我们就觉得有力量、有信心。"

微笑是如此神奇，它能增进理解，化解冰霜，拓宽胸襟，给人信心；微笑是如此优雅，它能显现个性，张扬美德，暖人心怀，广施爱意。微笑的力量是如此巨大，使其具有难以估量的社会价值。

当我们把微笑送给陌生人，那是信任的种子在浸润；把微笑送给熟人，那是友谊的禾苗在扎根；把微笑送给亲人，那是情感的花蕾在绽放；把微笑送给爱人，那是挚爱的心灵在演绎；把微笑送给对手，那是干戈在化为玉帛；把微笑送给弱者，那是爱心在默默地传递；把微笑送给强者，那是成功的喜悦在分享。

幸福感悟

笑靥如花，是对女人最恰当的比喻。微笑被誉为"解语之花，忘忧之草"。真诚而自信的微笑，就像平静的湖面春风荡开的涟漪，一圈一圈感染着湖水，同时也美丽着湖水。女人的微笑，不仅仅美丽了自己，而且也愉悦了他人。

二　洒脱　拿得起更要放得下

1　不要过分在意别人的评价

对于女人来说，一生中肩负着多种角色：人家的女儿人家的妈，人家的儿媳妇人家的妻，人家的下属人家的上司……有些事情，无论怎样用心处理，无论多么八面玲珑，也难以做到人人都满意，人人都痛快。所以，很多时候，做人要有明确的原则，只有原则搞清楚了，与人交往沟通起来才会更有方向，才会更清楚自己到底应该怎样去做！

陈君玲是一家出版社的翻译，她翻译的作品很受欢迎；她的心地也很善良，生怕伤害了别人，让别人不满意。她的同事爱上了她，但她已经结婚，与丈夫也相处得不错。面对同事如火的热情，她无法拒绝，终于接受了他的爱。其实，连她自己也搞不清楚更爱谁，她既不愿伤同事的心，又想维持自己的家庭，让丈夫满意。她的老同学翻译水平不高，总想求她代为译稿，她也不忍心拒绝，只好加班帮忙；每天早上邻居约她一起跑步，她也不能不陪同做伴……就这样，她不得不经常在深夜或凌晨从这个家跑向另一个家，生活变成了一场不会结束的马拉松长跑，没完没了，她晕头转向，只觉得好累好累。

女性的感性让女人充满了女性的魅力，也让女人比男人更易动感情，感情也更温柔、细腻。但是，感情太过于细腻，在现代社会是一件非常累人的事情。

细腻的人对人对事会观察入微，甚至善于察言观色，这样就容易伤脑筋。事实证明，越在意别人的观感，越会对自己没有信心；越在意别人怎么想，越容易使自己的缺点变成严重负担，而且这个心结将成为压抑创意和破坏健康的元凶。想想现在的人走路都要快两拍，时间就是金钱，效率就是生命，环境哪容你为鸡肠小肚之事想得太多，想多了只会给自己增添无谓的伤感和痛苦。

太在意别人怎么想的女人，心理压力总是很大，每天面对着十目所视、十手所指的压力，总觉得别人时时刻刻都在注意自己的缺点或疏失。这会使人失去活力，当然连其创意和主动性都会丧失。更严重的是，过分在意别人的评价，往往会在别人的逢迎夸奖中做出错误的决定，也会在别人的口诛笔伐中溃不成军。

因此，不管出于什么样的心理，你都要知道一点：想面面俱到，不得罪任何人，又想讨好每一个人，那是绝对不可能的，因为在做人方面，你不可能顾及到每个人的面子和利益，有时你认为顾到了，别人却不一定这么认为，甚至根本不领情也有可能；在做事方面，你也不可能顾到每个人的立场，每个人的主观感受和需要都不同，总会有人不满意。恪守自己的原则，做自己认为该做的事，会有人称赞你，也会有人骂你，但如果你想面面俱到，恐怕结果是每个人都笑你。

现代社会已经不容许女人的感情太过于婆妈，拿得起、放得下才是做人的最佳境界，虽然洒脱不是人人都能做到的，然而为人为己，女人都要如此要求自己，洒脱一点，再洒脱一点。

2　在忘却中重拾前行的勇气

某日去看望一位遭人诬陷的朋友，吃饭时朋友接了个电话，我听出来是有人要告诉朋友诬陷他的人是谁，朋友说："你千万别告诉我，我不想知道。"我有些诧异，朋友解释说，知道了又能怎么样？有些事不需要知道，有些事需要忘记。

朋友的豁达令我十分钦佩。人生不如意常十八九，要让自己快乐，就必须给自己减压，减压的好方法就是学会忘记。

人生就像是一次长途跋涉，不停地行走，沿途会看到各种各样的风景，历经许许多多的坎坷，如果把走过看过的都牢记心里，就会给自己增加很多额外的负担，阅历越丰富，压力就越大，还不如一路走来一路忘记，永远保持轻装上阵。

有些人能够忘记失意时的尴尬和窘迫，却对顺境时的得意津津乐道，岂不知成功和失败一样会留在过去，总是沉湎过去不能释怀，常常说我年轻那会如何如何，拿明日黄花当眼前美景，让过眼烟云在心头永留，陷自己于虚妄之中，便会不思进取，裹足不前。英雄不提当年勇是有道理的。而反复咀嚼过去的痛苦，永远一脸的苦大仇深就更不足取了。印度诗人泰戈尔说过："如果你为失去太阳而哭泣，你也将失去星星。"为鸡毛蒜皮斤斤计较，为陈芝麻烂谷子耿耿于怀，只怕心灵之船会不堪重负，记忆之舟也承载不下。

女友告诉我，25岁那一年，她回到阔别很久的家乡，带了自己几年的日记。她的母亲很不理解，千里迢迢带这样一个又大又厚的本子回来干什么？

终于有一天，她一人在家，坐在午后的阳光里，又细细读了一遍自己的过往。从青涩到成熟，回头看青春，很残酷，竟有些不忍卒读。然后，她把它扔到炉火中。消逝了，异乡的青春岁月。她说，那一刻，沐浴在家乡的阳光里，心里很安宁。

每个人心里都有隐痛，一切都会过去。青春的伤，只是深夜的一场梦魇，天亮后醒来，擦干泪水，还可以重新再来。

略有几分经历的人都有值得追念的往事，可是，无论你有多大本事，都无法重写过去的那段历史，而即将发生的历史如何着笔可全由你自己了。今天是一笔无穷无尽的财富，要多丰美有多丰美，想怎样创造就可以怎样创造。

纵观古今，你或许会发现一个不大不小的规律，每每关键时刻，成败与否，流芳千古或是遗臭万年，就看主人公是否能自解心中那个致命的包袱。

阿拉伯著名作家阿里有一次和吉伯、马沙两位朋友一起旅行。三人行经一处山谷时，马沙失足滑落，幸而吉伯拼命拉他，才将他救起。马沙于是在附近的大石头上刻下："某年某月某日，吉伯救了马沙一命。"三人继续走了几天，来到一处河边，吉伯跟马沙为一件小事吵起来，吉伯一气之下打了马沙一耳光。马沙跑到沙滩上写下："某年某月某日，吉伯打了马沙一耳光。"当他们旅游回来后，阿里好奇地问马沙为什么要把吉伯救他的事刻在石头上，而将吉伯打他的事写在沙滩上？马沙回答道："我永远都感激吉伯救我，我会记住的。至于他打我的事，我只随着沙滩上字迹的消失而忘得一干二净。"

该过去的就让它随风而逝，该遗忘的不要再任凭其占据有限的大脑空间。即使它曾在你心中留下很深的烙印，即使它曾经那么的令你心碎。有人说往事如风，有人说往事如烟，是啊，一缕清风和一缕轻烟有什么好在意的呢？很多时候，往事是自己种在心里的蛊，一味地沉沦，只是给自己一个不快乐的理由，何不学会忘却呢！

3 不要让昨日的辉煌变成你的心牢

可口可乐公司前任董事长保尔·奥斯汀曾这样说过：最糟糕的事就是一个高级主管对公司在市场上的成就沾沾自喜，尤其是公司处于最佳时期。这种危险有时表现得并不很明显，吃老市的人有时并没有意识到自己正在衰退。有许多聪明人在这方面栽过跟头，他们认为自己的成绩是显而易见的，提升和奖赏都必然降临到自己头上，这种自满情绪是很危险的。

在美国的一个大公司中，有两个人在争夺第一把交椅。一个是当时的第二号人物，一个是第四号人物。第二号人物当时业绩辉煌，他确信凭自己的成绩担任总裁毫无问题，没有必要去进行任何竞选活动。而此时，那位处于劣势的第四号人物，除了积极工作外，还聘用了一位公共关系专家，到处活动、演讲，拜访公司下属地区的分部经理，和每位董事谈话，与董事长沟通。谈话的侧重点并不放在以往的业绩上，而是极力描述如何开拓更美好的公司前景。渐渐地，他头上显露出总裁的光环，那位目瞪口呆的第二号人物最后愤而辞职。

这就是一个聪明人的做法：任何时候，成绩只能说明过去，过分注重老本，用以往的成绩说话远没有未来的工作计划更有分量。

“向前看，生活才会充满阳光，才会充满希望。”虽然这是一句老话，但是，无论是在艰难的困境中，还是处于幸福的美好时刻，这句话都提醒着我们不能沉沦在过去的成绩或辉煌中，始终要把眼睛看向前方。

人生不可逆转，时光不能倒流，在过往的岁月里我们难免会留下遗憾，偶尔回头去想想那些经历过的失误，也许对我们以后的人生会有一些纠正和指引，但沉溺于当初的痛苦之中，只会阻碍我们前进的脚步。

过去的就让它过去吧，眼下最重要的是抓住现在的机遇，让它开出成功而绚丽的花朵。

泰国的企业家施利华，曾经把所有的积蓄和银行贷款全部投资在曼谷郊外一个备有高尔夫球场的15幢别墅上，不料别墅刚刚盖好时，时运不济的他就遇上了亚洲金融风暴，别墅一幢也没有卖出去，连贷款也无法还清。施利华只好眼睁睁地看着别墅被银行查封拍卖，连自己安身的居所也被拿去抵押还债了。

情绪低落的施利华完全失去了斗志，他无论如何也没有想到，从未失手过的自己，居然会陷入如此困境。他承受不起此番沉重的打击，现在他只能看到眼前的失败，更不能忘记以前拥有过的辉煌。

有一天吃早餐时，他觉得太太做的三明治味道非常不错，忽然，他灵光一闪，与其这样落魄下去，不如振作起来，从卖三明治重新开始。当他向太太提议从头开始时，太太也非常支持，还建议丈夫亲自到街上叫卖。施利华经过一番思索，终于下定决心行动。从此，在曼谷的街头，每天早上大家都会看见一个头戴小白帽，胸前挂着售货箱的小贩，沿街叫卖三明治。

“一个昔日的亿万富翁，今日沿街叫卖三明治”的消息，很快传播开来，购买三明治的人也越来越多。这些人中有的是出于好奇，有的是因为同情，更多的人是因为三明治的独特口味慕名而来。从此，施利华的三明治生意越做越大，他很快走出了人生困境。

施利华之所以能失而复得一个如此明媚的今天，是因为，在曾经的失败向他挑战现在和未来时，他没忘记先将身上的灰尘拍落，再轻轻松松地与之应战。

人生需要学会忘记，忘记成功，就不会重复自己，不会自恃优越而失去超越自己的锐气；忘记失败，就不会妄自菲薄，不会背负失败的阴影而影响拼搏的信心。

幸福感悟

人生在世，不过弹指一挥间，所有生命都无一例外，既短暂又宝贵。与其活得压抑，活得烦恼，不如学会洒脱。记住该记住的，忘记该忘记的，改变能改变的，接受不能改变的，把握住现在已经拥有的幸福快乐，过好生命中的每一天！

三　乐观　让阳光在心底永驻

1　99%的烦恼都是自找的

每个人或多或少都有过杞人忧天的经历。举个例子：假设有一天早晨起得太晚，你不禁心想：糟糕！起得太晚了，一定会碰上大塞车，上班肯定会迟到。如果迟到了，老板肯定会对我不满意，要是他生气了，说不定会让我走人。万一我失业了，房屋贷款和一大堆等着支付的信用卡账单该怎么办？要是不能及时找到新工作的话，不但信用破产，房子也会被查封。房子没有了，我住哪去？没钱又没地方可去，我一定挨饿，搞不好还会横死街头！而这些都是因为今天这么晚起床！

也许你会觉得这一路推演下来未免夸张了点，不过，类似这样的杯弓蛇影你绝不是没有过。

适当的恐惧感可以促使我们奋发向上，没有了它，大多数人会失去激发自己向上的原动力，没有了奋斗的动机。但是，过度恐惧并不可取，它只会让我们成天忧心忡忡，什么也做不了。如果凡事能够退一步想，不要那么钻牛角尖，忧虑就会减轻不少。就上面的例子来说，虽然迟到了，也可以安慰自己，说不定赶着上班的人今天都起早了，一路过去都畅通无阻。万一塞车了，老板可能也还没到。就算被他逮到了，顶多也是批评一顿。

总之，对于未知的事，所有猜想都是机率问题。以统计学来说，最坏和最好的情况出现的机率都是微乎其微的，同时它们的机会也大略相等，所以你不必担心。更何况，即使最坏的结果真被你料到了，你又能怎么办？你的担心能够改变它吗？实际上，很多事是无法提前完成的。过早地为将来担忧，于事无补，只会让自己活得更累，为自己带来更多沮丧的情绪。禅宗所主张的“活在当下”，不就是指努力过好现在，把明日的事情留给明日吗！

最近看了美国作家布莱克伍德的一篇文章《99% 的烦恼其实不会发生》，感受颇深。他在这篇文章中写了他在二战期间的一段亲身经历。

40 多岁的布莱克伍德，因为战争的到来，众多的烦恼接二连三向他袭来：因为战争，他所办的商业学校里大多数男生都应征入伍而出现了严重的生源危机；他的大儿子也在军中服役，生死未卜；他的住房附近要修建机场，土地房产基本上属无偿征收，赔偿费只有市价的 1/10；女儿马上就要高中毕业，上大学需要一大笔学费，却还没筹到。布莱克伍德坐在办公室里为这些事情苦恼着，随手将它们一条条写下来，苦想对策，但都没有最好的办法，他只好把这张纸条放进了抽屉。

一年半过去了，有一天，他在整理资料时，无意中又看到了这张纸条，那些曾经折磨他很长时间的烦恼事，一一对照着看，却没有一项烦恼真正发生过。他担心商业学校无法办下去，但政府却拨款训练退役军人，他的学校很快便招满了学生；他的儿子毫发无损地回来了；住房附近因为发现了油田，他的房子也不再被征收；在女儿将入大学之前，他找了一份兼职稽查工作，帮助他筹足了学费。

布莱克伍德最后得出了“99% 的烦恼其实都不会发生”的人生经验，并深有感慨地说：“为了不会发生的事饱受煎熬，真是人生的一大悲哀！”

诚如斯言，99% 的烦恼不会发生，而真正的烦恼又很少很少，可以忽略！这正应了中国的一句俗话：“船到桥头自然直。”一切烦恼都会随着时间的推移及我们自身的努力而被我们忽略。而忽略掉一个烦恼，就会迎来“山重水复疑无路，柳暗花明又一村”的佳境。

2 你无法改变天气，却可以改变心情

天气阴晦的时候，我们会觉得心情像外面的天气一样沉重，灰暗郁积

于胸，变得烦躁易怒。当云开雾散，晴空万里，我们的心情也会随着天气的转变而转变，感觉心旷神怡，明媚一片，快乐得想放声歌唱。

天气的好坏对人的心情的确有一定的影响，但是，如果我们任天气牵着鼻子走，那真是一件不太妙的事情。虽然我们不能主宰天气，但是我们可以主宰自己的心情。

在一次与成功学家陈安之的对话节目中，有一位同学问他："陈老师，为什么天气会影响我的心情？"陈安之说："其实不是天气原因，而是你自己的心理因素在作怪，让我给你们讲一个真实的故事吧。我以前在美国演讲，有一个同事当天回到他住的地方，他说太棒了！我问他发生了什么事？他说今天出车祸了。我说出车祸你高兴什么？他说幸亏只撞到车，没有撞到人。我说那要撞到人怎么办？他说幸好只撞到人，没有撞死人。我说如果撞死人怎么办？他说幸好只撞死一个，没有整车都死。要知道，在这个世界上再糟糕的事情也有其好的一面。"可见，与其说是天气这些外在的客观因素影响了我们的心情，不如说是我们自己不懂得转换。事实上，真正影响我们心情的只有我们自己。

当然，不仅仅是天气的变化会影响我们的心情，还有很多其他客观因素也在牵引着我们的心情。比如考试得了第一名，回家的脚步一定是轻松愉悦的；比如面试失败了，有人送鲜花请客吃饭也很难高兴起来。当遭遇让我们悲伤的事情的时候，如果我们能够换个角度，及时转换心情，即便是在黑云压日、雷声滚滚的恶劣天气里，也一样能拥有阳光般的明媚心情。

让天气牵着心情走和不能左右天气就掌控心情，是典型的两种心态，前者是消极的悲观主义，后者是积极的乐观主义。如果你一直让消极的心态占据你的心灵，就算让你中了500万元的彩票，你也会认为这必将是坏事一桩。因为你害怕中奖之后，有人会觊觎你的钱财，进而对你采取不利的行动。这就是说，事情的好坏是由你选择面对事情的态度来决定的。

一件衬衫丢失了几个纽扣，有的人恪守着固定的思维，艰难地寻找与原来一模一样的纽扣，其实并不是原有的就是最好的，为何不把眼光放宽一些，选择比原来更适合衬衫的纽扣呢，而不必受一种思维模式的束缚。生活的道路很宽，活泼的思想，敏锐的直觉，才更有利于完善自我，发挥自身更大的潜力。

著名的美籍华人心理学家李恕信讲过这么一个故事：一个小女孩趴在窗台上，看窗外的人正埋葬她心爱的小狗，不觉泪流满面，悲恸不已。她的外公见状，连忙引她到另一个窗口，让她欣赏她的玫瑰花园。果然小女孩的愁云为之扫净，心空顿时明朗起来。老人捧着小女孩的脸说："孩子，你开错了窗户。"现实生活中，我们也常常会遇到小女孩这样的境地，那么为何不引导自己打开"另一扇窗户"呢？

有些人即便在晴朗的天气里，也会为明天天气的好坏忧虑，而有些人却能在乌云密布的时刻，想象着风雨之后的美丽彩虹。事实上，每一件事物都有它不同的一面，眼睛所及之处，并非是事物的全部。大多数时候，你要寻求什么，你的眼睛就会见到什么。正如心情沮丧的时候，绝对不会看到阳光明媚；心境愉快的时候，就算吵杂声也会变成悦耳的音乐。所以，心情的好坏完全取决于你的心态，而不是其他外界因素，世间的诸多事情，像天气的阴晴雨雪一样是你所不能控制的，但是，你可以做自己心情的主宰者。只要你不主动抛弃好心情，无论是谁都不能将坏心情强加给你。

3 好心态，可点石成金

西方有句名言："乐观是转机"，东方也有句名言："性格决定命运"，可见乐观性格的重要性。只要我们有着良好的乐观向上的人生态度，局面就会随之改观，低潮之后就是高潮，逆境也变为顺境了。

乡下有位陶瓷匠，听说城里人喜欢用陶罐，便决定烧制自己最好的陶罐卖到城里。陶罐烧制好后，陶瓷匠雇来一艘轮船，准备将所有的陶罐都运到城里。想到自己卖了陶罐马上就能过上富裕日子，陶瓷匠兴奋不已。

不料途中竟遇到大风暴，等轮船靠了岸，船上的陶罐也全成了碎片。

陶瓷匠非常沮丧，捶胸顿足之后，他又想，失去了那些陶罐本来就够不幸的了，如果现在再因此不快乐糟贱身体，岂不是更加不幸？他决定趁机到城里好好玩几天。在玩的时候，陶瓷匠意外发现，城里人用来装饰墙面的东西很像自己烧制陶罐的材料。他决定把那些陶罐碎片再砸碎，做成马赛克出售给建筑工地。最后，陶瓷匠不但没有因陶罐破碎而亏本，相反，他因出售马赛克而大赚了一把。

乐观者在灾祸中看到机会，悲观者在机会中看到灾祸。遭遇挫折，身陷逆境，如果我们心灰意冷，肯定是一事无成；倘若我们心态乐观，保持冷静，也许就能发现新的机遇。生活中，困难、不如意不可避免，想要成为强者，乐观须是生活常态。何谓乐观，打个比喻，就像炉灶上的响壶，屁股烧得红红的，却有心情吹口哨。

一个朋友总有着好的运气。他获得好运的秘诀是每天早上出门，如果遇到晴天，就说："啊！这是个多么美好的天气。"如果是阴天则讲："这是多么有情调的天气。"坐上车他会想："今天是个幸运的日子。"然后觉得每个人都在对他笑，好运也就跟着来了。听起来似乎很邪乎，但是其中的主要原因，应该是他总能保持一颗乐观而充满希望的心。

事物都有其两面性，问题就在于我们怎样去对待它们。乐观者对待事物，不看消极的一面，只取积极的一面。如果摔了一跤，把手摔出血了，他会想：幸好没把胳膊摔断；如果遭遇车祸，撞坏了一条腿，他会想：大难不死必有后福。

伊莉莎白·康奈利夫人有一个最爱的人——她的侄儿。有一天，康奈利夫人接到一封电报，说她的侄儿已经为国捐躯，她悲伤得无以复加，她的整个世界都粉碎了。就在她清理桌子、准备辞职的时候，突然看到一封侄儿以前写给她的信，上面有这样一段话："我永远也不会忘记那些你教我的真理，不论生活在哪里，不论我们分离得有多么远，我永远都会记得你教我要微笑，要像一个男子汉一样承受所发生的一切。”于是，她重新回去开始工作，她不再对人冷淡无礼，她一再对自己说：“事情到了这地步，我没有能力去改变它，但我可以乐观地面对它。”

心态的力量是如此的巨大，以至于人们可以通过改变自己的想法，来改变自己的人生。一个人要想自在自如地生活，心中就需要多一份坦然。如果我们凡事都从积极、乐观的方面去想，就不会被任何困难所吓倒，甚至能将困难与不幸转化为幸福。

幸福感悟

乐观的心态就像一个强有力的磁场，又如同花蜜吸引蜜蜂一样，会将各种好运带到你的身边。永保乐观心态，让生命无限精彩。

四　宽容　包容了别人，也成就了自己

1　相逢一笑泯恩愁

在我们的一生中，快乐和痛苦经常交替出现。当痛苦袭来时，试着把悲痛与怨恨抛到身后，乐观地向前，不是为别人，而是为自己。因为人的心就像一所监狱，如果深陷其中无法自拔，成了自己的囚徒，这才是最大的痛苦。宽恕别人，就是最大限度地爱自己。

“一只脚踩扁了紫罗兰，它却把香留在那脚跟上，这就是宽恕。”原来，有关宽恕的诠释可以这样优美而令人感动。

所谓宽容，就是不计较，事情已经过去了就算了。每个人都会犯错误，你也是一样，如果执着于别人的错误，就会形成思想包袱，开始对人不信任，对事情耿耿于怀，什么都放不开，这样的情绪不仅伤害自己，同时也伤害了对方。或许对方已经想对你表示歉意，可是你的“坚持”，只会让双方两败俱伤。

曾有一位女演员，失恋后，怨恨和报复心使她的面孔变得僵硬而多皱，她去找一位最有名的化妆师为她美容。这位化妆师深知她的心理状态，中肯地告诉她：“如果你不消除心中的怨恨，我敢说全世界任何美容师也无法美化你的容貌。”

在怨恨中，没有人是赢家。长期将怒气闷在胸中燃烧，只会灼伤自己。对别人的过错耿耿于怀，只能毒害自己的灵魂。

证严法师曾经说过一句话：原谅曾经伤害过你的人，也要做一个不轻易被伤害的人。很多时候，我们要给自己的生命留下一点空隙，就像两车之间的安全距离，一点缓冲的余地，可以随时调整自己，进退有据。打桥牌时要把我们手中所握有的这副牌，不论好坏，都要把它打到淋漓尽致。人生亦然，重要的不是发生了什么事，而是我们处理它的方法和态度，假如我们转身面向阳光，就不可能陷身于阴影里。我们把花送给别人时，首先闻到花香的是我们自己；我们抓起泥巴想抛向别人时，首先弄脏的也是我们自己的手。一句温暖的话，就像往别人的身上洒香水，自己也会沾上两三滴。

所以，当别人伤害你的时候，不要对造成这件事的人愤怒，也不要对错了的事愤怒，而是用宽容之心去遗忘这件事。如果你一直沉浸在对别人的愤怒中，整天想着得罪了自己的人，必定会影响到自己的情绪，甚至影响自己的健康。如果对事情愤怒，你可以对自己说，事情已经发生过了，就忘了，让它过去。任何想法都有其缘由，任何事情也都有其根源，当你能够设身处地理解对方的想法，那么即使再难以接受的事情，或许都能解决得了，因为那时候你已经能用一种包容的心去看待人或事了。

一个容易愤怒的女人是最容易衰老的。当你试着按以上说的去做，你就可以掌握什么是宽容，学会宽容。学会宽恕那些曾经得罪过你的人，会让你少一些愤怒，心境平和。

2 宽容赢得尊重

有时，人生并不是我们所想象的那样诗情画意，快乐自在。人生中难免会有痛苦与忧伤，如果将这些东西都存储在我们的记忆之中，人生会越来越沉重，越来越悲伤。当你回忆往事，你会发现，一生中美好快乐的体验往往只是一瞬间而已，占据很小的一部分，而大部分时间则伴随着失望、忧郁和不满足。这个时候，聪明地学会遗忘是一件非常幸福的事情。

记住别人对我们的恩惠，洗去我们对别人的怨恨，在人生的旅程中才能自由翱翔。

李湘云和谢娜是一家食品厂的工人，由于工厂裁员，她们都失业了。后来，她们东挪西借地凑了一些资金，开了一家速冻水饺厂。李湘云原来在车间是技术工，于是由她负责调馅、配料等技术，谢娜则负责营销等。两年后，她们的速冻水饺已经很有名气，在当地各大超市及各郊县食品店都有她们的产品出售。年底结算时，令她们吃惊的是，厂里盈利15万元，留下再投入的资金后，每人可分得5万元，这对于从前每月挣800元工资的她们来说真是意想不到的事，因此都乐坏了。

不过，到分利润时，谢娜心里有点不平衡，她认为销售网是她历尽千辛万苦铺开的，而李湘云仅凭技术却要分一半利，她觉得有点吃亏。回家后，有人鼓动她："自己干吧，那些技术也没什么难的，你不是早会了吗？谁不知道重要的是销路。"谢娜几经犹豫，终于下了决心，但又不好开口跟李湘云说，于是就隔三差五地挑李湘云的毛病，先是找借口说进的蔬菜不卫生，被有关部门罚钱了；之后又找理由把李湘云管财务的丈夫开除了。快到年底时，谢娜要回的货款暂不入账，对李湘云说：竞争对手太多，年底恐怕得赔钱，是不是考虑明年停产？李湘云执着地要坚持下去，谢娜又挑李湘云的毛病，诬陷她买原料后剩下的钱没上缴。李湘云气坏了，想在家里待几天散散心，谢娜便以打扫卫生为借口，将她的被褥搬到院里，并锁上了门，之后逐步达到了自己开厂的目的。

秋天到了，适逢销售旺季，但谢娜销出去的水饺却陆续被退回。这些被退回的水饺又不能返工，只得销毁，谢娜很痛心，于是埋怨技术员，谁知技术员却说："做老板跟做员工的心态不一样，原来负责技术的厂长每次都是将几个水饺煮熟品尝后，再配出不同的料，你没她那么用心。"谢娜犯愁了，她想去找李湘云，可是怎么张口呢？谁知一个月后，李湘云自己来到了厂里，原来她在超市看不见厂里的产品，打听到原因后心急如焚，不顾丈夫的劝阻前来救急。谢娜感动得哭了，只怪自己当初有眼无珠，财迷心窍，她当即决定让李湘云全盘管理工厂，并亲自开车请回李湘云的丈夫。

正是因为宽容，李湘云敢于向曾经绊倒自己的人伸出友好的手，不仅挽救了全厂，更在人格上赢得了人们的尊敬。

世界在不停地运转着，人与人之间产生这样那样的矛盾是难以避免的，然而，处理矛盾最好的办法就是学会宽容。懂得宽容的人，她的人生就像一条缓缓流动的河流，充实而自信。宽容意味着不屈卑，挺直腰板对待眼前高高在上的人；宽容也意味着不倨傲，平平和和善待弱小。即使地位卑微照样可以活得坦坦荡荡，即使身在高处也不必独自舔尝孤寂之苦。

3 让包容成为习惯

生活中，要想彻底敞开彼此间的心扉，要想享受终生的爱，有一个最重要的技巧，这就是宽恕。真正的宽恕要承认错误已经发生，然后再肯定犯错误的人仍然值得被人尊重、被人所爱。它并不意味着宽恕或赞同错误的行为。

在婚姻中，如果我们不能学会宽恕，那么爱恋之情在婚姻关系存续期间就会受到程度不同的限制。我们可以仍然去爱自己的伴侣，但那爱将不那么炽烈。宽恕的意义就在于摆脱对婚姻关系的伤害。宽恕可以使我们重燃爱恋之火，使我们坦诚地付出并接受彼此的爱。闭锁的心灵是无法付出爱，也无法接受爱的。

你对某人爱之愈深，当你不原谅他时，你承受的痛也就愈大。许多人由于不能原谅自己的爱人，那种痛苦的折磨甚至会使她们自杀。我们所能感受到的痛苦中，最大者莫过于不能去爱我们所爱的人。这种痛苦的折磨会使人发疯，丧失理智地采取暴力行为。正是这种欲爱不能的痛苦，使许多女人一步步走向了堕落、颓废和暴戾。

我们陷于痛苦和怨恨而不能自拔，其原因不在于不能去爱，而在于不能去宽恕别人。

沈殿霞当年是红透香港的金牌司仪，与名不见经传且饱受生活打击的郑少秋一见如故。她不顾舆论压力，全力扶持郑少秋的事业并安慰他的情感，在与他同居9年后毅然同他登记结婚且不惜冒着生命危险为他怀孕生女，然而他们的女儿来到人世还不到两个月，郑少秋却移情别恋。十年情感一朝云散，最终以沈殿霞遭到沉重打击而宣告结束。多年以后，沈殿霞在TVB主持的谈话节目《掌声背后》开播，第一期节目的第一位嘉宾竟然是郑少秋。二人相对而坐，待节目结束时，沈殿霞突然很意外问郑少秋："有个问题好久前就想问你了，今天借这个机会问你一下，你只需回答Yes或是No就行。

这个问题就是在多年以前，你有没有真心地爱过我?”郑少秋听后，几乎只是稍加思索，便坚定而认真地回答说：“我真的好爱你!”此言一出，沈殿霞立刻泪流满面，随即那幸福的笑容便荡漾在她那迷人的脸上。仿佛历经多年的苦难和恩怨都在那句“我真的好爱你”中烟消云散了。

是啊，宽恕伤害自己的人是困难的，但能做到这一点的人却是明智的。沉殿霞以女性不多见的博大胸怀宽恕了曾伤害过她的人，也为自己创造了一个融洽的人际环境，她这种化诅咒为祝福的智慧确实令人惊叹。所以说，宽容意味着一个人的自爱达到了能够使自己做到诚实、开朗，在生活中保持乐于进取的程度。真正的宽容总是真诚的、自然的。以一种博大的胸怀和真诚的态度去宽容别人，就等于送给了自己一份神奇的礼物。宽容别人所带来的愉快本身是至高无上的，它使我们认识到自己值得受到的宽容，也使我们认识到没有宽容心的人是有缺陷和危险的。

如果你无法宽恕，唯一痛苦的人只会是你自己，因为怨恨和气愤是附着在你身上的，宽恕让你从痛苦中获得解放。所以如果你想要快乐，宽恕是必经之路。

如果你的心里充满了恨，哪还有空间再容得下爱和快乐呢？宽恕能让你的心灵获得自由，并容许爱和快乐进驻内心深处。就像有两张椅子，一张是爱和快乐，另一张是气愤，你无法同时坐在两张椅子上。你只有在释放了批判和愤恨之后，才有可能体会快乐和欢愉。

幸福感悟

如果你的心里充满了恨，哪还有空间再容得下爱和快乐呢?懂得宽容的人，她的人生就像一条缓缓流动的河流，充盈而快乐；懂得宽容的人，她挺直腰板冷眼看待繁华；懂得宽容的人，她以博大的心胸看待得失……

五　自制　行为是因，命运是果

1　控制自己，让子弹先飞一会

在自然界，潮涨潮落、日出日落、月圆月缺、燕子来去、花开花谢、春种秋收，这些现象或许都是自然界情绪的一种表现。人也是自然界物体的一个组成部分，所以，我们的情绪也会像潮水一样涨涨落落。

每天早晨当我们从床上醒过来的时候，情绪就与昨天的不同。这大概是自然的奥秘之一，没有人会了解它。昨天的欢乐，会成为今天的悲伤；而今天的悲伤或许又会成为明天的欢喜。在我们的心里似乎有一个轮子，不断地从欢喜转到悲伤，又会从悲伤转到欢乐。

但是，对于一个希望成功发展的人来说，不能任由情绪去自然地表现，得学会控制自己的情绪。因为一个无法控制自己情绪的人，一定也无法控制自己的人生。

有个年轻的庄稼汉，每次与人发生纠纷快要起冲突时，他便立刻冲出现场，回到自家田园旁，绕着田地房舍左跑三圈右跑三圈，跑得气喘吁吁，然后一屁股坐在家门前静坐沉思。次数多了，大家都很好奇，询问他这到底是怎么一回事，他每次都笑而不答，众人也理不出头绪。由于他很少与人结怨，或者对人大发脾气，因此人缘甚佳，样样事情都很顺利，房子一间一间地增建，田地不断扩充，不到几年，他便富甲一方，可是每次遇到不愉快的场合他仍转身就走，跑回自己的家园左绕三圈右绕三圈。后来年纪一大把了，子孙们不忍见他如此疲累，纷纷劝阻并一再请求他说明其中原因，拗不过大家的苦苦哀求，他终于揭开了数十年来的秘密。

其实很简单，年轻时每次正要发火，不管谁是谁非，他总是跑回家，边跑边告诉自己："我的房屋如此简陋，田地这么少，努力都还来不及，哪来闲工夫与人生气争吵?"等到有了点成就，他又这样告诉自己："我的事业都这么大了，还为这么一点小事与人争斗，肚量也未免太小了吧！老天爷已对我这么宽厚，我还计较什么、气愤什么呢?"一股似火山即将爆发的怒气，就这么被他轻轻一转就消失得无声无息，多高的智慧呀！

世上很多不幸都是因为情绪的失控造成的。当我们学会控制自己的情绪，遇事三思而后行，也许就可以避免一些不必要的悲伤，让人生少一些悔恨。以下几种不良情绪是我们在生活中常常会遇到的，正确认识这些不良情绪，能够有效地帮助你走出痛苦的深渊。

(1) 悲哀。悲哀产生的缘由是失去了自己重视的东西，并且找回的希望很渺茫。比如，失去亲人、好友或者一段美好的感情，甚至是一件自己最珍爱的物品。调整悲哀的方法有多种，最常见的是转移法，即把注意力从失去的对象中移开。比如，养了几年的小狗死掉了，可以换一种小动物养。有一些悲哀在短时间内是无法消除的，特别是失去亲人和挚友，这时必须进行自我心理调节，化悲痛为力量，激发热爱生活的热情。

(2) 愤怒。人处于愤怒状态下，特别容易失去理智，产生一些偏激的行为。常见的行为有揭别人的伤疤，置人于没面子的窘态等。所以，这种行为若不加以控制，最容易伤害到对方的尊严，影响彼此之间的感情。出于维护自尊和人格的需要，对于具有恶意的人和事，表达愤怒时采取哪一种方式，也一定要冷静思考，勿让愤怒冲昏了头脑，否则后悔晚矣。

(3) 嫉妒。嫉妒心理的产生，建立在将自己和他人进行比较之上，希望自己得到比别人更多的财富、荣誉和关爱。嫉妒心理发展到偏执程度，就会产生不正常心理。比如，将自己的快乐建立在别人痛苦之上的报复快感，这种心理很可能将自己置于毁灭状态中。为了防止这种情绪的产生和发展，唯一的途径就是认同。认同是将自己和钦佩的人统一起来，而不是将自己和他人对立。

（4）恐惧。恐惧对象可能是人，也可能是物或事；它可以是某一时刻遇到危险所产生的情绪，也可能是这一危险情景在以后生活中的长期阴影，还可能是对某一事物的害怕积累为恐惧。恐惧让人逃避，而要战胜恐惧只能是打破恐惧幻觉，使自己觉得不再恐惧。

（5）羞耻。一般来说，羞耻是因为我们做出有损自己或关心自己的他人形象的错事时，产生的痛苦和不安。能感到羞耻的人是有自尊和道德的人，所以不要因为有这种情绪而感到不安。但不要让羞耻长久控制着你的心情，否则会导致自卑心理。消除这种情绪的方法是弥补或勇敢地认错。

（6）紧张。适当的紧张能使我们集中注意力，但过度的紧张则会产生不良反应，比如脸色发白发青、四肢颤抖、语无伦次。紧张往往是由于缺乏经验所致，多尝试几次，紧张很快就会消除。但也有一些人会越来越紧张，这就需要自我调节和激励，把注意力集中到事物本身，而不要考虑后果和其他东西。

2 莫让男人脸色主导自己的情绪

快乐与幸福，缘何而来？缘于一颗知足的心。在这个世界上，每个人都有自己的日子要过，每个人都有自身的喜怒哀乐，没有谁能完全地给予谁呵护，哪怕亲密如爱人。把希望和安全感寄托在别人身上，总是太过飘渺。女人只有学会自助自爱，才足够可爱，天人皆助自助者。

年轻，四肢健全，你是不是可以有自己的工作，养活自己？

有独立的收入，想要的东西是不是可以自己买来哄自己开心？学会自己满足自己，少些不必要的、说不出口的期待，是不是会少些失望？

有同事、有朋友，可不可以有自己的交际、自己的圈子，有一片发挥自我的空间？寂寞有人伴，心事有人听，是不是会减少他的负担？人生是不是会少些失意？

工作给予成就感和生活寄托，减少无聊空虚感；无须为衣食而忧，增加内心安全感。交际、朋友给生命注入活力和温暖；爱好增加生命的乐趣。——这些都是个人可以寻求和完成的，并且能够给自己带来快乐和幸福感。

把所有的快乐与幸福托付在男人身上，那会让自己无依无靠，也会让对方喘不过气来，觉得你是个负担。再甜蜜的负担，毕竟也是一个负担！

在传统的教养下，好女人习惯于从爱情中寻找兴奋和满足，而她一旦决心从爱情中跳出来，要找到爱情的替代物并不容易，因为世界上比陷入爱河更奇妙、更令人激动的事情的确太少了。于是，越来越多的女人被那些“坏男人”控制住了喜怒哀乐。因为坏男人身上那种强有力的神秘变化让她无法抗拒，她在他的诱惑面前毫无抵抗能力。他懂得调情的技巧，他会偶尔给她一个惊喜，似乎从来都不吝啬为她花钱买礼物，她逐渐在他迷人的光环下迷失了自己。可是，他只是在自己高兴的时候才与女友约会，他似乎总是很忙，他也不愿意把她带到自己的朋友圈里。她虽然尝到了与他相处的快乐，但她的痛苦从此也开始了。看到他的时候，兴奋；看不到他的时候，苦恼；他快乐的时候，高兴；他生气的时候，害怕。她活脱脱成了他情绪的奴隶。一旦身边没有男人，一切都黯然无光；一旦话题离开了男人，就觉得烦躁不安。

悲哀的是，很多时候，女人的情绪受制于男人常常连自己也没有意识到。女人应该明白，当自己情绪的缰绳握在男人手中的时候，你无法掌控自己的去向，可能有时候是喜的，但是更多的时候走向的是悲哀、伤心和难过。

因此，聪明的女人绝对由自己主导自己的快乐，而不会让男人牵引自己的情绪。聪明女人的兴奋源与满足源通常很多，她们不可能与其中某一项联系得过于紧密，这样，她们就拥有更为广阔的选择空间。不管在什么情况下，她们都一定会自己掌握生活的主动权，很多女人长期痛苦的一个重要因素，就是慢慢屈从于男人，让男人来决定自身的价值。在男女的相互作用中，她们丧失了对自己内在力量的感觉，尤其当她们无力留住男人的爱时，她们会把暂时的丧失力量与更为长久的无力感混在一起。其实，聪明女人早就明白，一个男人可能离她而去，但并不能真正把她带走，只有她才是自己价值的实现者和实体的所有者，没有人能够真正把她偷走。

聪明的女人永远都知道，情绪是由自己决定的，价值是靠自己实现的，快乐是靠自己追寻的，生活中很多美好的地方自己一个人也是可以到达的，幸福的情绪和境界也是自己可以获得的。

幸福感悟

情绪如同体内的神魔，被它所控制，你将成为它的傀儡被它摆布，无法真正拥有自己想要的生活。反之，如果成为了它的主人，它将为你所用，并释放巨大的能量，为你不断地开发幸福之花、收获快乐之果。

六　知足　欲望越少，人生就越幸福

1　知足常乐，做不攀比的女人

人生所有的苦恼，都来自于不满足——欲望无边地膨胀，没有止境，得到与得不到之间就产生了无数的苦恼。婴儿的手，碰到东西就抓住不放；古代帝王，死亡后总要陪葬很多金银器皿、人畜活物。当婴儿把手里的东西抓住不放时，当死人总想占有更多的物质资源时，无不完整地体现了祖辈们教我们说的两句话："人生一世，吃穿二字"、"人为财死，鸟为食亡"。

没错，是人都有欲望，我们必须承认自己的七情六欲，不去否认，不去鄙视。人是由欲望驱动的，没有欲望的人，是死人。欲望是生命的本能，是生命存在和繁衍的必要条件。生存、安全、社交、尊重、自我实现……是马斯洛对人欲望的概括；"食色，性也"、"饮食男女，人之大欲存焉"、"修身、齐家、治国、平天下"……是圣人对人的欲望的描述。

事实上，欲望如同一把火焰，可以煮饭、暖身，有利于我们在自然的、生理的、本能的欲望中提升自己，也有利于转化为对社会的职责。但欲望这把熊熊的烈火也可能会把我们烤焦了，严重的甚至化为灰烬。

一位记者采访一位世界500强企业的总裁："请分享一下您成功的秘诀，可以吗？"他说："我告诉你我很失败耶！"记者说："您怎么会很失败呢？您身体这么健康，与太太感情也很好，两个儿子都念哈佛大学，年收入5000万美元，您怎么能说您觉得自己不成功？"他说："的确是很失败。"记者说："您成功的定义是什么？"他说："假如我真正成功的话，年收入至少要超过8000万美元，我的太太做每一件事情都要听我的，我的孩子应该听我的去念斯坦福大学而不是去念哈佛。”依照他这样的想法，他永远不会成功。

后来记者问一个24岁的年轻人：“年轻人，您认为您有没有成功?”他说：“当然啊，我很成功!”记者说：“看起来不像啊!”记者又问：“请问您为什么觉得您成功呢?”他说：“因为我每天早上起床，只要是站在地上而不是躺在地下就成功了。”

人，饥而欲食，渴而欲饮，寒而欲衣，劳而欲息。幸福与人的基本生存需要是不可分离的。人们在现实中感受或意识到的幸福，通常表现为自身需要的满足状态。人的生存和发展的需要得到了满足，便会产生内在的幸福感。幸福感是一种心满意足的状态，植根于人的需求对象的土壤里。

然而，生活中很多人都希望自己拥有的再多一些，从来没有满足的时候。我们常以为，若能得到更多的钱、更大的权力、更高的名位、更大的成就，就会满足。当我们达成这些目标，我们还是不满，因为永远都有下一个更远的目标在前面等待我们去完成，这就是欲望。欲望依据个人的年龄、知识层次、所处的地位以及环境不同而不同。就个人而言，在不同的时期有着不同的欲望，当一种欲望满足以后，新的欲望又会产生。欲望的产生永远比满足欲望的手段跑得快，欲望的满足只存在于完成时的那一刻，之后人们对它就再也没有兴趣了。

罗马政治学家及哲学家塞尼加也说：“如果你一直觉得不满，那么即使你拥有了整个世界，也会觉得伤心。且让我们记住，即使我们拥有整个世界，我们一天也只能吃三餐，一次也只能睡一张床。即使是一个挖水沟的工人也可如此享受，而且他们可能比洛克菲勒吃得更津津有味，睡得更安稳。”“身外物，不奢恋”是思悟后的清醒，它不但是超越世俗的大智大勇，也是放眼未来的豁达襟怀。谁能做到这一点，谁就会活得轻松、过得自在，遇事想得开、放得下。

2　平平淡淡才是真

平淡的生活只是开门七件事：柴米油盐酱醋茶。平淡的生活是每天做不完的生活琐事：带孩子、洗衣服。平淡的生活是一杯茶，一声问候。平淡的生活是规律，是习惯，是你每天的视而不见。平淡的生活是一天下来你也不知道都做了些什么，忙了些什么。然而，在这平淡中有着深情，有着实实在在的幸福。

比如在大雪飘飘的日子，围炉而坐就是一种幸福。室外北风呼呼地刮着，还有许多人在大雪天里冒着严寒为生活而奔波着。雪中送炭，那一盆炉火就是风雪中人人向往的幸福。围炉而坐者，因有风雪途中人作背景，便滋生出了暖暖融融的满足感和幸福感。

下班了，久等公车不至，急着赶回家的人翘首以盼，烦恼不已。然而，热恋中的人却能置身事外，他们相依相偎，讲着情话，缠绵不已，忘了周围的一切。车来了，女孩就要坐车回家，两人需暂时别离，他们是多么希望时间能够停滞，希望公车来得再晚一点。同样都是坐车回家，心境不同，悲喜两重天。

幸福，有时候真的很简单。有个女孩每天坐车上下班，有段时间，她对好友说，她每天最幸福的事是看到一个男孩，那个男孩与她坐同一路公车上下班。她不认识他，也不想知道他的名字、跟他交往。她的幸福缘于对男孩的一种外在的欣赏。

幸福有时候还是某个瞬间的感觉，是一种用言语无法表达的精神上的体验。一位母亲在女儿10周岁生日的时候，把女儿叫到身边。她把一个蓝布包慢慢打开，出现在女儿面前的是3个用散纸装订成的泛黄的本子，在女儿依然不解的凝望里，母亲说："这是你的日记——从你出生的那天，直到今天，现在你10岁了，可以自己记了，我把它交给你，你自己接着记下去吧。"母亲的话很平淡，没有任何所谓的人生哲理。当女儿翻开那本日记的时候，她一生中最美丽的前十年便出现在眼前：哪天她会发哪几个音节了，哪天流鼻涕了，哪天尿了几次裤子，哪天又生病装小狗了……

原来，我们梦寐以求的幸福并不是那么遥不可及，只要我们以最真、最纯、最原始的心去对待亲人，对待爱人，幸福就会不知不觉地降临。

用我们善感的心灵去慢慢地捕捉那令人感动的点点滴滴，那么我们就会在平淡中感受到幸福。

两位老人蹒跚着手牵手过马路，干黄的树叶落在老伴稀疏的头发上，老人伸出手，轻轻地拂去那片落叶，这样的关怀难道不是幸福吗？虽然他们不再年轻，不能再把鲜艳的花朵插在满头青丝上，但相牵的双手会让他们更加珍惜晚年，相牵着走完风雨人生路。

家中有一个活泼可爱的孩子，稚嫩的童音、花一样的容颜和一颗会唱歌的欢快的心，不就是每个家庭中最开心的事吗？而家中那一幅飘动的窗帘、一只只布娃娃、一串紫色的风铃不就是孩子梦的延伸吗？

在居家的布置和装饰中，主角是女人。一盏心形的台灯、一幅甜蜜的双人合影，再放上如水的音乐，这温馨的卧室不正是心灵手巧的女主人用爱心营造出的幸福吗？

在锅碗瓢盆的交响曲中，变换着花样做出可口的饭菜，这不就是用自己的心情点亮全家人的欢乐，幸福像火苗一样哔哔剥剥燃烧吗？

生活中有很多很多的幸福，它不是刻意地表现在外的，也许它只是一个眼神，一个微笑，一次再平常不过的团圆饭……

懂得在平淡中寻找幸福和快乐的女人，宛如心灵拥有一架美妙的琴弦，即使在琐碎的日子里也可以让心灵沉浸在欢欣、激昂的乐章里，向家庭播洒阳光和雨露。哪怕岁月在生命的季节里轻轻地滑过，只要珍惜眼前人、珍惜现在所拥有的一切，幸福就围绕在女人的周围，快乐就藏在生活的每个角落。

3　简单的生活有简单的快乐

看到一则新闻，很有意思：近日，十多名企业高管和心理学者完成了7天的“自我禁闭”，体验了7天与世隔绝的生活。7天里，参加者住在位于昆山的一幢封闭的独立住宅内，不得外出。每人一个小房间，每间三五平方米，窗户都拉上了窗帘。没有电视、电话，手机被暂时没收，不提供纸笔，参加者连续 7 天断绝与外界的一切联系。7 天后，参加的人都称“体验到了从未有过的人生感悟”。他们觉得这种与世隔绝的方法确实能使自己彻底地安静下来，想一些长远的事情，所谓“定能生慧”。

平日里我们忙忙碌碌，不知道忙的是什么，图的是什么，心里总是浮躁得很，要是能如新闻所说的那样，闭关自省一段时间，也许会对人生有一个新的认识。可惜世事纷繁，很少有定下心来的时候。日子一天天过去，晃晃悠悠、稀里糊涂地就过了这么多年。有的事情当时看得很重，寄托了那么多的情感，付出了那么多的心血，回头看都是过眼云烟，不值一提，而时间和生命就这么一天天流逝了。

现在，不少人开始倡导过一种“简单的生活”。他们试着离开汽车、电子产品、时尚圈子，看能不能活得快乐。这被称作“草根运动”。他们强调简化自己的生活，而非完全抛弃物欲。

杨慧京自称是一个崇尚简单的人，在周围的人都热衷于大搞居家装修的时尚潮流中，她住的房子没有装修就住进去了。她说：“装修的最高境界就是不装修。”“房子是给自己住的，不是给别人看的。”她还略带几分鄙夷地说：“将自己居住的房子装修得像个五星级宾馆，简直是太土了!”在她看来，由着个性简单地装修一下，更顺眼，更舒服。在吃的方面，杨慧京认为粗茶淡饭足矣。穿的方面她更简单，一股简约劲风，把服装上的“零碎”都刮没了，使服装简单得分不出男女。

身处现代社会的我们，被太多的物欲驱使着——豪华的房子、尽可能多的金钱、体面的丈夫、出人头地的子女……随波逐流使我们精疲力竭，太多的追求使我们失去了心灵的自由。我们没有时间问自己这一切都是为了什么，自己真的需要这些吗，还是孩子气的逞强好胜?

简单生活就是静静聆听自己心灵的声音，弄清什么才是自己真正渴望的，不再按照别人的需要而活着，真正过自己的生活。

灯红酒绿不是幸福，锦衣美食、珠光宝气也不是幸福，而自然朴实的生活是一种美。就像在居家的日子里，不施脂粉、轻松舒适，这才能和幸福相提并论。

生活总因简单而真切，因真切而弥足珍贵，这就是简单给我们的启示。

实现简单生活需要心理的平衡，完全投入，完全自觉。如果要买一栋大房子，就要意识到它的利弊关系，有利就有弊，任何选择都会有负面影响。一栋大房子的好处就是舒适，或许令人激动。但为了支付房钱，你得在工作上付出大量时间，还得放弃生活中的一些东西。几个月或几年之后，你会想，为什么我要为一栋大房子，如此单调、无休止地干活、付款，付款、干活呢?

“菩提本无树，明镜亦非台。本来无一物，何处惹尘埃?”人生本是简单的，不要弄得那么复杂，简单地生活就可以了，不必为了奢华而耗费那么多的精力。简单的生活，简单的快乐，轻松一点，怜惜自己一点，这样的生活才是自在而快乐的。

幸福感悟

即使拥有了整个世界，我们每天也只不过是吃那三餐饭，睡那半张床。正所谓：“人心不满蛇吞象，知足便常乐!”

七　珍惜　幸福不在昨天，也不在明天

1　幸福就在当下

生活在物质丰富的现代社会，我们懂得享受生活，一身名牌，流行的数码产品一样不落。但是，这样的生活就是享受吗？为什么一身名牌下还是满腹的牢骚呢？生活中的享受不是这样的。让我们一起来看一个故事：

从前，一个富人和一个穷人谈论什么是幸福。穷人说："幸福就是现在。"富人望着穷人的茅舍、破旧的衣着，轻蔑地说："这怎么能叫幸福呢？我的幸福可是百间豪宅、千名奴仆啊！"后来，一场大火把富人的百间豪宅烧得片瓦不留，奴仆们各奔东西。一夜之间，富人沦为了乞丐。七月流火，汗流浃背的乞丐路过穷人的茅舍，想讨口水喝。穷人端来一大碗清凉的水，问他："你现在认为什么是幸福？"乞丐眼巴巴地说："幸福就是此时你手中的这碗水。"

以前对于这个故事似懂非懂，无法领会那至高的境界，随着年龄的增长，我们对幸福总算有了一知半解。现在想来，幸福无时无刻不在你我身边，幸福是你在初夏的早晨打开窗户时迎面吹来的一股清风；是你将上身探出窗外，眺望那向你招手的蓝天白云；是你从慈母手中接过饭碗时的心存感激；是你独坐一隅静静地听歌时的凝神遐想……

幸福就在你的身边，你的一举一动，一言一笑，幸福都知道。只要你用心感觉、用心体会每一刻的不一样，每一物的奇妙，你就可以得到幸福，并且像幸福一样无私地、公平地对每一个人微笑。

一份新创刊的杂志，推出一项“征画活动”，要求应征作品必须以《世界的最后时刻》为题。在限定的日期内，来自世界各地的应征作品堆积如山。为了获取高额奖金，所有的应征作品都将想象力发挥到了极致：有的画了在世界的最后时刻情侣紧紧抱在一起，一边喝酒一边接吻；有的画了在世界的最后时刻将钞票堆在大街上燃烧；还有的画了在世界的最后时刻坐上宇宙飞船逃离地球……但最后获得20万美元一等奖的，却是一位家庭主妇画的一张漫画。她在厨房洗涮完碗筷后，正伸手关紧水管开关。丈夫则正坐在餐桌边饮着一杯咖啡，一边还有一杯冒着一缕热气的咖啡在等着她。在餐桌旁的地板上，有两个小男孩正在玩积木。

评委们对这幅看似平常的一等奖作品的评语是：我们震惊于这一家人的平静，他们理解了世界存在的意义和人对幸福的最高追求。

威廉·奥斯乐是一位名医，他越来越多地接触到因烦恼和忧虑而生病的人，他们总是因为过于烦恼以前和忧虑未来，长期闷闷不乐，毁坏了健康。为了更彻底地治好这些人的病，他给他们开了一个简单却有效的方子：“每一个刹那都是唯一。”他说：“无限珍惜此刻和今天，还有什么事情值得我们去担心呢？每天只要活到就寝的时间就够了，不知抗拒烦恼的人总是英年早逝。”

的确如此，每天都处于忧虑中，身体就像一根绳子般，拉来拉去，迟早会拉断。所以，当我们吃的时候，要开心地吃，不管在吃什么；当我们玩乐的时候，要尽情地玩乐，不管在玩什么；当我们爱上对方的时候，要全身心去爱，不计较过去，不算计未来。就像《乱世佳人》中的女主角郝思嘉一样，在烦恼的时刻总是对自己说：“现在我不要想这些，等明天再说，毕竟，明天又是新的一天。”

总是抱怨自己不幸的人，不要用沉重的欲望迷惑自己，不要总是看到自己还不曾拥有的东西，而要静下心来，放下心灵负担，仔细品味自己拥有的一切。学会欣赏自己的每一次成功，每一点拥有，你就不难发现，自己竟会有那么多值得别人羡慕的地方，幸福之神已在向你频频招手。幸福就是现在！

2 不要等到失去后才懂得珍惜

很多时候，人总是看不到自己拥有的幸福，总是在为自己没有的东西而苦恼，却看不到自己拥有的，如身体健康、可以听、可以看，可以爱与被爱，每天都有食物供自己享用等。正如那句口口相传的话所说的："失去后才知道珍贵。"

隔壁的小两口又在吵架了。男的说：没见过像你这样蛮不讲理的女人。女的也不甘示弱：我也没见过像你这样粗鲁蛮横的男人。男的又说：你看看人家方方妈，多温柔体贴，多会操持家务，哪像你整天就知道逛街花钱。女的反唇相讥：还好意思说，你也不看看晓晓他爸，人家上两个班，还经常写字画画发表文章赚外快，哪像你就知道喝酒聊天瞎胡吹！

现实生活中有太多这样的情况。想想当初，那个作出选择的人不是你吗？那个他不是你最为理想的选择吗？否则你又何必与他结婚呢？两个人走进婚姻生活后，婚前的新鲜感已荡然无存，以前刻意隐藏的缺点也暴露无遗，这时就会生出许多抱怨来：真不知道我当初是怎么看上你的……

一个很有智慧的女友，几乎成了我的生活导师。我对她说："我没你那么好的命，孩子不听话，老公总是让我失望，我真感觉自己嫁错了人。"她大笑起来，说："我以前和你的想法一样，以为离开他总会找到一个不会让我失望的男人。后来，我发现男人只要不是品质上的问题，都是可以过下去的。如果你觉得下一个好，必然就不会对这一个尽心，而且会越发地觉得一切事情都是他的错。那些习惯性离婚的女人，就是因为发现男人没有一个是想象中的样子，所以才一再地换丈夫。"我问她："那你是怎样快乐地过日子的呢?"她说："比如，某天晚上老公'突发奇想'地拖了一次地板，你千万要给他一点表扬。每次他做了一点家务，我都会奖励他……"

她说，其实在家里，女主人制造气氛的成败起绝对关键的作用。妻子如果不会引导丈夫，两人的关系会越来越不尽如人意。我又问："那他要是顽固不化呢?”她说:“想想为什么结婚，不就是因为对方是你想与之共度一生的人吗？为什么过着过着就失望了呢？那是因为你对他有要求，而他没有满足你。其实，他也在失望，你指责他赚钱不够多，他就不会积极回应你的心情。多和有见地、有制造快乐能力的人接触，就会快乐得多。带着这种心情回家，家庭气氛自然就会好起来……”从此，我不再对丈夫横挑鼻子竖挑眼，因为我心里清楚：眼前的才是最好的！

在茫茫人海中可以找到一个心爱的人，这是多么大的福气，或许没有你想象的那么好，应该也不会糟糕到哪里去，所以应该知福惜福，好好珍惜。如果你懂得珍惜，你会发现你获得的越来越多；如果你一味苛求，你会发现你失去的越来越快。

有的女人总是觉得，失去的才是最好的，消逝的恋情总是刻骨铭心的。其实，珍惜或放下，都是生命中必经的过程。如果已经放下，就不要再追悔。

朋友小慧有一天打电话给我，她很懊恼，觉得自己的心智和名字太不相符了。事情的起因在于她的初恋男友有一天突然出现在她面前，开着奥迪 A6，穿着 LV，一副扬眉吐气的样子。她怎么也没想到，当年那个木讷的老实男孩竟然能出息到如此程度，一时间不禁痛悔不已。其实小慧现在过得也不错，一年前她和一位英俊潇洒、事业有成的男人结了婚，按揭买了房，还贷的压力并不大。只是看到当初被自己甩掉的前男友如此意气风发，她的心里还是五味杂陈，有种说不清道不明的滋味。

很多时候，女人难以幸福的最大问题，不是命不好，而是朝三暮四。女人不安分的借口，其实只有一个：想过好日子！这样的理由本来是无可厚非的！追求更美好的生活，一直是人类的本性。然而，一个人的生命里，擦肩而过的人有千千万万，又有几个是知音？有几个是深爱自己的人？与其在旧日感情中千回百转，不如疼惜眼前真情人。

3 实实在在过好每一天

生活是由许多个“今天”组成的，今天终究会变为昨天，明天最终会成为今天。生活是喜是悲，就看我们是否能把握住“现在”。

一个青年去寻找深山里的智者，向他请教一些人生问题：“请问大师，你生命中的哪一天最重要？是生日还是死日？是上山学艺的那一天，还是得道开悟的那一天？”青年连珠炮似的问。

“都不是，生命中最重要的是今天。”智者不假思索地答道。

青年甚为好奇：“为什么？今天发生了什么惊天动地的大事？”

“今天什么事也没有发生。”

“那今天重要是不是因为我的来访？”

“即使今天没有任何来访者，今天也仍然重要，因为今天是我们拥有的唯一财富。昨天不论多么值得回忆和怀念，它都像沉船一样沉入海底了；明天不论多么灿烂辉煌，它都还没有到来；而今天不论多么平常、多么暗淡，它都在我们手里，由我们自己支配。”

青年还想问，智者赶紧收住话头：“在谈论今天的重要性时，我们已经浪费了我们的‘今天’，我们拥有的‘今天’已经减少了许多。”

青年若有所思地点点头，他明白了。

对待生命最虔诚的态度，莫过于实实在在地过好每一天。因为再伟大的事业，也是由一天天的努力完成的。我们要为每一天设法使自己适应现状，而不是设法使一切适合自己的欲望。我们应顺其自然地接受自己的家庭、事业，并使自己创造生活，享受生活。

今天是最重要的，寄希望于明天的人，只会是一个空想者，势必一事无成。只有那些懂得如何利用“今天”的人，才会在“今天”打下成功事业的基础，孕育明天的希望。一个连今天都放弃的人，哪有能力和资格去说“还有明天”呢？所以古人说：“今日事，今日毕。”我们要学会的不是去设想还有明天，而是要将今天抓在手里，将现在作为行动的起点。

我最喜欢作家艾尔弗雷德·索扎的一段话，他说："长期以来，我总有一种感觉，以为生活——真正的生活，即将开始了，但是，每次总会遇到这样那样的障碍，总有些事没有完成，需要打通关节；总有些债务没有偿还，需要付出努力和时间……似乎只有完成了这些，生活才会真正开始。有一天，我忽然明白，其实正是这些障碍，才构成了我们的生活。"

索扎的话让我明白，世上根本没有通往幸福的光明大道，幸福本身就是路。我们拥有的每一刻都值得珍惜。要想幸福，没有比此刻更好的时候了，因为没有人能让时光倒流，没有人能够许诺我们明天。

幸福感悟

对待生命最虔诚的态度，莫过于实实在在地把握住"今天"。昨天无论有多么值得我们回忆与留念，都已成往事；明天无论有多么的灿烂辉煌，它还没有到来；今天才是唯一的财富，因它在我们手里，可以任由地支配。

八　感恩　人生的每一种经历都是上天的馈赠

1　懂得感恩，用心唱响生命的赞歌

欲望是没有止境的，人们总是“吃着碗里的，瞅着锅里的”，很少注意到自己所拥有的。这是人的贪婪心理，总是有意无意地向往一些幻想中的美好事物，而忽略了已经到手的东西。其实，最明智的做法就是专注于你所拥有的，用热爱的心情去经营、善待自己所拥有的。

有一位农民常年住的是漆黑的窑洞，顿顿吃的是玉米、土豆，家里最值钱的东西就是一个盛面的柜子。可他整天无忧无虑，早上唱着山歌去干活，太阳落山又唱着山歌走回家。别人问他：“你整天有什么好高兴的?”他说：“我渴了有水喝，饿了有饭吃，夏天住在窑洞里不用电扇，冬天热乎乎的炕头胜过暖气，日子已经无比幸福了！”

这位农民能珍惜自己所拥有的一切，从不为自己的贫困而苦恼，这也许就是他感到快乐的原因。其实，很多人所拥有的远远超过了这位农民，可是，他们却很难注意到自己所拥有的东西，而更多的关注与渴望自己还不曾到手的东西。

是的，虽然你的收入并不高，但粗茶淡饭自饱已经很不错了，绝无那些富贵病的缠扰；你的配偶或许并不出众，但他能与你相亲相爱，白头到老；你的孩子虽然没有考上大学，但他懂得孝敬父母，知道自力更生……其实幸福是件很简单的事情，也是最容易得到的。当你看到一位病人生命垂危时，你难道不为自己有着健康的身体而感到幸福吗？当你走在干净平坦的马路上时，你难道不为那些清扫马路的人们的善意而感到幸福吗？当你遭受失败和挫折时，你难道不为朋友们的友情而感到幸福吗？

有一次，在学术报告结束之际，一位年轻的女记者走上讲坛，对已在轮椅上生活了30余年的科学巨匠，深深敬仰之余又不无悲悯地问："霍金先生，卢枷雷病已将你永远固定在轮椅上，你不认为命运让你失去太多了吗？"

这个问题显然有些突兀和尖锐，报告厅内顿时鸦雀无声，一片静谧。霍金的脸庞却依然充满恬静的微笑，他用还能活动的手指，艰难地叩击键盘，于是，随着合成器发出的标准伦敦音，宽大的投影屏上缓慢而醒目地显示出如下一段文字：我的手指还能活动，我的大脑还能思维；我有终生追求的理想，有我爱的和爱我的亲人和朋友；对了，我还有一颗感恩的心……

生活就是这样，你对它笑，它也对你笑；你对它哭，它也会对你哭。但只要有了一颗感恩的心，你就会受益终生。这样你会觉得你所拥有的就是最好的，在你的眼中只有欢乐，没有忧伤和不幸，这是人生所能达到的最高境界。拥有一颗感恩的心，即使在生命僵死之处，也会有清泉涌出。

幸福无处不在，只要你用心去体会，全心全意地珍惜，你就是世界上最富有的人。

2 学会说"谢谢"

许多时候，别人助之于你，谈不上"恩"，也远没那么重的分量，但那一点心意，那一丝情意，那一份善良，你不能不说声"谢谢"。你过生日时别人发来一句生日快乐的短信，逢年过节来自另一个人的祝福，或者别人请你吃顿饭乃至一个善意的眼神，一个谦让的举动，就算是公车上给你让个座，走路给你让个道或者指个路，难道你不该说声"谢谢"吗？

诚然，当下不管什么都被打上价值的标签，好比一朵花也要问它值多少钱。与人交往总要先看对方是否有利用价值，他是草根还是精英，他是官员还是草民，习惯用势力的眼神看人。过去我们看惯了人情冷暖世态炎凉，因此而产生诸多感慨，不知为什么到了今天，还有那么多人不会说声“谢谢”！

心理学家认为，人与人之间存在“互酬互动效应”，即你如何对别人，别人也以同样的方式给予回报。道声“谢谢”，看似平常，可它却能引起人际关系的良性互动，成为交际成功的润滑剂。

在这方面，美国人堪为楷模。从1863年亚伯拉罕·林肯总统宣布感恩节为国家节日起，其间的200百多年，每年一次的感恩活动，从小地方传播开去。这是一个充满感谢和爱的节日。美国人欢聚一堂，进行一次特殊的祈祷，感谢、颂扬上苍在过去一年里的仁慈和恩惠。

非但如此，它更成为一种社会活动，超市门口放个大筐，让人们留下一份食品给那些食不果腹的穷人，政府机关、学校和教堂准备大量的食物，敞开大门，分发给一些无家可归的人。更可贵的，平时里无忧无虑的孩子在这一天却极其认真地挨家挨户敲开邻居的家门，募集食品，从小就培养帮助穷人的意识，给他们自己和所有美国人行善的机会。

仔细想想，我们可感谢的东西真的很多：感谢父母对我们的爱、感谢我们有饭吃、有衣穿、有房子住、有床睡、有灯光照明，感谢健康，感谢老师的教育和所有帮助支持过我们的亲人朋友以及素不相识的贵人，感谢在寂寞时有音乐陪伴，有人可以倾诉……感谢上帝！于是，我们可以浅显简单地说，如果你感到受冷落、遭抛弃、被友谊背叛了，或许应尝试先向别人伸出热情的手，学着去感谢一些东西。

向别人表示你的感谢是一个积极的、有意义的举动。从你那里得到过感谢的人，会希望将来再次受到你的谢意和肯定，因为他看到自己对你的帮助能够被你认知和赞赏。你的衷心感谢也会换来真心相报，日后，对方还会乐意帮助你的。

因此，当别人为你做了某些事情后，你应该表示感谢；当别人给予你关心、安慰、祝贺、指导以及馈赠时，你应该表示感谢；当别人为你做事而未成功，那份情意也值得你感谢。感恩往往只是一句真诚的谢语或是一个小小的举动，却有着“赠人玫瑰，手有余香”的效果。

小李是一家电脑公司的编程员，有一次他在工作中遇到一个难题，同事主动过来帮助他，最终顺利完成了工作。小李对同事表示了他的感谢，并请这位同事喝酒，他说："我非常感谢你在编那个计算机程序时给我的帮助……"从此，他们的关系变得更近了，小李也因此在工作上做出了很好的成绩。小李很有感触地说："是一种感恩的心态改变了我的人生。我对周围的点滴关怀和帮助都怀有强烈的感恩之情，我竭力要回报他们。结果，我不仅工作得更加愉快，所获得的帮助也更多，工作更出色，我很快获得了加薪升职的机会。"

其实，人们总是在互相帮助中生活，自然也应该在互相尊重中生存。相信别人在听到你真诚的"谢谢"时，心里一定是高兴的、喜悦的。所以，如果你想成为一个受欢迎的女人，就把你的感激表达出来吧，不要把它藏在心里，那样永远也不会有人知道。

3 多一份感激，少一份抱怨

对大多数人而言，对天气、堵车、工作、同事、环境、国家，或心里所想的大大小小的事情发发牢骚，是每天都会重复几十次的事，话是从我们的嘴里说出来，所以耳朵一定能听得到，但不知道为什么，我们不会把这些话语认为是怨言。正所谓"不知庐山真面目，只缘身在此山中"，抱怨就好像口臭，当它从别人嘴里吐出来时，我们会注意到，但从自己的口中发出时，我们却丝毫不能察觉。这正是我们平常没有觉察自己经常抱怨的原因。

从前，有个寺院的住持给寺院立下了一个特别的规矩：每到年底，寺里的和尚都要面对住持说两个字。第一年年底，住持问新和尚心里最想说什么，新和尚说："床硬。"第二年年底，住持又问新和尚心里最想说什么，新和尚说："食劣。"第三年年底，新和尚没等住持提问，就说："告辞。"住持望着新和尚的背影自言自语地说："心中有魔，难成正果。可惜！可惜！”住持所说的“魔”，就是新和尚心中无尽的抱怨。这个新和尚只考虑自己要什么，从来没有想过别人给过他什么。

哲人说，世界上最大的悲剧和不幸就是一个人大言不惭地说：“没人给过我任何东西。”像新和尚这样的人在现实生活中很多，他们这也看不惯，那也不如意，怨气冲天，牢骚满腹，总觉得别人欠他的，社会欠他的，从来感觉不到别人和社会对他的生活所做的一切。这种人只会抱怨，不会感恩。

抱怨容易使人产生消极心理，对周边的人和事产生抵触情绪。而且一旦开始抱怨，就会遇上更多想要抱怨的事，吸引来更多你不喜欢的事物。抱怨生活、抱怨命运、抱怨这抱怨那，每次抱怨时心中总是充满了委屈、愤怒、懊恼……那时那刻，我们的身心在遭受多么大的打击。

相信以下这个故事会给你一些启发：

画家列宾和他的朋友在雪后去散步，他的朋友瞥见路边有一片污渍，显然是狗留下来的尿迹，就顺便用靴尖挑起雪和泥土把它覆盖了，没想到列宾发现时却生气了。他说，几天来我总是到这来欣赏这一片美丽的琥珀色。

当你总是埋怨别人给你带来不快，或抱怨生活不如意时，想想那片狗留下的尿迹，其实，它是“污渍”还是“一片美丽的琥珀色”，都取决于你的心态。生活不会把我们抛弃，只有我们自己把生活抛弃。

现在，你不妨自我检视一下：你经常抱怨吗？你已经一个月或是更久没有抱怨了吗？如果你每天抱怨10次以上，那么你可能已陷入惯性的抱怨状态。

你可能说你不会或不常抱怨；你认为只有在事情非常恼人时，才会抱怨。当你想为自己的抱怨辩解时，先扪心自问，这次经历是否真的那么糟糕？让你抱怨的实际原因很严重吗？然后再下定决心，实现不抱怨的承诺。

虽然现实中有太多的不如意，但是，就算生活给你的是垃圾，你也一样能把垃圾踩在脚底下，登上世界之巅。所以，从现在开始，不要再抱怨你的专业不好，不要再抱怨你的学校不好，不要再抱怨你坐在不像样的办公室里，不要再抱怨你的工作差、工资少，不要再抱怨你空怀一身绝技却没人赏识你。记住，是金子，在哪里都会发光。当你用平息抱怨来控制言语时，就能主动创造生活，引来渴望的结果。

幸福感悟

只要人人都献出一点爱，世界将会变成美好的人间！只要怀有一颗感恩的心、远离抱怨，我们的生命中将处处是动人的风景。

九　分享　独乐乐不如众乐乐

1　独享，自私的表现

把自己的快乐与悲伤、成功与失败拿出来和家人、朋友一起分享，那是很幸福的一件事情。因为你最后会发现，你的分享并不是一味地付出，而是双倍的获得。更为重要的是，当你学会了分享，你也就打开了自己内心始终关闭着的那扇大门，你也就学会了接纳别人。这时，你会发现自己的世界里始终艳阳高照，暖风轻吹！

所以，不要拒绝向别人敞开心扉，也不要拒绝倾听别人的心声，因为我们的喜怒哀乐都需要有人分享。没有人分享的人生，无论面对的是快乐还是痛苦，都是一种惩罚。

林苑玲是一位事业有成的白领，平日里百分之百地投入工作，母亲年纪大时搬来与她同住，她自觉那是一段痛苦的日子，因为母亲会管她，会唠叨她的生活习惯。以前她的衣服都是拿到洗衣店去洗，洗衣店会帮她烫好折好送回来，而母亲则会“好心”地帮她放到洗衣机里洗，于是一些名贵的衣服就搅成了歪七扭八的抹布，母女常常为这些生活小事而发生争执。林苑玲把妈妈接过来是出于孝心，但是却让自己陷入了深渊。

她依旧忙碌于工作，立志要赚钱，赚很多很多的钱，让妈妈过上更好的生活。她给妈妈买了一部车，这样妈妈可以想去哪里就去哪里；妈妈想出国玩，她没有时间陪，于是给妈妈钱让她自己去；妈妈平时会做些公益活动，希望她能来参加，可是她总以工作忙为由，告诉妈妈她只要出钱就好，其余不管。直到妈妈去世，她整理妈妈的照片制作纪念光碟时，一张张的照片成为无声的叮咛，她却再也听不到那爱的呼唤，她哭了一个星期。过去她一直以为自己是个负责任的人，却发现自己其实是个最不负责任的人，她应该多花些时间陪伴妈妈，在事业上她是成功的，但那不是真正的成功，真正的成功是可以与所爱的人分享的，她在事业上的表现只能说有成就罢了。

成功和成就是不一样的，有庞大的财富与社会地位，却没有人可以一起共享荣耀，那是有成就，却并非真正的成功。所以，当你埋首努力的同时也要兼顾自己的家庭，也要挤一些时间陪伴他们，家人的欢笑、共同度过的美好时光，都是无形的财富，懂得把握与珍惜，你会是个真正的富人，真正成功的人。否则，欢乐不能与人分享，苦痛不能叫人分担，这就是最惨的惩罚。

2 一份分享，两份快乐

快乐是世界上成本最低、风险也最低的成功，却能够给人真实的受用，但我们并非每时每刻都能够拥有它。常言道，一份快乐两个人分享，就变成了两份快乐；一份痛苦两个人分担，则变成了一半的痛苦。所以，学会分享显得很重要。甘于分享是豁达，懂得珍惜是智慧。

不会与别人分享，最终的结果是自己也享受不到。快乐分给大家就会成倍地增加，相反，如果紧握住不放，就会有别人嫉妒你的快乐。

从上海到伦敦怎么去才好玩？这是上海一家电器公司的有奖征答题目，特等奖是40寸彩色电视机。参与活动的情况异常热烈，书信如雪片一般飞来。竞逐者来自全国各地，其中不乏教授、大学生、上班族、家庭主妇等，答案是无所不包，创意是无奇不有。决选的结果出乎意料，由一个小学生雀屏中选。他的答案很简单：跟好朋友一起去最好玩。

生活中，我们安慰受伤的人，这是将力量与他分享；搀扶跌倒的路人，是将爱心与他分享；把微笑献给擦肩而过的路人，是将善意的阳光与他一起分享，这么多看起来很平凡的分享，却能够给我们带来不平凡的快乐。

懂得分享的人，能悟到快乐的真谛，品味出人生的美丽；然而，自私自利的人，不仅仅是对别人的吝啬，其实是对生活的一种吝啬。当你看到一位挨饿的老人在街边乞讨，而你吃饱了还捧着可口的蛋糕从他身边走过时，你一定会分给他一些；当你面对流浪的小动物，不要把它一脚踢开，你可以把它抱回家去精心照料，令它可以感受到家的温暖、人类的善良。这何尝不是一种快乐？

我们每一个人，对于自己所碰到的人，都有爱和被爱的相互责任。我们怎样为他们树立爱的榜样，将会对他们如何去爱别人产生重大的影响。当我们表达爱心的时候，别人会看着我们，甚至把我们当做学习的榜样。

也许你会问："谁可以当我们的好榜样？谁是我们最应该仰慕的对象？"你可以从历史人物中找到他们，也可以在开放和诚实的心态下遇见他们，你也会在日常生活中发现他们。

南丁格尔舍弃了财富和舒适的生活，去追寻她心中真正的需求。她被一种要去照顾千千万万人的使命所驱使，要去分担他们在她身边死亡的时候所经受的绝望的情绪和恐惧。最后她成为了我们今天所熟悉、敬仰的"白衣天使"之母。

甘地将自己的一生完全投入到追求自由之中，他的不流血革命的理论和实践，终于使处在英国殖民统治下的印度人摆脱了帝国主义的束缚。当他一再被要求写下自己的生平回忆时，他给出了一句最有个性的答复："我的生平就是我的信仰。"

快乐的最高境界是忘我，不是为自己，而是为了满足大家共同的利益，给予的、奉献的、分享的快乐，才是真正永久的快乐。古波斯拜火教的始祖佐罗亚斯特说："为别人做好事，不是一种责任，而是一种快乐，因为这能增加你自己的健康和快乐。"这就是分享带给你的快乐。

3 分享赢得众人随

幸福是一种难以捉摸、瞬息万变的东西。当你去追求幸福时，你就会发现幸福总是在躲着你走。而当你把幸福送给别人时，幸福也会悄悄地来到你的身边。有些人总是烦恼，不论发生了什么事情，他们都认为那些事情不能令人称心如意，这是因为他们总是有意无意地把烦恼分给别人。事实上，寻找幸福最可靠的办法就是竭尽所能地使他人得到幸福。

“如果你有5个苹果，你会怎么做呢？”一位老人问前来拜师学艺的年轻人。年轻人不假思索地回答道：“我会自己吃掉1个，另外4个分给朋友。”“为什么？”“我吃1个苹果，能品尝出苹果的味道，吃5个苹果照样还是品尝出苹果的味道，不如与别人分享，让别人也品尝苹果的味道，5份苹果的味道变成1份苹果的味道与4份快乐，何乐而不为呢？”最终年轻人成功拜师。

独乐乐不如众乐乐，幸福在与人分享的时候会加倍奉还。一位禅师种了一院子的菊花，到了秋天时节，幽幽的菊香飘到了山下的村落，于是就有村人来讨要几棵想种在自家院里。禅师总是热情地亲自挑选开得最艳的几棵，挖好送给这些村人。消息很快传开，来要花的人络绎不绝，没过多久，院子里的菊花被送得一干二净。弟子们看着满院的凄凉，连声说可惜：“这里本是满院飘香的菊花，现在却一株也没有了。”禅师却笑着对弟子说：“等到三年后就有一村子的菊花，这样岂不更好吗？”

有人说幸福其实是一种心情、一种感觉。懂得分享的人，一定是友善、豁达的人，因为精神上的分享不会使自己损失什么，却能让这个世界有更多的温情，而自己也会一直被包围在这种温情当中。

所以，不管你是凡夫俗子还是高官显赫，当你得到幸福的时候，一定不要只顾自己独享，只有大家分享才是最令人快乐、满足的一件事——只有把幸福奉献给那些需要得到幸福的人，才能体现出我们的自信，才能得到最大的快乐分享。

有一对年轻夫妇，他们的邻居是一对年老的夫妇，老太太的眼睛几乎瞎了，并且瘫痪在轮椅中。老大爷本人身体也不太好，整天呆在屋子里照料自己的妻子。一年一度的圣诞节快要到了，这对年轻夫妇决定装饰一颗圣诞树送给这两位老人。他们买了一棵小树，将它装饰好，带上一些小礼物，在圣诞前夜把它送了过去。老太太感激地注视着圣诞树上闪烁的小灯，伤心地哭了。在以后的日子里，当他们拜访这两位老人时，老人都会提起那棵圣诞树。对于这对年轻夫妇来说，他们只是做了一件小事，然而他们却把最大的幸福送给了别人。

在这个世界上，歌唱家与听众分享了美妙的歌声，感到幸福；厨师与客人分享了美味佳肴，感到幸福；老师与学生分享了授渔和受渔的知识，感到幸福。这是因为分享与奉献就是一对双胞胎，奉献是分享的前提，有了奉献才能收获分享幸福的时刻。你奉献了一份爱，便等于多了一个人与你分享爱。你奉献了一份快乐，便等于多了一个人与你分享快乐。在生活中，有很多事例说明了两者的关系，比如在捐书活动中，你捐出了一本书，你奉献了知识，此后便有更多的人与你一起分享知识；在抗震救灾活动中，你捐出了一件棉衣，奉献了温暖，灾区的小朋友便和你一起分享温暖。无论你奉献了什么，分享了什么，在这之后，你都会感受到快乐。

幸福感悟

萧伯纳曾经说过："你有一个苹果，我有一个苹果，彼此交换，每个人仍只有一个苹果。你有一种思想，我有一种思想，彼此交换，每个人就有了两种思想。"学会与别人分享，收获的是更多的快乐。

十　吃亏　“吃亏”也是福

1　不想吃亏，反而会吃大亏

很多人都怕吃亏，但往往越怕吃亏的人越容易吃亏。从古到今，没见过哪个处处占别人便宜不肯吃一点亏的人成就大事。《红楼梦》里的王熙凤可能是比较不吃亏而且常常占别人便宜的人，占了便宜，还要在老太太面前卖乖，但最终落得个“机关算尽太聪明，反误了卿卿性命”的下场。

为什么吃点小亏有时反而能得到更多好处呢？这是因为，很多时候你吃一点小亏，反而给别人一种信任感。生命是脆弱的，勾心斗角毕竟不是人的本性。你给别人的安全感多了，你的机会也就多了。

叶敏和安娜是大学同班同学，毕业后她们在一家皮具生产公司找到了工作。上班第一天，经理把她们带到生产车间的流水线旁，让她们跟领班熟悉岗位，并说：“公司为你们提供一个月的试用期，是否继续聘用，就看你们的表现了。”

开始的时候，两人干起活来都很有积极性，虽然每天重复着简单的劳动难免让人厌烦，而且上夜班也非常辛苦。不仅要聚精会神工作，还要与瞌睡作斗争，但她们还是非常努力地去做了。一个月的试用期很快结束了，她们对自己信心百倍。试用期的最后一天恰好是夜班，经理在晚饭后叫住了她们：“很抱歉，经过公司人力资源部的考察，你们两个人都没有通过公司的试用，上完这个夜班，你们就可以走了。”说完，经理把这个月的工资交给她们，转身离开了。她们呆呆地站在那里，不知道过了多久，叶敏说：“该去上夜班了，我们走吧。”

安娜说："你傻吗？我们已经被解雇了！"

"可是，如果我们都不去上夜班，那厂里的生产线怎么办？"

"你想吃亏你去吧，反正我不去。"安娜说完就走了。

叶敏决定继续去上夜班，她想这怎么能算吃亏呢？公司给了一个月的薪水，虽然自己被解雇了，但那是明天的事，只要在职一天，就应该负责到底。于是，她像什么都没有发生一样换上工作服去上夜班，没有因为已经被解雇而有丝毫的马虎和懈怠。

第二天一早，当叶敏收拾好东西准备离开的时候，经理满面笑容地迎了上来，说："恭喜你，你的试用期正式结束，请你明天到办公楼去接受新职位的安排。"

叶敏大惑不解，经理说："你们两个人都很优秀，但我们只能留下一位，和你的同伴相比，你对待工作的态度更让我们敬佩！"

我们总以为别人占自己一分便宜，自己就要想尽办法占三分回来，否则就是吃了大亏，但是事实真的如我们想象的那么单纯吗？其实不然，当你得意洋洋地以为自己什么亏都没吃时，实际上可能反而是吃了大大的亏。比如别人无意中踩了你一脚，实属无心无意之举，何必吹胡子瞪眼，弄得鸡飞狗跳，不欢而散？况且，局面越是混乱就越容易出意外。与其给人以可趁之机，倒不如心平气和地相互道一声"对不起"，不就什么事都解决了吗？

做人心胸宽广一点，并不会给你带来太大的损失，反而会让你赢得更多的敬意和人缘！

2　吃点小亏，收获的是人心

有这样一个脑筋急转弯：你最不想吃但却经常吃到的是什么？答案是"吃亏"。几乎在所有人的意识里，亏是吃不得的。在工作中，活干得比别人多，你觉得吃亏；钱拿得比别人少，你觉得吃亏；经常加班加点，你觉得吃亏……其实，没必要这样计较，吃亏不是灾难，不是失败，吃亏也是一种生活哲学。现在吃点小亏，为成功铺就道路，也许在将来的某个时刻，你的运气突然就来了。

所以，能吃亏是做人的一种境界，是处世的一种睿智。一个不愿吃亏的人，会在斤斤计较中损失更多的资本，得小利而失大利。不懂吃亏，就不能完美地领悟人生；不懂吃亏，就不会有事业上的壮丽辉煌。

东汉的太学博士甄宇为人谦让、忠厚。一次，光武帝把西域进贡的一群活羊赐给了都城官吏，要他们每人分得一只。负责分羊的人为此伤透了脑筋：这群羊大小不一，肥瘦不均，怎么分才能做到公平呢？于是，大家纷纷出主意。有人主张把羊全部杀掉，平均分配。有人主张抓阄，好坏全凭运气。甄宇说：“分羊其实十分简单，大家随便牵一只羊走不就可以了吗？”说着，他牵了一只最瘦小的羊走了。看到甄宇牵走了最瘦小的羊，其他人也不好意思去牵最肥壮的羊，于是，大家都牵那最小的羊。很快羊就被牵光了，大家都没有怨言。后来，光武帝知道了这件事，称赞甄宇为“瘦羊博士”。不久，群臣推举甄宇为太学博士院院长。

虽然甄宇牵走小羊吃了一次亏，但是，他却因此获得了群臣的拥戴、皇上的器重。由此看来，甄宇是吃了一个小亏，得了大便宜。所以，商人们常常说，“钓鱼需长线，有赔也有赚”。我们对于人生中的得失，一定要站得高，看得远，千万不要“只见锥刀末，不见凿头方”，只顾一时的利益，从而失去长远的利益。故意吃亏不是亏，而是有着深谋远虑的精明之举。

“吃亏是福”本身是一个利益交换等式，吃亏者并不希望利益白白受损，而是希望用“吃亏”换来“福”，至于什么是“福”，每个人的见解都不同。所以，用眼前利益的暂时损失去换取长远的利益，这才是真正意义上的“吃亏是福”。

工作中，有些工作分得不是很清，谁多做？谁少做？如果大家都想占便宜，肯定有许多事情没有人去做，导致集体的名誉受到影响。正所谓占小便宜吃大亏。如果大家都不怕吃亏，有什么事情都抢着做了，也许这次你吃亏了，也许下次他吃亏了，但是，工作都完成了，集体荣誉有了，大家感情融洽了，工作氛围好了。相比下来，虽然吃点小亏，还是收获了“福”。

朋友相处也是如此，如果总想着占别人的便宜，也许会得逞一两次，可是，时间长了，谁还会相信你？朋友讲究的是为对方考虑，虽然“为朋友两肋插刀”是有些江湖义气，但凡事应多想着点朋友。朋友交往不是一两天的事，所以也不能计较是不是吃亏，时间长了，彼此都很了解了，因为偶尔的吃亏，你得到了一辈子的好友。

3　愚者赚今天，智者赚明天

美国商界有句名言：“愚者赚今朝，智者赚明天。”很多时候，我们不必太在意一时得失，要多看长远利益，多看大局，能以一时的小损失换来后期的大收获也不失为明智之举。

美洲布发罗水牛群驰骋美国草原的景色壮观而诱人，但它却是流动的，常常可遇而不可求。于是，一个年轻人就想出了一个主意。他在报纸上刊登了一则广告，以1美元的价格销售一份十分有趣的观看水牛群的邀请函。邀请函除了包括对水牛群出现的时间的预测外，还说如果预测出现差错，不能看到水牛群的话，邀请函销售方将赔偿购买者2美元。

这份独特的销售函吸引了很多人，有人看到了壮观的水牛群，也有人没有如愿看到，不过没有看到的人全都如约获得了2美元的赔偿。有人为这个年轻人算了一笔账，相比看到牛群的人数，没看到牛群的人数似乎占的比例更大，也就是说年轻人赚到手的钱远没有赔出去的多。但年轻人好像没有停止下来的意思，并且邀请函销售的数量还日趋见多。

原来，年轻人赚的是“第二次利润”，其中的奥妙是：人们要到达观看水牛群的地方，就必须经过一条河流，因为地处荒僻，渡过河流的唯一途径就是乘坐河边的小木船，往返需付出5美元的船票钱，而这条小木船的主人就是那位出售邀请函的年轻人。他超越了生意场上单纯的第一次利润，创造并赚取了“第二次利润”。

与此类似，洛克菲勒家族“因舍而得”的典型例子也是这一理论的有力佐证。

第二次世界大战的硝烟刚刚散尽时，以美英法为首的战胜国首脑们几经磋商，决定在美国纽约成立一个协调处理世界事务的联合国。一切准备就绪之后，大家才蓦然发现，这个全球至高无上、最权威的世界性组织，竟没有自己的立足之地。想买一块地皮，可刚刚成立的联合国机构还身无分文；让世界各国筹资，牌子刚刚挂起，就向世界各国搞经济摊派，负面影响太大。况且刚刚经历了第二次世界大战的浩劫，各国政府国库空虚，许多国家财政赤字居高不下，要在寸土寸金的纽约筹资买下一块地皮，并不是一件容易的事情。联合国筹备人员对此一筹莫展。

听到这一消息后，美国著名的家族财团洛克菲勒家族经商议，果断出资870万美元，在纽约买下一块地皮，并将这块地皮无条件地赠给了这个刚刚挂牌的国际性组织——联合国。同时，洛克菲勒家族亦将毗连这块地的大面积地皮全部买下。对洛克菲勒家族的这一出人意料之举，当时美国许多大财团都吃惊不已。870万美元，对于战后经济萎靡的美国和全世界，都是一笔不小的数目，而洛克菲勒家族却将它拱手赠出，并且什么条件也没有。消息传出后，美国许多财团主和地产商纷纷嘲笑说：“这简直是蠢人之举。”并纷纷断言：这样经营不出10年，著名的洛克菲勒家族财团，便会沦落为著名的洛克菲勒家族贫民集团。出人意料的是，联合国大楼刚刚建成完工，毗邻地价便立刻飙升起来，相当于捐赠款数十倍、近百倍的巨额财富源源不断地涌进了洛克菲勒家族财团。这种结局，令那些曾经讥讽和嘲笑过洛克菲勒家族捐赠之举的人目瞪口呆。

如果洛克菲勒家族没有做出“舍”的举动，勇于牺牲和放弃眼前的利益，就不可能有“得”的结果。放弃和得到永远是辨证统一的。然而，现实中许多人却执着于“得”，常常忘记了“舍”。要知道，什么都想得到的人，最终可能会为物所累，导致一无所获。人生要想有所得，必须有所失，只有学会舍弃，才有可能登上人生的高峰。

幸福感悟

吃亏是福。不能吃亏的女人，会永远在是非纷争中斤斤计较，局限在“我不能亏”的狭隘的自我思维中，这种心理会蒙蔽她的双眼，最终失去的反而更多。

十一　定位　“锁定”幸福所在的方位

1　明确自己想要的生活

有的女人认为轰轰烈烈是自己想要的生活；有的女人认为相夫教子平平淡淡是自己的追寻；有的女人认为拥有无尽的财富和权力才最重要；也有的女人常常羡慕他人的财富、家庭、名誉，总抱怨自己的生活平淡、乏味，殊不知她自己拥有的也许正是别人羡慕的。女人只有珍惜已经拥有的幸福，平静地看待生活，才会活得心满意足。相反，不明确自己想要的生活的女人，常常生活得一塌糊涂。

小青年轻时很漂亮，很多男人追求她，但她却喜欢上了一位平凡的教师。狂热的恋爱后，他们终于踏上了红地毯。丈夫对她宠爱有加，几乎包揽了所有的家务，就连她的任性坏脾气也能包容，因为他爱她。日子就这样很平常地过着。有了孩子后，他们的家庭经济状况明显下降，工资除了抚养孩子、交房子贷款，仅够维持一般的生活，她再也没有多余的钱去买化妆品和时装，也没有多余的钱去重温从前的浪漫。

渐渐地，她的心里滋生了不满，牢骚也多了起来，但丈夫从不多说什么，只是尽己所能承担着生活的压力，并在业余时间写稿子补贴家用。她对此并没有感觉，而且越来越不爱回家，打扮也洋气起来，和有钱人一起出入高级宾馆，买高档时装，吃西餐，打高尔夫……她觉得这样的生活才是自己希望得到的。丈夫知道后，没有吵闹，只是暗示她，平凡的日子才是最真实的，谁知她却叫嚷道：“如果我需要悬崖上的花，你会去摘吗?”说完摔门而去。

几天后，她回来，发现桌子上有张字条，上面写道：“亲爱的，我不会去摘，但我也有我的理由：你出门总忘记带钥匙，我要留着双脚跑回来给你开门；你总是分不清东南西北，我要留着眼睛为你带路；你不爱交朋友，我要留着嘴巴陪你说话；你眼睛近视，我要好好活着，等你老了，我要给你做饭，给你画眉，拉着你的手到外面享受阳光的温暖；你总是不注意饮食，我要好好活着，维护你的健康，和你一起慢慢变老……所以，在我不能确定有人比我更爱你之前，我不去摘那朵让我丧命的花朵……”她的泪流下来了，她把那张字条捧在手里，感觉到从未有过的温暖。

真爱和幸福往往是在平淡的生活中体现出来的，功名、浪漫不过是平淡生活的点缀。有些女人人云亦云地追求着财产、地位，或为了男人、朋友、父母、子女等奔忙而忽略了自己，或为社会世俗的认同和他人的评判而患得患失等，这样的女人就是因为不明确自己所要的生活，永远都在幸福的门外徘徊。

其实，并不一定此种生活方式就比彼种生活方式差，一切都看它是不是适合自己。适合的便是最好的。

王婷大学毕业后一直在苦恼、困惑。她内心最向往的是丽江与大理这种风景秀丽、生活悠闲的小城，但是家人却劝她去上海发展，认为在上海这样的国际大都市机会较多。王婷顺从了父母的意见，但没过多久她就辞职了，去了一个宁静的小城。因为上海的“气质”与她的心灵很不般配，强留下来只会徒增烦恼。王婷的选择是明智的，因为她知道什么样的生活才是自己想要的。

生活不是试跑，也不是正式比赛前的准备运动，生活就是生活。按自己的方式选择生活，才能拥有生活的喜悦，才能享受生命的快乐。

2 找对自己的人生方向

年轻的时候，我们很少会对自己的未来，对自己的人生设定目标，但是，你有没有想过你把人生的标杆放在了什么样的位置呢？你有没有摆错标杆的位置呢？

刘素素初到广州时，曾为找工作奔波了很长一段时间，起初她见几个跑业务的同学业绩不俗，赚了不少钱，学中文专业的她便找了一家公司做业务员。然而辛辛苦苦跑了几个月，她不但没赚到钱，反倒瘦了十几斤。同学们分析说：“你能力不比我们差，但你的性格内向，不爱与人交流沟通，不善交际，因此不太适合跑业务……”

后来刘素素见一位在工厂做生产管理的朋友薪水高、待遇好，又动了心，费尽心思谋到了一份生产主管的职位，可是没过多久她就因管理不善而引咎辞职了。之后，刘素素还做过公司会计、餐厅经理等，最终出于各种原因都被迫离职。

刘素素痛定思痛，吸取了前几次的教训，不再盲目追逐高薪或舒适的职位，而是依据自己的爱好和特长，凭借自己的中文系本科学历和深厚的文字功底，应聘到一家刊物做了文字编辑。这份工作相比以前的职位，虽然薪水不高，且工作量很大，但她做得非常开心，工作起来得心应手。几个月下来，她的突出表现令领导刮目相看，器重有加。

回顾以往的工作历程，刘素素深有感触地说：“无论是工作还是生活，我们都应当找到适合自己的。一味地追逐高薪、舒适的工作，曾让我吃尽了苦头，走了不少弯路。事实上，我们无论做什么事都应结合自身条件，依据自己的爱好和特长去选择。”

现在，你不妨认真评估一下自己的性格和特质，想一想什么才是你最想从事的事业，勇敢地去调整，不要一味勉强自己。记住，人生只有一次，不管结果如何，最起码曾经努力过。“冰冻三尺，非一日之寒”，女人要取得成功也是如此。

日本优秀的马拉松选手在介绍自己成功的经验时说：在比赛时，不要一心想着遥远的终点，而应把注意力放在赛程中的一个转角、电线杆等其他短期目标上。而每越过一个短期目标，他就会为自己设定下一个“看得见”的目标。

刚开始时，他跟其他运动员一样，把目标定在终点线处的那面旗帜上，结果跑不到十几公里就已经疲惫不堪了，原来他是被前方那望不到边的路程给吓倒了。后来，每次比赛之前，他都会乘车把比赛的线路进行一次仔细勘查，并把沿途比较醒目的标志画下来，例如第一个标志是银行，第二个标志是一棵大树，第三个标志是一座红房子……照这样的方法一直画到赛区的终点为止。一旦比赛开始的枪声一响，他便以百米的速度奋力朝第一个目标冲去，等到达第一个目标后，再以同样的速度向第二个目标冲去。他一个个到达这些小目标后，40 多公里的赛程就在不知不觉中轻松地跑完了。

如果我们想行万里路，就先扎扎实实地走好每一步；如果我们想破万卷书，就先老老实实地读完每一本书。成功的女人会像故事中的马拉松选手那样，善于把大目标分解为一个个小目标，再一一实现那些小目标，最终实现大目标。

女人的青春短暂，韶光易逝，所以要学会更快、更轻松地实现一个目标。比如，把工作、事业、生活等奋斗目标按青年、中年、老年等不同年龄段分解为几个 5 至 10 年的长期目标；之后再根据长期目标的实现条件，将其分解为若干个 2 至 3 年的中期目标；再把中期目标分解为若干 6 个月至 1 年的短期目标。最重要的是：从现在开始，先完成日目标，完成了一个个日目标，就完成了周目标。依此类推，完成了周目标也就完成了一个个月目标、年目标，短期目标和长期目标也都会在一个个日目标中完成。坚持下去，再漫长、再宏伟的人生目标也能实现。

3 女人也要入对行

从前说，男怕入错行，女怕嫁错郎。但到现在，嫁错郎已没那么可怕，而入错行对女人的人生则会有很大影响。如果工作没选对，每天至少要 8 个小时从事自己头痛的事务，女人也会疾呼：“我也怕入错行啊！”一旦入错行，继续做下去是痛，转行更会痛。

如果转行，就意味着丢掉了先前努力的光阴。职业生涯中的隐形积累，简言之，就像积累金钱，每一分努力和成绩、每一点经验和教训，都和小钱一样，一点点被存在了无形的职场银行里，慢慢积少成多，作为明天成功的资本。

李艾从小的梦想是当记者，大学却上了国际贸易专业。毕业时她也没有什么具体的职业规划，碰巧环球公关公司到学校招人，被老师推荐去面试之前，她连什么是公关都不知道，还特意跑到图书馆借了本书看。“做了之后我发现这个工作能让自己特别兴奋。”李艾很庆幸自己的选择，“我就像是桥梁，把客户这边复杂的新技术、新概念用比较容易理解的语言表达清楚，传达给媒体，再由媒体传达给大众，这其中很有乐趣。”工作近9年了，虽然期间换过一次公司，但她从没想过转行。“如果每天重复同样的内容我可能会不想再做了，但现在每天都有新的挑战，经常会觉得热血贲张，总是处于兴奋状态中。”

虽然工作中没有什么企图心，但是李艾的职场之路却攀升得出奇顺利。跳槽到奥美，她从较低的职位做起，现在是IT组的总监。“我很幸运，每当遇到一个机会，我心里有点没底的时候，老板总是鼓励我，觉得我可以。我没有别的选择，于是就尽量努力去做，如果没有老板的观察和信任，我可能会一直做一个普通的螺丝钉。”

当然，幸运的人毕竟是少数。在决定职业前，做好充分的准备，清楚地了解自己的优点以及哪些行业更有发展前景，从中选择自己喜欢的、做得更好的企业投身于内，你就会比那些没有计划、误打误撞的人更有优势。

选择事业还要有独到的眼光，不要盲目地跟从。比如当广告人才成为抢手货时，便有人奋不顾身冲锋陷阵，结果常常出现人才济济而苦无发挥的局面。因此，选择事业前需先做一番冷静的思考，这对于社会新鲜人来说更为重要。首先你应该知道今后有哪些行业比较有发展前景，然后再分析自己是否适合该行业。如果你没有坚实的专业基础，做起事来就会缺乏信心，出错率也会相应提高，所以选择和自己的专业或个性特质相符的事业是很重要的。

女性除了在服务业、商业领域可以大有发展外，文化事业也是女性翱翔的广阔天空。这个领域有许多职位很适合女性，如制片人、造型师、节目主持人、自由撰稿人、美术设计和经纪人等，而且这些职位的特点是共通性强。假如你不愿做编辑，你可以去做一名出色的自由撰稿人；假如你不愿做自由撰稿人，你可以尝试走进播音室……总之，这一领域中不论工作内容还是地位、收入，都非常适合女性。

不管怎样，你选择的行业及对自己的定位是你事业的起点和方向。成功者的经验可以学习，成功者的经历却不可复制，你首先要清楚自己要的到底是什么。你应当考虑到自己的兴趣，但不要过于迁就自己的偏好，人毕竟要在社会上生存，必要的妥协是明智的做法。

幸福感悟

正所谓“世间无弃物，关键在定位”。不管你出身、相貌、学历如何，只要你能根据自身的特点选定位置，把握住正确的方向，坚定信念勇敢地走下去，前面一定是条通往幸福的康庄大道。

十二　坚强　生活从来不相信眼泪

1　软弱不是护身符

坚强，其实是一个特别寻常的词语，但是有人说当它与女人联系在一起的时候，似乎多了一份神秘，一份另类。这绝对是一种偏见，并不是女人因为坚强而变得神秘和另类，而是看坚强女人的那束目光变得很神秘、很另类。要知道坚强的女人未必是女强人，不一定事业有成，女人的坚强并非体现在外表上，而要到她的内心深处去印证。

坚强的女人在经历了血与火的洗礼，告别了苦难的自我之后，尽管血泪斑斑，伤痕累累，但却获得了光明的重生。坚强的女人在面对困难的时候，不会在别人面前痛哭流涕，拒绝流泪并不代表她们不痛。她们会用坚强抵抗脆弱，用微笑代替眼泪，正因如此，坚强的女人更可爱。

美国有个摩西奶奶，丈夫去世之后，她一度十分痛苦，家人也不理她。她不仅没有经济来源，而且也没有房子住，生活陷入了绝境。那年她已70岁，她不得不给别人打工，并在一次偶然的机会里将自己的画卖出了一个好价钱，于是她开始了自己的绘画生涯。从70岁开始到她过世前，摩西奶奶一共画出了1600幅作品，但她从来没有学过绘画。

她在自传中写道："我很快乐，也很满足。我庆幸我没有逃避现实，我不知道一生中有没有比这段时间更美好的，我用我的生命去完成我所能的。生命是用来创造的，过去是这样，未来也是这样。"

摩西奶奶没有因丈夫的去世和生活的打击而丧失活下去的勇气，反而勇敢地接受了这个现实，悲伤之后，她在绘画中重新找回了生活的快乐。

70岁，对于人类来说那已经是灯芯将尽的时候了。然而，摩西奶奶却在残酷的现实中证明了自己的生命价值。这样的勇气几人能有？这样的奇迹又有几人可以铸就？

当我们来到这个世上的时候，都是握着手的，当手张开时，命运就注定了我们要经受世上的风风雨雨。在这样的人生里，谁没有经历过痛苦磨难？谁没有品尝过酸甜苦辣？谁没有经历过挫折失败？当一切不幸发生在自己身上时，我们会被眼泪遮住勇气：当我们失去了最爱的人时，会因为爱情的暴风雨阻止了勇敢；当我们在人前没有了自尊，我们会从此失去自己最重要的自信！为什么我们就这样轻易地认输？难道就这样被命运捉弄吗？我们就没有机会挽回已经失去的一切了吗？

世人给女人设了限：女人是伤感柔弱的，像林黛玉；女人是软弱的，好欺负的，历史中女人的命运总是由男人做主，像杨贵妃。但是，其实女人是韧性的，永远也折不断，但天地轰然坍塌时，女人足以顶起这片破败的天空。

学会坚强不容易，而要真正做到坚强则更难。然而，哪怕人生道路有多坎坷，你一定要给自己信心，软弱不是护身符，连一顶遮阳的帽子都不是！女人只能学会坚强，才能从容地应对一切。

2 不做缠人的藤，要做挺立的树

曾经在一篇短文里，看到这么一句话："女人宁可变成和男人并肩站立的一棵树，也不要把自己和一块石头绑在一起，即使这块石头是块钻石。"

在当今社会，男人和女人因爱结合，走进婚姻的殿堂。从此，男人安心忙碌自己的事业，女人辛勤操劳把家管好，做个贤内助。十年、二十年过去了，男人事业有成，地位显赫，女人却因操劳而花容凋谢。这时，有的男人另觅新欢，更有甚者则抛弃糟糠之妻。女人痛不欲生地哭诉："这个没良心的，想当初我为他舍弃自己的事业，含辛茹苦，操持这个家，他才有了今天，没想到他这样对我！"殊不知，时间飞逝，他既不是当初的他，你也不是当初的你。今天的你，即使深情似海，却早已和他不是一个档次了，他变成了“钻石”，而你呢？

记得一位外国诗人写下过这样的诗句：假若你是一棵树，我便是紫藤，紧紧地缠绕在你的身上，让我们的生命融进岁月的寒霜。这本来是一首表达男女之间坚贞不移的爱情的诗，但在生活中，许多女性愿意把男性比作树，把自己比作藤，走进依赖男性的误区。

女人是藤，缠缠绕绕，柔软似水，借着男人这棵树盘旋而上，开花结果。男人自诩就是那顶天立地的树，有宽厚的肩膀让女人依靠，有慈悲为怀的心肠给女人呵护。然而有一天，树对藤失去了耐心，拔足而去，藤失去了依靠，匍匐在地，不久抑郁而终。

所以女人要和男人一样，做高大挺拔的树，一人一边支撑着共同的房顶。两棵树就像两堵坚实的墙壁，另两面是透气的窗、出出进进的门，这就构筑了一个家。没有围城里方鸿渐的窒息，没有藤绕树的依附，各人呼吸着各人的空气，又不忘彼此的责任，自由又有所牵绊。

有一个墨西哥女人，和丈夫、孩子一起移民美国，当他们快要到达目的地的时候，丈夫不告而别，留下她和两个嗷嗷待哺的孩子。22 岁的她先是惆怅了一阵，但看看孩子，她又毅然选择了向前，她相信只要自己肯努力，一定能摆脱困境。就这样，她带着孩子来到了加州，在一家墨西哥餐馆里打工，虽然工钱不多，但她尽量节约，因为她还有一个梦，那就是开一家墨西哥小吃店，专卖墨西哥肉饼。

有一天，她拿着辛苦攒下来的一笔钱，跑到银行向经理申请贷款，她说：“我想买下一间房子，经营墨西哥小吃。如果你肯贷款给我，那么我的愿望就能够实现。”

一个陌生的外地女人，没有财产抵押，没有担保人，她自己也不知能否成功。幸运的是，银行家佩服她的胆识，决定冒险资助。她 25 岁起经营自己的墨西哥肉饼店，经过 15 年的努力，这间小吃店扩展成为全美最大的墨西哥食品连锁经营店。这个女人就是拉梦娜·巴努宜洛斯，她后来担任过美国财政部长。

古人曾说："哀莫大于心死，而身死次之。"软弱的女人是很难成功的，就像没有脊梁骨的人无法站得挺直一样。女人要想生活得灿烂多姿，不被抛弃，就不要做一棵与松树傍依的松萝，而要做一棵挺立的树，哪怕是一棵不起眼的小树，那也是大自然中一道美丽的风景！

只有这样的女人，才能享受生活的阳光，才能在风雨人生中吸取更多的养分，让自己如花般鲜艳夺目。只有这样的女人，才能坦然地面对社会、面对生活赋予她的一切，甜也好、苦也好，悲也好、喜也好，痛也好、乐也好，都有勇气去承担，即使遇到失败或者残缺的生活，也不会失去前进的动力。

幸福感悟

坚强的女人在经历了血与火的洗礼后，尽管以后的生活还会有血泪斑斑，伤痕累累，但她们学会了用坚强抵抗脆弱，用微笑代替眼泪，正因如此，坚强的女人更可爱。

十三　独立　千靠万靠，不如自己靠自己

1　经济独立从工作开始

吃完饭坐在沙发上看美剧，在美国上世纪五六十年代的一个家庭里，一个全身精致到头发梢的主妇端着一盘烤好的饼干，边走边向一个年轻女孩说教："你对未来有什么打算？"女孩说："我和男友不会考虑未来，我们的世界里有爱情和音乐就足够了。"主妇反问："你男友的未来就是你的未来，你打算和一个穷困的音乐家生活一辈子？"女孩有点迟疑："我可以去工作……"主妇嘲讽地笑了："亲爱的，你能去做什么？教师还是护士？看清楚点，我们的日子就在这房间里，这房子应该是你的男人赚给你。"接下来的剧情里，主妇发现了丈夫的外遇，痛哭之余倾诉着悔当初："当年我也有我的梦想，我明明可以上大学，但是为了他，我……"

看来，不管大家吃饭时用的是刀叉、碗筷抑或是手抓，对女人来说终极困顿只有一个：我们要不要工作？我们为什么要工作？每个人的答案可能都不一样。但是，核心都是同一个递进公式——被需要，感觉自己重要，维护自尊自信。

因此，作为女人，你可以拾破烂、当清洁工人，也可以当教授、做作家，这些其实都不重要，重要的是你一定要拥有一份属于自己的稳定收入。女人必须靠自己过日子，只有自己才能保障自己的未来。因此，女人在经济上独立，并不是要追求享乐，而是为了实现人格独立，为了维护生命的尊严。

现实中仍有不少女性坚信"女人再有本事也不如嫁个好丈夫"，把未

来寄托在找个有钱的丈夫上，忽视了经济独立，更无心提高个人创造财富、积累财富的能力。有的已婚女人凡事依赖丈夫，认为养家是男人天经地义的责任，自己只要管好家就行了。

依赖成性的女人应该想一想，自己能年轻多久，可以无忧无虑地生活多久？如果有一天发生意外，自己有没有能力自给自足，与其靠别人施舍过活，不如自己经济独立；话又说回来，万一哪天你真的与有钱的男人擦出爱情火花，自己有一些经济实力，能与对方平等相处，从而使双方相得益彰，不是更好吗？

温州女人的做法，也许是“经济独立是人格独立的基础”这一观点的例证。温州不少家庭是男人在外经商，女人在家做点小生意。许多温州“家庭主妇”的“私房钱”都有一两百万——都是女人自己做生意赚来的。当夫妻感情危机在许多大城市频频出现时，以财富闻名的温州人在感情问题上却很少被谈及，原因就是温州女人的“财商”在起不小的作用。

如果你把琢磨男人、为自己婚姻牵肠挂肚的那点心思分一部分去做点正经事，你也可以挣出来光明正大的“私房钱”。在挣这些“私房钱”的过程中，你失去的是忧郁、担忧、胡思乱想、嫉妒，得到的是智慧、财富、心理健康和男人的尊敬。

2　情感独立才能自由快乐

现实中，情感上独立的女人很少，女人总是多一些多愁善感和脆弱。在感情方面，大多数女人会把自己放在被动的位置上，尤其在找到自己的另一半后，从此死心塌地，想的只有和他一生一世。对男人情感上的依靠是女人的天性使然。女人很容易把情感看成是生命的全部，所以，情感上受伤的多是女人。

男人向来是坚强而粗糙的，他们不会把自己的情感全部拴在女人身上，他们要应对外面的一切，一旦发生问题，男人很快会从中站立起来。这是千真万确的事实。而女人总是容易爱得没有自我，越在乎就越没有原则，最后慢慢纵容男人的一切坏习惯；可是男人却不会因此而感恩戴德，反而习惯你的付出，甚至觉得你很烦，没有个性，开始变得不尊重你了。不要以为爱是对等的，不要以为你付出了一切就可以得到他同样的付出，这是不可能的。男女平等宣传了几十年，仍没有实现，只因女人自己不想平等。

爱情中单方面的过度付出，不仅会使另一方习以为常，而且还会使其水涨船高地提出更高的期望。爱情人格完全不平等的男女之间，不可能有真正的爱情。男人通过征服才有快感，女人通过崇拜才有快感，但你都拜倒在地上了，难保哪天对方不爽起来顺势把你一脚飞起好远。习惯仰视男人的女人一定要切记，当你高仰着爱情的头颅仰视男人时，男人正在俯视你。你仰视的角度越大，你们之间的差距就越大，爱情的基础就越脆弱。

有个聪明的女人说，婚姻是势利的，如果你不能齐头并进，男人就会以此为借口找个人跟他并驾齐驱。夫妻既是配偶，首先就要互相配得上。当然，这并不是说丈夫是个数学家，妻子一定要明白相对论；也不是说妻子是个声乐家，丈夫一定要弹一手好钢琴，而是说，夫妇间至少应有足够的知识水准，了解对方是干什么的。即使在工作上不能提供帮助，但在生活上及灵性上必须有能力付出支援——最低限度，也别使对方受窘。

如果一方不断进步，另一方永远原地踏步，距离就会越来越远，分歧是迟早的事，到那时就别怪对方容易变心，只怪自己放弃了自己。女人的幸与不幸，都不能盲目地归于他人。每个女人首先应当是独立的、有尊严的个体，这样才会有爱的能力！

“时装女王”香奈儿就是这样的女人。她是一位崇尚经济独立、个性开放的女性。由于贫苦的家境，18 岁的她当上了花花公子卡佩尔的情人，这段经历没有让她得到幸福的感情生活，却给她的生活和事业带来了巨大的转机。她用卡佩尔的钱开了 3 家时装店，很快她的服装就进入了当时浮夸和矫情的法国上流社会。香奈儿的服装和她本人一样充满了个性和吸引力，因此很快被法国贵妇们所喜爱。30 岁时，香奈儿还清了卡佩尔的钱，获得了经济上的彻底独立。20 世纪初，她所设计的女装已经引领了整个法国女装的潮流，她的女装不仅仅是时装形式的解放，更是一种女性自身的解放。

香奈儿一生没有成为妻子、母亲，她的一生都献给了自己钟爱的时装：每天晚上睡觉的时候，她都会确定一下自己心爱的剪刀是不是放在了床头柜上。她曾说过："上帝知道我渴望得到爱情，但如果非要我选择的话，我选择时装。"

不要一味地依恋，这是爱情的一味良药。时光会流逝，但正是这种心态，使得女性可以对爱保持一贯的虔诚，也保持一贯的警惕，以这种态度去唤起爱人的良性互动。我们始终要让自己有那么一种"兵来将挡，水来土掩"的气概，这样人生才会左右逢源。

幸福感悟

"我养你！"这是一个男人对女人最有诚意、最具勇气的担当，也是对女人最货真价实的爱，掏心掏肺的承诺，几乎所有的女人都会感激涕零，心驰神往。但这样的情义只能心领，绝不能依托。无数女人的经历告诉我们："靠自己的女人最幸福、最快乐！"

十四　财富　金钱可追求但不可强求

1　幸福并不取决于金钱的多少

在物欲横流的今天，生活的快节奏或许让你来不及考虑什么才是幸福，你可能只是在夜以继日地为名为利、为金钱默默奋斗着。你或许认为有了钱，有了车，有了房就会幸福，但这顶多算是一种物质享受，一旦你拥有了这样的幸福，你就会变得麻木而感觉不到幸福的存在。而只有那些可以让自己心灵充实的幸福才是幸福的真谛。

你或许可以一眼就看出一个人是否富有，但你无法判定他是否幸福，他人的内心世界永远是我们无法感知的。只有走进那个人的心灵深处，真正走进他的内心世界，你才会明白他到底过的幸福还是不幸福。因为幸福只是一种感觉，一种很微妙的感觉，它跟物质没有什么必然的联系，对于那些善于发现幸福的人来说几乎跟物质完全没有关系。

刘泽栋夫妻俩都是电厂的职工，领着微薄的薪水，还要供两个小孩上学。在别人看来，他们的日子一点都不幸福：一家人挤在15平方米的房间里面，家具和各种生活用品摆得杂乱无章，根本不知道四口人是怎么生活的，是不是每天走路都会趺趺撞撞？

奇怪的是，人们看到的却经常是很幸福的场面：每天，妻子都会在水房里洗洗涮涮，不是洗衣服就是洗菜，每次都能听到她哼着歌曲，很悠闲的样子；下午下班的时候，妻子可能已经做好了晚饭，和丈夫一起偎在电视机前，聚精会神地看着电视，很满足很惬意的感觉；有着暖暖阳光的日子，夫妻俩会早起把被子抱到楼下去晾晒，早晨轻柔的阳光洒在他们的肩头；傍晚，一双儿女会安静地坐在写字桌前，认真地做着作业；夫妻二人出去散步，也是相依相伴的温馨……原来，幸福不完全取决于金钱。

有一位拥有亿万家产的年轻总裁说："我成了一个挣钱的机器，单调枯燥不停地转动，每天面对的都是一场战斗。说实在的，每天辛辛苦苦也没什么意思，我们也享受不了什么，金钱对于我来说，只是一种负担，即维持生活现有水平和如何赚更多的钱……"

这位总裁不会唱歌、不会跳舞，更不会打保龄球、台球；他的妻子和儿子定居在美国，每年只在暑假回来一次，三口之家才得以团聚。他的妻子说他是个冷血动物，因为很多为人夫为人父应该给予的，他都给予不了。他每天都在想着如何才能赚更多的钱。"幸福"这个词他是没有时间去体会的，虽然有时他也觉得自己拥有那么多财富，却无法享受到真正的幸福，甚至在某些方面还不如穷人，但也只能如此，因为既然自己是台机器，就得不停地运转才行。

不可否认，财富和幸福感确实有一些关系。但是，是不是钱越多越好呢？当一个工薪阶层月收入从大学毕业初期的3000元慢慢涨到5000元、8000元，然后超过15000元，甚至达到30000元时，人的幸福感会随着收入的增长、家庭资产的增加而获得逐步提升。在这个阶段内，收入和财富的增长显然带动了幸福感的同比正向提升。

可是，随着财富达到一定程度，金钱对于幸福的作用力突然显著下降了。多项研究表明，在"衣食足"的人群中，财富的多寡与主观幸福体验的关系很微弱。或者说，在达到舒适温饱之后，财富的增加所带来的幸福感会越来越弱。而且，财富积累到很高程度的时候，由金钱带来的烦恼突然间会增加，甚至接踵而来。比如，富翁家庭子女教育问题困扰比例更高，因为他们的孩子含着金钥匙出生，在贵族学校之间随意转学，责任感差等问题特别突出；富豪们的情感纠纷也很突出，婚姻亮红灯的富人比比皆是；如果富豪家庭结构比较庞大，有关家族企业的管理权、财产继承权等问题的明争暗斗足以消耗他们的许多精力……拥有千万甚至亿万资产的超级富豪，又有几个生活能像比尔·盖茨那般幸福平静？

诚然，幸福需要物质保证，但更重要的是要有精神支柱；精神支柱是人整个生命的“心脏”，倘若没有它来支撑，再多的金钱也只不过是一堆纸罢了。金钱并不是幸福的源泉，幸福也不会是金钱的产物。只有以崇高的精神和勤劳的双手为基础，才能建造起人生真正的幸福大厦。

2 不要被财富所奴役

金钱是人生的需要，但金钱不是人生的目的，它只是帮助人们实现目标的手段。金钱是不可缺少的，但金钱决不是万能的。我们不用害怕追求金钱，但决不要成为金钱的俘虏和奴隶。

在当代社会，财富创造的速度正以前所未有的高速发展，人们追求财富的热情和愿望空前高涨，然而，以追求财富为生活全部内容的人，是无法获得身心宁静的。

比尔·盖茨很少关心钱的问题，也不在意自己股票的涨跌。钱不会使他从工作上分心。他说过：“当你有了一亿美元的时候，你就会明白钱只不过是一种符号而已，简直毫无意义。”比尔非常讨厌那些喜欢用钱摆阔气的人。

比尔在生活中遵循这样的用钱原则：“花钱如炒菜一样，要恰到好处。盐少了，菜就会淡而无味；盐多了，苦咸难咽。”对于自己的衣着，比尔从不看重牌子或价钱，只要穿起来感觉很舒适，他就会很喜欢。有一次他参加由世界 32 位顶级企业家举办的“夏日派对”，他穿的一身套装还是妻子美琳达先前在泰国给他买的用来拍照时穿的衣服，价格还不到歌星、影星一次洗衣服的花费。他生活的信条就是：“一个人只有用好了他的每一分钱，才能做到事业有成、生活幸福。”平日里，如果没有什么特别重要的会议，比尔会选择便裤、开领衫以及他喜欢的运动鞋，其中没有一件是名牌。

比尔与妻子都十分疼爱自己的孩子，但是在满足孩子的一些要求上，他们绝对是一对吝啬鬼。比尔从不会给孩子太多的钱，他的儿子罗瑞总是抱怨父母不给自己买最想要的玩具车。比尔有自己的看法，他认为：“再富也不能富孩子。”

比尔·盖茨确实是一个与众不同的人，单从他对待孩子的零用钱的态度就可以看出来。对他而言，创业是他人生的旅途，财富是他价值量化的标尺。“我只是这笔财富的看管人，我需要找到最合适的方式来使用它。”他的财产超过了500亿美元，迄今为止他已经捐出了超过250亿美元，他在遗嘱中宣布拿出98%的财产给自己创办的以他和妻子的名字命名的“比尔和梅林达基金会”，这笔钱用于研究艾滋病和疟疾的疫苗，并为世界贫穷国家提供援助。

有人说：“财富是过眼烟云，金钱是身外之物。”这的确有一定的道理。除了金钱，人的一生还有许多值得追求的东西。痴迷于金钱的人，充其量不过是一个直立着装钱的钱袋子罢了。“富了腰包，穷了心灵”，正是“钱迷”们的真实写照。

要想活得轻松自在，只有摆脱金钱的束缚，不背负沉重的钱财包袱，这才是真正的富有者。在这个方面，比尔·盖茨算是一个典范。

幸福感悟

金钱可以买到“药物”，但买不到“健康”；金钱可以买到“书籍”，但买不到“智慧”；金钱可以买到“服从”，但买不到“忠诚”……金钱是不可缺少的，但金钱决不是万能的。我们可以追求金钱，但决不能成为金钱的奴隶。

十五　理财　女人一生的必修课

1　有钱才能主宰自己的命运

生活中，大多数女性在不同时期总是扮演着关怀别人的角色：女儿、妻子、母亲、媳妇、职业女性等等，却常常会忘了最重要的一个角色——自己。没错，我们常常都忘了“自己”的存在。女人拥有不同于男人的个性特质：温柔、体贴、敏感、坚韧、肯付出。女人的特质就是关爱家人，但是，在关爱别人之前，女人应该懂得先宠爱自己。

有的女性朋友，刚开始夫妻生活很幸福，久之，有了孩子需要为一家人操心，慢慢就变成了所谓“黄脸婆”！如果丈夫喜新厌旧出现外遇的状况，作为女性的我们是不是很可悲？剩下自己一个人默默地流泪……

女人拥有一张长期饭票的概率越来越低，当婚姻破碎了，金钱纠纷很容易导致双方关系恶化，而受害的一方往往是女性。如果女性在经济上处于弱势，受到的伤害就会更大。即使是婚姻幸福的女人，也有机会单独面对现实人生。有资料表明，女性的平均寿命比男性长 7 年。据估计，65 岁以上的妇女约一半都能比她们的丈夫多活 15 年；年轻守寡的事也时有所闻。

而在职场上，女性相对于男性的劣势就更加明显了。女性收入普遍比男性低，“同工不同酬”的现象仍然存在。据统计，男性每挣 100 元，女性只挣 72 元。这就意味着女性挣的钱平均是男性的 72%。而女性换工作的频率也比男性高，公司裁员多半先裁女性员工。而且，有时因为需要尽到家庭责任，比如照看孩子或者老人，她们很难长时间保持一份固定的收入。

年轻的时候，女人总是乐观地认为“船到桥头自然直”，不愿意去想倒霉的事，等到问题发生了才烧香拜佛，祈求上苍眷顾、帮忙降福改运。其实，女人如果尽早学会理财，为没有依赖的日子做好准备，命运就可以掌握在自己手中。

高职毕业的台湾名女人何丽玲，曾经在一次访谈中说："我很小就明白，美貌和理财是女人一生中最重要的事。"她提到她的祖母告诫她说："女人读书成绩差一点没关系，但是一定要懂得理财。"她在8岁时，祖母就开始训练她的理财观，丢给她一本账簿，教她如何记账，账本里有200多个互助会名单，这个国小二年级的小女生从此开始跨出了理财的第一步。

有些女性认为理财是男人的事，懒得伤脑筋，也有些女性害怕自己太能干而失去男人的爱，但现实生活里，懂得财务规划的女性，婚姻会比较幸福，会理财的妻子也比较能够得到丈夫的欢心。

了解你钱财的第一步就是要知道那些你最重要的文件都放在了哪里，然后和你的伴侣，或是你自己坐下来，回答以下几个问题：

我/我们有什么财产（包括房子、汽车、保险及投资）？

我/我们有什么债务（包括抵押、汽车贷款或其他欠款）？

我/我们在什么项目上做了投资？为什么？投资的目的？

一旦我的伴侣发生了什么事，我应该怎么办？

别小看这些问题，这是揭开理财神秘面纱的基本步骤，没有你想象的复杂，了解了这些信息，你会发现理财变得容易多了。

2 钱是攒出来的

生命是一个短暂的历程，每个女人都想享受生活的丰富多彩，但有时想不到的意外会打乱人生计划，如果这时缺乏稳固的经济基础，肯定会面临尴尬。因此，女人要为自己开一个只存不取的存折，每月做一个理财计划，天长日久，就能理出生活的乐趣、稳定和家人的平安。

也许你会抱怨："只要我的收入能够增加10%，就不会再有任何财政困难了。"其实，关键的问题并不是你没有足够的钱，而是你不知道如何支配自己手中已有的钱。

台湾富豪蔡万霖小时候曾发现妈妈每次做饭时，总是从定量的大米中抓出一小把放进坛子里，天长日久竟也节余下来许多粮食。每当青黄不接时，妈妈便把这些积攒下来的大米拿出来供全家食用，以解燃眉之急。这件事给了蔡万霖很大的启发。他想，如果主妇们每天都从零用钱中抽出一点存起来，时间久了，不也是一笔可观的数目吗？经与哥哥商议，兄弟俩决定在台北第十信用社开展1元钱开户的"幸福存款"储蓄活动。他们宣布，只要存1元钱，就可以当"十信"的客户。这一倡议得到了家庭主妇们的热烈响应，她们常常在上街买菜的路上，便顺道进"十信"将手头的零钱存进去。有的中学生也将假期打工挣的钱，扣去书本费后悉数存进"十信"。

蔡氏兄弟的1元钱"幸福储蓄"大获成功，他们趁热打铁，又在台湾其他地方开了17个分社，个个生意红火。后来他们又增加了夜间办理储蓄业务。此后不久，"十信"已拥有社员10万多人，存款金额高达170亿元，一跃成为台湾最大的信用社之一。

大多数富豪并不是天生的赢家，蔡万霖的母亲生活中的一个小习惯，不仅影响了他早期的创业，更在其一生追求成功的过程中起着至关重要的作用，他成了当之无愧的"聚财之神"。

对于女人来说，理财的真正问题在于使用金钱的方法，养成制定家庭财政计划的习惯，删减那些不必要的花费。

首先，你可以把一年里的固定开销如房屋贷款、食物预算、利息、水电费、教育费、交通费、交际费等列出来，然后记录每个月的家庭开支，记录每一件开销，使自己对于支出情形有个清楚的了解。虽然不能买下每一件东西，但是可以决定什么东西对家庭最重要，以便删减那些不重要的开支，填补需要的大花费。

列出哪些是应该买的，哪些是不必买的，哪些是可买可不买的，月末再看看是否与计划相符。如超出计划，下月可逐渐减少那些“可有可无”以及“不该有”的消费，并根据存折余额随时调整自己的消费行为。

其次，你还要随时对自己的资金了如指掌，逐渐储备，积少成多。工作几年下来，也能打下一定的经济基础，逐步达到理财目标。存钱时既可断断续续地隔几周存几百元，也可以每次都固定地存下几百元。渐渐地，你会发现这笔只存不取的钱越来越多，足够应付意外或是重新投资某个产业。

为自己或家人开一个只存不取的户头，不知不觉之间，这笔存款会是一笔不小的数目，当意外灾难降临时，你变魔术一样把一笔钱放在他们面前，这时，你就是家人眼中的上帝，他们会又惊又喜，心中的余悸和焦虑一扫而空，与你一起乐观地投入新生活。

幸福感悟

年轻的时候，女人总是过着“月光族”的生活，认为“船到桥头自然直”。不知“天有不测风云”！当真正急需用钱的时候，就会叫天天不应，叫地地不灵了。女人只有学会尽早理财，生活才能有质量，急需时才会有保障！

十六　节俭　富足一生的生活方式

1　量入为出，不做“月光女神”

现实生活中，随着生活条件的改变，不少人忽视了勤劳节俭的传统美德，日子稍稍好过一些，就一味地追求奢侈，吃的是黄金宴，住的是豪华别墅，洗的是桑拿浴，玩的是高尔夫球，唱的是卡拉 OK 等等。其实，这种生活观念是不正确的，富裕和奢侈浪费不能相伴而生。

美国一些百万富翁的儿子，常在校园里拾垃圾，把草坪和人行道上的破纸、冷饮罐收集起来，学校便给他们一些报酬。他们一点也不觉得难为情，反而为自己能挣钱而感到自豪。有的家庭经济并不困难，但却让八九岁的孩子去打工送报挣零花钱，目的是培养孩子自力更生、勤俭节约的习惯。美国著名喜剧演员戴维·布瑞纳中学毕业时，父亲送给他一枚硬币作为礼物，并嘱咐他：“用这枚硬币买一张报纸，一字不漏地读一遍，然后翻到广告栏，自己找一份工作，到世界上闯一闯。”后来取得很大成功的戴维在回首往事时，认为那枚硬币是父亲送他的最好礼物，它使他懂得了生活的艰辛，衣食的来之不易。

日本是个经济大国，但日本商人中力求节俭的人比比皆是。不动产巨头森泰吉朗年近九十，虽腰缠万贯，却生活俭朴。他没有别墅，没有豪华游艇，不吸烟，不喝酒，每周坚持上三天班，自带盒饭。他自我评论说：“即使我被称为世界首富，我确实还和我父亲一样，仅仅是个房东而已。”三菱集团的创始人岩崎弥太郎曾有个比喻说：“我认为涓滴之漏比溢出来的还可怕，因为酒桶如果有个大漏洞，谁都会很快发现，但是，桶底有个毛发般的小孔，却不太容易被注意到。”这是一个关于注意节俭，从小处着眼的精辟见解。

中国人历来崇尚节俭，视节俭为美德，这种民族传统在现代商人中也不免留下深深的烙印。台湾企业家王永庆可算是个世界级的巨富了，但他在花销上特别节俭。他牢记中国的俗语“富不过三代”，严格控制子女乱花钱，当发现孩子的母亲、祖母心痛孩子手头拮据，偶尔送钱给孩子时，王永庆毅然将孩子送往国外，以使孩子脱离家人的庇护。王永庆不仅这样教育孩子，他自己在生活中也是能省则省。有一次，他发现他用的牙签一头是尖的，另外一头刻花，比较贵，而市场上两头尖的牙签比较便宜，便告诉秘书：“以后买两头尖的牙签，可以两边使用，又便宜。”他喝奶精，往往将小铝箔奶精盒中残留的奶精用一匙咖啡洗净后再倒入咖啡杯中喝掉，可谓不弃一丝一滴。靠节俭美德，王永庆获得了生意上的成功；受节俭思想的熏陶，他的爱女凭一张文凭、一把刮胡刀，在外独闯天下，与丈夫简明仁用25万美元积蓄在台湾创立了大众电脑公司，成了一家年营业额高达三四十亿元的企业的总经理。

如果要用三个词来勾画富人的肖像，那就是：节俭！节俭！再节俭！

因此，不管社会如何变化，我们都应该从小就继承勤劳节俭的优良传统，这是我们日后走向成功所不可缺少的。一旦你养成了节俭的习惯，意味着你具有控制自己欲望的能力，意味着你已经开始主宰你自己，意味着你正培养一些最重要的个人品质，即自力更生、独立自主，以及聪明机智和创造能力。换句话说，就意味着你有了追求，你将会是一个卓有成就的人。

2 赚钱是技术，花钱是艺术

很多人深有体会：相对于挣钱来说，花钱实在太容易了。但容易不等于简单，花钱真的是一件很简单的事吗？其实，花钱可以考验你的理财能力，如果你花钱随意性很强，毋庸置疑你的理财能力是很差的。

回忆一下去超市购物的经历，到处都是打折商品，促销小姐热情地向你推介，买吧！还犹豫什么呢？再没有比这便宜的东西了！于是，吃的、喝的、穿的一大包买了回去。到家才发现，家里还有一箱未喝的牛奶，而食用盐和醋却没能买回来。产生这种现象的原因在于事先没有制定一个合理的购物计划，导致消费时缺乏控制力。

不但在普通购物方面如此，很多人在房子和汽车等重大消费上表现得更加突出。根据家庭和收入状况，90 平米的房子基本可以满足需要，可偏偏要买 120 平米的房子，而这仅仅是因为朋友或同事的意见：90 平米的房子太小了！购买汽车时，明明买个“捷达”就可以了，眼睛却盯着“帕萨特”。这一切使你不可避免地成为银行债务的奴隶，面对每月银行的还款账单愁上眉头。大房子和豪华汽车给你带来更好的生活品质了吗？显然没有，而这一切只因为在消费时没有对自己的财务能力作出理性判断，花钱的效用没有更好地与生活品质相匹配。

由此可见，买不需要的东西，总有一天可能会让你卖掉需要的东西，钟镇涛破产的案件就为我们提供了一个活生生的例子。不仅仅是挣钱，学会花钱也是我们积累财富的重要一步。千万不要故作潇洒地说什么“千金散尽还复来”，那是一种极端幼稚的想法，抱有这种想法的人大多只能图一时之快，而结果却都异常地凄凉。所以，我们绝不能不假思索地一掷千金、挥霍无度，必须学会节俭度日。

要知道富人们很少有过奢侈日子的。美国作家托马斯·斯坦利通过调查 2500 名平均年收入在 475 万美元以上的女性得出这样的结论：美国富婆们生活都很节俭。在一般情况下，这种女性的生活水准都低于她们的收入水平，她们生活消费都是在收入水平的 10%。在斯坦利的调查中，一半的富婆从来不买价格在 139 美元以上的鞋或是超过 399 美元的套装，70% 的富婆都补过鞋，一半以上提早付清抵押贷款，58% 还用优惠券购买食物。

她们之所以这样做，就是因为考虑到未来的家庭生活。俗话说“天有不测风云”，生活随时都有可能发生意外，我们要提前做好准备，以防万一。

（1）要有预算观念。趁着打折的时候买东西，是要用较少的金钱买到想要的东西，而不是因为打折期的闲逛而产生更多预算外的花费。在购物清单上列出必须购买的商品及如遇打折可购买的商品，以免看到打折品就兴奋，买回一大堆平时用不着的东西。

（2）时常整理衣柜。空闲时，整理一下衣柜，对自己的衣服做到心中有数，并且按照不同色调、风格做好搭配，这样就不会时常在类似衣物上重复花钱了。几套中性色、剪裁合身、简洁大方的品牌套装是不能省的，利用率高的衣服才值得买，如果你能在打折时买到就更划算了。丝巾、胸花等配饰可适当多采购一些，通过巧妙的搭配，可以使你原有的衣服散发出不同的韵味。

（3）努力贯彻环保概念。平常买东西前应该先了解家里还有什么可运用的物品，有空的时候分门别类，将可用与不用的东西分开，不用的东西不要随便丢弃，可以改装或上网拍卖。吃饭的时候点菜要点刚好的量，或者吃不完可以带回家，再加点菜色又是一餐；自己染头发或干脆保持自然黑发，可以节省在外表上的花费。

（4）学会“计较”。每次购买上秤称的食品后不妨用“公平秤”试称一下。洗发水、香皂、洗衣粉等，能买“家庭装”的就买家庭装。你站在纸巾和卫生纸的柜台前仔细计算哪种牌子更合算，没人会笑话你。不要觉得这样做很小心眼，省一块钱要比挣一块钱容易多了，把日常开销节约10%，生活其实没有任何改变。

幸福感悟

生活中千万不要故作潇洒地说什么“千金散尽还复来”，那是一种极端幼稚的想法，抱有这种想法的人结果大都是凄凉的。如果用三个词来勾画富人的肖像，那就是：节俭！节俭！再节俭！

十七　上进　给自己一个远大的前程

1　女人要随着年龄的增长而增值

著名主持人杨澜曾经说过：我不想随着年龄的增长而贬值，女人也可以随年龄增值的。对于职业女性来说，大部分人都希望自己随着年龄和工龄的增长，工资待遇和职位也能更上一层楼。你可能认为自己对现在的工作满意度很高，也有自己期待的目标，并朝着目标不懈地努力着，但是总也见不到成效，先别着急，看看在你的职业生涯中，制约你升值的问题是不是暗流涌动，只是你没察觉而已，唯有躲开暗礁，才能重回正轨。

一般来说，随着年龄的增长，职业也分为保值和贬值两种。有些职业天生就是越老越值钱，比如从事咨询（如古董鉴定、营养师、心理辅导等）、医生、会计师等的女性，她们的名声和信誉都需要长期的工作积累，她们脸上的皱纹在客户眼中就是经验与阅历的保证。但是，有些职业则纯粹属于过期不候的“青春饭”，很多职业女性过了 35 岁就开始走下坡路。比如文秘、公关等，很多企业在招聘这些职位时均注明要 28 岁以下的人。由于这些工作非常简单、专业性不强，薪酬整体水平不高，所以做这一行的基本都是刚刚从大学毕业的新人。

广告设计也是随着年龄的增长而贬值的工作。由于广告设计工作需要有创意，并且经常要加班加点，所以要求从业者具备敏锐的触觉、多变的创意思维和充沛的体力。随着年龄的增长，职业女性的经验是有了，可容易形成定势思维，在设计的时候就很少有什么创意了。另外，导游、公关、秘书等都是随着年龄的增长，升值可能性越来越小的职业。

如果你一开始就进入了能够保值甚至升值的行业，那最好不过了，但是，并非人人都有那么好的运气。这时，考虑转行是未雨绸缪的选择。从长远看来，这不仅有利于个人的职业发展，也有利于个人的财富积累。在一个升值的行业做，越老越有权威，挣的钱也就越多，还用担心后来者的竞争吗？

所以，女性可以考虑在30岁以前转到一个保值甚至升值的行业，即使最初是公司里不起眼的小角色，在有了一定阅历并积累了一定的经验之后，就会有更大的发展空间。现在越老越值钱的职业，大多属于经验型行业，要想成为此行业的精英，必须有足够的工作年限与工作经验，没有任何捷径可走。

2　21世纪比的是知识

现实中，有些女人知道不断地给自己“充电”，让自己更完美更充实。这种女人也许没有艳丽的外表和炫目的青春，但是在人群里总会散发出一种别样的光彩，这就是自信。

据统计，当今世界90%的知识是近30年产生的，知识半衰期只有五至七年。而且，人的能力就像电池一样，会随着时间和使用逐渐流失。白天谋生存，晚上图发展，这是21世纪生存的起码原则。比尔·盖茨就讲过一句话：“在21世纪，人们比的不是学习，而是学习的速度。”

小静从事平面设计工作已经3年，在这方面已经技巧娴熟，操作迅速；而且她的策划能力、语言组织能力不俗。有时她独立完成一个项目，内容与设计风格相融，一气呵成，设计出来的成果深受老板和客户的认可。为了使自己不至于停滞不前，小静常常学习一些前沿的设计作品和理念，让自己总能接受到最新的东西，及时更新自我，并且与一帮圈内朋友保持联系，互相切磋。她觉得这一职业的特点与青春、年龄无关，只要有自己的专长，到哪里混都能立足。在如今的时代，你不可能做那种万金油式的人物，不可能在各个方面都如鱼得水，游刃有余，你必须要有自己的专长。

人们习惯用“秀外慧中”来形容优秀的女性。在这里，“秀外”是先天的条件，是父母赐予的；而“慧中”则不同，除了需要一点天赋外，绝大部分还是靠自己后天的努力来实现的。在两者中，“慧”比“秀”更能体现女人的魅力和涵养。因此，聪明的女人懂得怎样为自己充电，来实现自己的“慧中”。

“充电”的范围很广，不仅需要读书考试，而且只要是对自己有益的知识和经验都应该汲取，并与个人情况相结合，变为独一无二的资本。

（1）给自己明确的定位。我是怎样的一个人？我要想做什么事情？我对什么工作感兴趣？我适合朝哪个方向发展？只有对自己的情况有个全面的了解，才可能知道自己到底需要什么。对自己的定位最忌讳自欺欺人，否则最终受害的还是自己。

（2）找准“充电”的切入点。初涉职场的女性虽拥有强烈的工作热情和激情，但是却缺乏经验，应该在人际关系、职场社交、职场技能等方面“充电”；而久经沙场的职业女性虽有经验，但是往往缺乏热忱，知识结构老旧，思想保守，应该及时补充实用的、先进的知识，培养前卫的思想意识和灵活的处世技巧。

（3）留意身边的“充电”内容。成功的职场女性应该是一个善于察言观色的人，用心留意身边的人和事，学会发现工作中的技巧，并注意总结别人的成功经验，尤其是同事身上的经验、优点，把它变为自己的经验、优势，你会得到无师自通、事半功倍的效果，而且还会得到上司的格外赏识。

（4）合适的自我包装。虽然容貌是由父母决定的，但是气质和谈吐却可以通过后天的努力塑造而成。所以，你需要在气质、举止、谈吐上对自己进行优雅的包装，在合适的程度之内展示自己，推销自己，让周围的人更好地了解你。

(5) 及时修正自己。完美的人生和完美的人都是不存在的。你要清楚现实的自己和理想中的自己还有多大的差距，该怎样去弥补才能让自己更接近完美。

3 用能力寻求“铁饭碗”

进入21世纪，人们没有固定的职业，原来“铁饭碗”的概念将逐渐消失，新概念又将形成。所谓新的“铁饭碗”，不是在一个地方吃一辈子饭，而是凭新技能到哪里都有饭吃！

在21世纪里，有些公司的员工将遍及全世界各个角落，人们可以身兼数职，可以在全球众多公司同时供职；随着网络的应用和发展，目前的众多职业将从地球上永远消失，虚拟经济已颠覆现实，这是一种趋势，一种潮流，不可逆转。随着我国加入WTO，竞争会越来越激烈，就业，下岗，再就业，再下岗，将成为司空见惯的事。要想在社会上立足，唯一的办法就是多学几手，一专多能。这样，一旦下岗失业，心中不慌。只要你精神不下岗，就可以重新学习新知识、新技能，学习在市场经济大潮中搏击的本领，总有一天会在另一个行业里重新上岗！

青蛙在水里能生存，一旦水干了，在陆地上也能生存，因为它有两种本领，而鱼则死掉了。野鸭子因为有会飞的本领在空中仍然能够生存。曾经听过一个猫和老鼠的故事：一只老鼠差点被猫抓住，仓皇逃进洞里，下决心三天不出洞。不一会儿，洞口传来几次狗叫声，老鼠想，现在已经很安全了，因为狗与猫也是死对头，有狗在就一定没有猫。于是又放心地出去觅食，刚到洞口，就被那只猫一口咬住。老鼠感到很奇怪，认为自己的分析判断没有错，百思不得其解。于是问猫：“请教猫先生一个问题，刚才我听到的明明是狗叫声，为什么不是狗，而是你?”猫回答道：“已经21世纪了，不多学一两种技能，还怎么生存下去！”

没有危机感的人，将面临更大的危机。为危机做超前准备，就会化危机为转机。21世纪是终生学习的世纪，不学习就落后，少学习也落后，学慢了同样落后！

女人拥有一技之长很重要，有了一技之长，才能确保自己有一个铁打的饭碗，即便生活刁难了你，即便生活抛弃了你，但是你还有养活自己的手艺。

幸福感悟

“秀外慧中”用来形容优秀的女性。在这里，“秀外”是先天的条件，是父母赐予的；而“慧中”则不同，绝大部分还是靠自己后天的努力来实现。在两者中，“慧”比“秀”更能体现女人的魅力和涵养。因此，聪明的女人会不断学习、进取，以求上进，来实现自己的“慧中”。

十八　自信　做一个美好的发现者

1　自信，女人必备的特质

自信的女人，走路的时候昂首阔步，沉着镇定的表情告诉人们她的自信所在；自信的女人，坐在餐厅跟坐在大排档都一样优雅而风采不减，微笑的魅力使她吸引住人们的视线。

自信的女人，无论家庭、事业、交际都能一帆风顺，偶尔出现的挫折打击总能被她轻易化去，一举手、一投足间，便能使事情朝着有利于她的方向发展。

自信的女人，在事业上挥洒自如，让上级下级同事对手都心悦诚服。在工作上她急大局之所急，举重若轻，做事稳妥细致。拥有自信女人的企业，也拥有了一份自信的明天。

自信的女人，不一定天姿国色，不一定闭月羞花，甚至可能相貌平平，但是，因为那份自信，她瞬间便变得光彩耀人，变得淡雅高贵。因而，无论在哪个场合，她都是最耀眼的焦点，而且永远不会因为容颜的衰老而失去自己的魅力。

自信的女人，拥有的东西不一定很多，但是，她却拥有一份富可敌国的财富——自信，这是一份永远不为外人夺取、永远属于她自己的财富，笼罩在她身上，成为她最美丽的魅力。

女人一旦拥有了自信，便有了自己独立的思想、正确的人生观。这样的女人往往知道自己想要什么，能要什么。她那由内而外散发出来的气质，不知不觉地征服了大家，不管男人还是女人，都喜欢与之交往，因为那种轻松无压力的相处方式。

小芳是位很聪慧的女人，遗憾的是，慧中有余而秀外不足。她有一张怎么瘦也显得满满盈盈的田字脸，眉眼疏淡，而且有着糟糕的男孩子的倒三角体型，怎么看也是一位不漂亮的女人。大多数女人如果生来就是她这副模样，肯定会心灰意冷，自卑得不敢直视镜中的自己。可小芳却像美丽女人一样自信，虽然她也偶尔对镜自嘲是“阴错阳差”，但镜前的她活得快乐、洒脱，充实得让人羡慕。不美的她懂得如何美丽，一头飘飘洒洒的长发，掩去半边略显宽阔的脸，宽松的T恤，紧身的牛仔裤、一步裙，显示出双腿的秀硕，她写文章，学钢琴，设计时装，生活得比许多漂亮女人更有声有色。正因她浑身洋溢着青春活力和特殊的魅力，不少出色的男人都乐意和她交往，她现在的男朋友，就是一位曾迷倒不少漂亮女人的研究生。“不管你长得怎样，青春就是美丽，从容自信就是魅力。”小芳微笑着与大家分享她的经验。

一个能从容自信地面对人生的女人，远比她长得如何重要得多。因为她会笑容可掬，让人感觉如沐春风，充满活力。她浑身上下散发出来的魅力让人意乱神迷。其实，每个女性都有自己的魅力，只是因为有的女人太自卑、太缺乏自信，以致使身上的优点、潜在之美得不到挖掘和展示罢了。只有相信自己，才能激发进取的勇气，才能感受生活的快乐。哪怕你是一个非常平凡的女人，只要你对生活充满信心，在人生的舞台上，定能焕发出那一份属于你的特有的魅力光彩。

当然，要将不自信转化成自信并非一朝一夕的事，但只要你有所行动，积极地从工作和生活中的小事开始培养，定会有所改进，一点一滴地培养起自己的自信来。对此，我们可以通过下面的几项准备来做出一些改变，取得一些成效。

首先，你要做的事情是把注意力集中在自己的优点上，不要总想着自己的缺陷。发挥所长，自然会有出色的表现，而自己的成绩无论大小，都能增强你的自信心。

二是要学会自我欣赏与自我激励。把你曾经妥善完成的工作或骄傲成就，在一个适当的场合来一次自我欣赏。生活中成功的实践活动越多、经验越多，自信心就越强；反之，实践越少，经验就越少；教训越少，就越胆怯、越自卑。

三是要强化自身能力的培养。自信源于对自身能力的高度评价，是增强自信心的关键。提高自身能力就是要培养自身的知识技巧、知识运用能力、决策能力、协调能力和生活能力等综合能力，这样才能在激烈的竞争中充满自信。这时，你将发觉自己突然勇气百倍，确信自己胜人一筹。

四是要多与欣赏自己的朋友保持紧密联系。由于他们了解你，对你充满信心，一旦你对自己的能力感到怀疑，他们就会很好地鼓励你、支持你。即使是失败与错误也并不可怕，失败有时也是好事，学习从失败与错误中汲取教训，可以增加智慧，增强反败为胜的能力。

2　相信自己，才会有前进的动力

一个人只有从根本上真正接受自己、喜欢自己，才能过上充实而幸福的生活，才能与周围的人保持良好的关系。相反，如果你错误地认识或低估自己，给自己带来的将是心理上的巨大伤害；如果你怀疑自己，甚至否定自己，你生活中的一切都将受到负面的影响。

你内心的那个声音，时刻准备着抓住你的失误和弱点，然后马上做出最为严厉的批评，让你背负令人痛苦的情绪，觉得自己一无是处。你脑海中那个不断折磨你的声音总是让你的心伤痕累累，摧毁着你的自信。

徐静平日总是爱发脾气、猜疑心重，家里人都很怕和她说话，稍不留心可能就会惹来麻烦。徐静为此感到十分苦恼，她也知道爱发脾气、猜疑心重不是好事，但是每次她又控制不住自己，事后总是后悔。后来她接受了医生的建议，经常对自己说：“我的脾气其实很好。我每天都充满了快乐，我和我的家人相处得很好，我很爱他们，他们也喜欢我。我关心他们，体贴他们，我身边的人都因为我的存在而感到幸福快乐。我良好的修养和高雅的气质，深深地感染了他们。”一个月以后，奇迹出现了，徐静成了一个气质优雅、活泼热情的好姑娘。

在我们周围，有一些坐轮椅的残疾人或外貌远远谈不上漂亮的人，他们不仅学会了带着自己的缺陷生活，还学会了接受不完美的自己。他们通过不懈的努力，学会了不以生理上的不足为依据来衡量自己的价值。他们对生活充满热情，平静地接受自身的缺陷，仿佛自己和正常人没什么两样。这些人学会了接受自己，尽管这个自己并不完美。他们学会了不让生理上的缺陷降低自己的人生价值。他们学会了不去太在意自己的不足，而是把目光投向远方，专注于自己的长处。他们学会了把自己作为人的价值和自己的外表区别开，他们知道，重要的不是外在，而是内在。有残缺的身体并不妨碍他们感受生活中的喜悦和快乐。

真正地喜欢自己并不意味着虚荣和自夸，也不意味着一定要把自己当作世界的中心。喜欢自己并非指不带任何批判色彩地看待自己，无视自己的任何错误和缺陷。喜欢自己意味着能直面自己的所有错误和缺点，是好是坏、是对是错都无条件地接受，并对自己保持正面、热情的感觉，这样才能不断地完善自我，超越自我。

如果你能够真正地接受并不完美的自己，尽管你有弱点，会犯错，你也将通过不断努力变得更满意、更成功、更强大和更聪明。如果你相信自己，看得到自己的长处，那么你便拥有了实现梦想的自信，能更好地面对生命中的挫折。

首先你必须热爱自己的外表。我们经常会得到某些信息，鼓吹人们以某些“个人特质”为耻，最好使用他们所生产的产品去掉这种“特质”。电视、广播无时无刻不在替你洗脑。其实，只要是人，就会有许多自然的外表方面的缺点，这是人特有的东西，一个爱自己、接受自己的人，绝不会因自己拥有某些“本色”而恼火。

事实上，只要你欣赏自己的外表，你就会为自己拥有一个健康的外在而自豪，你就会摒弃商业文化的干扰，即使与时下的流行时尚背道而驰也毫不在意。这并不表示你标新立异，而是你懂得热爱和欣赏自己。

你觉得自己很重要，有价值而且出色，你就不需要遵循别人的肯定来增加自我的价值，这等于你能够爱自己，更能去爱别人。先给予自己积极的评价，你就能给予别人，并帮助别人。到那时，你的付出就不会掺杂自私自利的目的，因为你不是为了别人的感谢或报酬而做，而是助人、爱人的行动会给你带来真正的快乐。

记住，无论在任何时候、任何情形之下，憎恶自己的心态绝不会比爱自己的心态更健康，厌恶自我只会为你带来无止境的伤害。所以永远不要憎恶自己，更不要把错误行为与你的自我价值混为一谈。错了并不代表你一无是处。

3 要学会自己奖励自己

奖励自己，说白了就是自己找由头鼓励自己，自己给自己加油。自己奖励自己，因为是百分百的个人行为，也就没有了那么多的约束和顾虑。心情到了，兴致来了，好吧，奖励一下自己。不管形式，也不计较内容，奖得自得其乐，奖得乐而忘忧。

在多年未见的朋友聚会上，海清和梅子如约而至。海清还是以前一脸阳光的样子，奔四的人了，看起来也就二十七八。而梅子却显得十分憔悴，虽然年龄和海清一样，但明显比海清苍老许多。席间，海清的风趣、幽默给大家带来了欢乐，而梅子写满忧郁的脸庞让大家感到纳闷。她俩的境况如此相似：丈夫工作都很好，收入可观，孩子有奶奶照顾，自己的工作环境也很优越，为什么两人相差如此之大呢？

散席后海清邀请大家到她家去玩，在海清家大家看见了琳琅满目的物品，海清说，这是她自己奖励自己的奖品，答案就在这里。原来海清是个爱美的女人，也是个懂得生活、热爱生活的人。她在学校工作，每天她都会奖励自己一份好心情，海清说这样学生们每天看见的都是一副笑脸，心情好了，工作效率也跟着提高；每次公开课获奖后，她会奖励自己一杯浓浓的咖啡；教学论文获奖时，会奖励自己一本好书或名著；每年的生日她会奖励自己一件漂亮的衣物；参加社交活动时会奖励自己一套化妆品……总之，海清会找出各种理由来奖励自己，日积月累奖品越来越多，看见这么多的奖品，她每天的心情总是快乐开心的。心情的好坏直接影响人的容颜，原来这就是海清的美丽秘诀。

她这个方法不仅赢得了自己，使自己年轻美丽，阳光可爱，还赢得了原本嫌弃自己的丈夫，赢得了一个完整的家。同时还赢得了周围同事的称赞，因为她每天都把快乐带到单位，带给大家。自我奖励是自我关爱的一个好方法。懂得奖励自己的女人，对自己的内心需求有足够的关注。

林艳在大学毕业时取得了优秀的成绩，她就奖励自己坐上白色的小船到荷塘去，让那里的清香吹去酷暑和蝉鸣。荷叶上滚动着早晨清新的露珠，几朵荷花，或娇羞待放，或安静绽放，这淡淡的色彩让她一下子走进了一个清爽的世界。参加工作后，每当拿下一个大客户订单，她便抛开身边事，到野外郊游。看小桥流水、夕阳西下，或到农家品尝地道的风味佳肴，让城市的喧嚣和烦躁随风吹去。每一次给自己舒心的奖励，都让她的心灵得到了满足。得到奖励后的她精神振奋，心胸豁然开朗，对工作充满信心。拜访客户时，对她来说就是把自己的快乐带给他们，并分享他们的喜悦。因为她懂得适时地给自己一个舒心的奖励，所以工作和生活都充满了快乐。

奖励自己是自我管理的有效激励，许多成功者就是通过自我奖励而最终走向成功之路的。奖励自己不仅能带来工作的动力，还意味着能够独立地评价自己，不再受别人的指挥棒约束。

给自己一个舒心的奖励，也可因人而异地选择多种方式。例如，一天辛苦工作之后，到外面散散步，给自己买一束花，花一个小时阅读一本自己喜欢的书，这都是给自己一个舒心的奖励。周末和子女共处一段时间或待在洗澡间里，享受温暖的水流的抚摸；遇到困难时，给自己一点奖赏，这都是赏心乐事；长时间没有长假时，也可以让自己放松一下，去看看大海，等待一下日出时的瑰丽景象，让美妙的景色涤荡我们的胸怀。

作为女人，本来生活就不容易，就别在有限的时段去忧郁、去悲哀了。在可能的情况下学会奖励自己，给平淡的生活增添几朵美丽的浪花，让自己感觉每天都生活在幸福快乐中。当然，在奖励自己的过程中，还要注意不要预支奖励，哪怕肯定自己能如期完成任务目标，否则会让自己不能很好地坚持。

幸福感悟

自信的女人笑容可掬，让人如沐春风；自信的女人充满活力，浑身上下散发着迷人的魅力；自信的女人挥洒自如，让上级下级同事对手都心悦诚服……自信的女人，无论身处何处永远都是一道靓丽的风景。

十九　机遇　碰运气不如抓机遇

1　学会把握机遇

我们的人生并没有固定的路线，只能在慢慢摸索中不断调整自己的方向，不断前进。当我们面对生活的困境时，只要勇敢地尝试，总能找到一条成功的路。

曾经参加过一次培训，感触最深的是“向盛满水的玻璃杯中放回形针”这个游戏。一杯盛满水的玻璃杯中能够放进85根回形针，你相信吗？如果不是这次培训，打死我也不相信！然而，这正是我亲眼所看到的事实！我们每个人都像那个盛满水的玻璃杯，很多时候，我们认为自己已经尽力了，已经做得足够好了。其实，只要你愿意，你完全可以往自己的杯子里再放进1根、5根、10根，甚至更多的“回形针”！

正如卡耐基所说：人生本来就是一场华丽的冒险，那些有成就的人往往都是勇于尝试的人。爱迪生因尝试而享有“发明大王”的美誉；贝多芬因尝试苦难，谱写出了震撼人们心灵的《第九交响曲》……勇于尝试，勇于跨越，才能驾驭人生、改变命运。

我们常常被自己的内心所束缚，总害怕去改变自己，总害怕接受生活中的一些新变化。但是，当我们被现实的环境逼着去改变自我时，也许会在不经意间发现：新的尝试也会给自己带来意想不到的收获！

玛丽的丈夫要调到距她千里之遥的一个城市去，这令她沮丧非常。她激烈抗拒，甚至暗自希望丈夫不要带她一起去。后来有一位朋友劝服了她，说太阳虽在一个生活领域落下，却会在另一个生活领域升起。她才决定尽可能体面地接受这个改变。

她参加了绘画班，让她意想不到的是，她竟然还有绘画方面的天赋。不久后，绘画班的老师筹备了一次画展。玛丽的作品竟然大受欢迎，从此许多人向她求画，委托她画海景，她很快就成为人们交口称赞的水彩画家了。她赶忙写信给母亲："我当时是多么幼稚可爱，这次改变给了我一个机会，让我发挥出了自己可能永远都不曾发现的才能。"

玛丽正是在新的尝试中发现了自己的才华，并且也是这次偶然的机会成就了她。试想，如果她不勇敢地改变自己，固执地守望着自己的一片天空，还只是一个平庸的妻子，也许此时此刻她正在盲无目的地挣扎在失败的深渊里呢！一切都是尝试得来的结果，一切都是顺应矛盾、适时而变得来的意外。

很多人常常抱怨生活的单调、呆板，其实，我们完全可以活出自己的丰富多彩。为了让你的生命更加朝气蓬勃，为了让你的人生更加美满幸福，不妨每天都勇敢地尝试一下新的生活，也许你会在不知不觉中喜欢上它！

2　没有机会就创造机会

生活中，很多人苦苦等待机会降临到自己的身上，殊不知，一味地等待机会降临是一种多么无知而可笑的想法。千万不要以为机会像是一个到家里来的客人，它会在我们的家门口敲门，等待我们去开门把它迎进来。如果仅凭这种乞求和等待，我们将永远也没有机会，永远也不可能成功。就像成功学大师卡耐基所说："没有机会，这是失败者的推诿，许多奋斗者的成功，都是用他们自己的能力去创造机会。"

纵观世界上能成就大事的人，往往都不是那些幸运的宠儿，反而是那些没有机会的苦孩子，如富尔顿、华特耐、霍乌、法拉利、贝尔，但是他们却创造了属于自己的机会，成就了自己。如果你只会等待机会，等待别人的提拔，等待别人的帮助，你一生将永远无所作为。

A在合资公司做白领，她觉得自己满腔抱负却没有得到上级的赏识，经常想：如果有一天能见到老总，有机会展示一下自己的才干就好了！

A的同事B也有同样的想法，她向别人打听老总上下班的时间，算好他大概会在何时进电梯，她也在这个时候去坐电梯，希望能遇到老总，有机会可以打个招呼。

她们的同事C更进一步，她详细了解了老总的奋斗历程，弄清老总毕业的学校、人际交往风格、关心的问题，精心设计了几句简单却有分量的开场白，在算好的时间去乘坐电梯。跟老总打过几次招呼后，终于有一天，她跟老总长谈了一次，不久就争取到了更好的职位。

人们说："强者创造机会，智者把握机会，弱者等待机会，愚者错失机会。"善于把握机会，利用机会的人是聪明的人，而在这种聪明的基础上创造机会，让机会为我所用的人则是更加了不起的人。

在第二次世界大战结束后，美国建筑业迅速发展，到处都可以看见招募工匠的广告。一时间，建筑工匠的行情看涨，待遇也因此节节升高，其中有位曾经做过这类工作的年轻人，听说城里正在高薪招募工人，他立即放下手边的所有工作，进城寻找新的工作机会。他抵达目的地后，看见四处张贴的广告，不禁困惑地想，工匠的需求量这么大，哪一家公司福利比较好？比较稳定？烦闷了半天的他，忽然跳了起来，开心地敲了自己的脑袋一下，惊醒似的说：我何必去应征工匠呢？他立即启程回到家乡，筹集了一些资金，接着又回到城里租了一间小店面。第二天，他在门口张贴了一张广告纸，上面写着：资深工匠培植新人培训班。许多想应征工匠的人，因为没有这方面的技能，无法被录用，当他们听说有这么一个培训班后，纷纷上门求教，并当场交了学费。这个脑筋转得快的年轻人，利用自己的专业技能赚进了大把钞票，这比他卖力地付出汗水做工匠所获得的薪资要多上好几十倍。

很多抱怨自己运气不佳，始终没有机会的人，并非真的那么倒霉，而是他们不愿意从最卑微的工作干起，不愿意靠自身的努力去奋斗，反倒把希望寄托在所谓的运气上，仿佛老天不给他们安排一个舒适的位置就是对不起他们，仿佛那些好的位置都已经让别人捷足先登了。这样的态度，如何能创造机会？

其实，不肯自己创造机会的人通常都是懒散的人，他们对事情抱着消极的态度，没有勇气去付出努力。这种态度会侵蚀他们的意志力，使他们萎靡不振，得过且过，把自己的潜力和才华白白浪费掉。

天上不会掉下馅饼，机会不会掉进一个人的怀里。庸常之人等待机会，出类拔萃的人则会寻找并获取机会，让机会真切实在地为自己服务。生活中，很多人只看到“别人”，而看不到最能给予机会的人恰恰就是自己。这样一来，不仅造成了自身能力的局限，还将人生的成败完全交到了别人手中。有远见卓识的人则深知，唯有自己才能给自己创造机会。

3　机会永远偏爱有准备的人

很多人时常感叹人生的平庸，总在感叹那个掉在牛顿头上的苹果怎么就没有掉在自己的头上？上天怎么就没有赐予自己惊世的才华？为什么别人就那么幸运？但是他们没有想过，当机遇来临时自己都在做些什么，是不是因为准备不够充分而退却过？是不是因为暂时看不见希望而放弃过？

也许有时掉在牛顿头上的那只苹果真的就掉在了我们头上，但是我们却把它吃了。也许有时我们太过于自我，而忽略了自身拥有的才华。也许有时同样的机遇也来到了我们的面前，但是因为我们意志不够坚定而失去了它。机遇永远都是留给有准备的人的，能不能得到它，就看你付出多少了。

据说以前有只山猪每天都在大树旁勤奋地磨牙，狐狸看到了，好奇地问道：“既没有猎人来追赶，也没有任何危险，你为什么要这么用心用力地磨牙?”山猪答道：“你想想，一旦危险来临，哪有时间磨牙呀！现在磨利，等到要用的时候，就不会慌张了。”

机会对每个人都是公平的，但并不是每个人都能在机遇到来的时候好好地把握。想要抓住机遇，关键在于平时的积累和努力，而不是等机会来敲门的时候，手忙脚乱地从零开始。这就需要我们勤奋学习，善于思考，积累知识，等机会到来时才能很好地利用它。

有一家公司被一家外国企业兼并了，公司召开了全体员工大会：“我们原则上是不裁减员工的，但如果你的外语太差，无法与其他员工交流，那么我们不得不请你离开。我们将进行一场外语测试，只有通过的人才能继续在这里工作。”散会后，几乎所有人都涌向了图书大厦，开始临时抱佛脚，只有一名毫不起眼的员工像往常一样直接回家。大家都认为他准备放弃这份工作了，出人预料的是，当考试结果出来时，他竟然考了最高分。有人问他是怎么学习的，他说：“早在公司准备与这家外企合并之初，我就已经开始强化学习了。”

人们常说，机会属于那些有准备的人，什么是“有准备的人”呢？就是像山猪那样将居安思危、未雨绸缪变成一种本能的人，因为“一旦危险来临，就没时间磨牙了”。

要收割，你先要准备好镰刀；想过河，你先要准备好船只；欲捕鱼，你得先结好渔网；要战斗，你得先磨亮你的刀枪；要想摘下冠军的奖牌，你得准备经过数年甚至数十年的训练、流汗。同样，要获得和把握事业有成的机遇，你就得准备好自己的学识、能力和一切必要的素质。在各项活动中要有参与意识，珍视每一次锻炼机会，不要让时光白白溜走，要时刻准备去迎接挑战。准备是长期的，而机遇则稍纵即逝，但只要你时刻准备着，当机遇来临时，成功就会是水到渠成的一件事了。成功是如此，幸福也是如此——幸福永远属于有所准备的人。

幸福感悟

常感叹人生的不幸，总在叹息那个苹果为什么没有砸在自己的头上而是砸在了牛顿的头上？上天怎么没有赐予自己绝世的才华？为什么别人总是那么幸运而自己却一直在倒霉？但你是否想过，当机遇来临时你在做什么？是因准备不充分而退却？还是因为没有信心而放弃？

二十　执着　让苦难变成口袋里的钻石

1　多走一步就是天堂

黎明前的时刻，往往是最黑暗的。巴尔扎克曾经说过："苦难对于天才来说是一块垫脚石，但对于弱者来说是一个万丈深渊。只有辨证地看待逆境，才能正确地面对它，通过不懈的努力，最终取得成功。"通俗一点讲，逆境就有如逆水行舟，当划过了一段最艰难的河道之后，我们常能感到一种荡舟千里、直奔大海的气势与喜悦。成功不是一天就能实现的，遇到挫折的时候一定要咬着牙，坚持走到底。

1905 年，洛伦丝·查德威克成功地横渡了英吉利海峡，因此而闻名于世。两年后，她从卡德那岛出发，游向加利福尼亚海滩，想再创一项前无古人的纪录。那天，海上浓雾弥漫，海水冰冷刺骨。在游了漫长的 16 小时之后，她的嘴唇已冻得发紫，全身筋疲力尽，而且一阵阵战栗。她抬头眺望远方，只见眼前雾霭茫茫，仿佛陆地离她十分遥远。现在还看不到海岸，看来这次无法游完全程了。她这样想着，身体立刻就瘫软下来，甚至连再划一下水的力气也没有了。

"把我拖上去吧！"她挣扎着对陪伴她的小艇上的人说。

"咬咬牙，再坚持一下，只剩下一英里远了。"艇上的人鼓励她。

"你骗我，如果只剩一英里，我早就应该看到海岸了。把我拖上去，快，把我拖上去。"

于是，浑身瑟瑟发抖的查德威克被拖了上去。小艇开足马力向前驰去，就在她裹紧毛毯喝一杯热汤的工夫，褐色的海岸线就从浓雾中显现出来，她甚至都能隐约看到海滩上欢呼等待她的人群。此时她才知道，艇上的人并没有骗她，她距成功确确实实只有一英里。

“行百里者半九十。”最后的那段路，往往是一道最难跨越的门槛。其实在每个人的一生中，无论工作还是生活，都会或多或少地出现这样那样的极限环境，或者说极限困境。有的时候就需要那么一点点毅力，一点点努力的坚持，成功就能触手可及。

请记住：坚持一下，再坚持一下，我们就能走出困境，获得成功。当然，凡事懂得再坚持一次，是建立在对前途的敏锐的认识和对客观条件的充分把握上的，并不是一味地坚持一件毫无意义的事情。某些彩民数十年坚持买某组数字的彩票，最终往往是徒劳，因为从概率学上来说，这组数字中奖的概率本身就很低。所以说，坚持是对有一定把握的事情的执着，坚持决不等于固执。

2　将力量聚于一点

一个人的精力和时间本来是很有限的，在这种情况下，如果不选准目标，到处乱闯，几年的时间会一晃而过。如果想取得突破性的进展，就该像学打靶一样，迅速瞄准目标，竭尽全力去做一件事。

这就好比狮子追赶猎物。狮子会盯紧前面的目标穷追不舍，即使身边出现其他猎物，距离前面的猎物更近，它也不会改换目标。这是为什么呢？狮子追赶猎物，不仅是速度的较量，也是体能的较量。只要盯紧前面的目标，当猎物跑累了，十有八九会成为狮子的美餐。如果狮子改换目标，新猎物体能充沛，跑得会更快，更持久，捕捉到的可能性更小。如果狮子不断更换目标，累死了也不会有收获。

不知你仔细想过没有，为什么有些人会学无专长、一生碌碌无为？仔细观察，你会发现他们的突出缺点就是难以专心致志。他们做任何事情都不能竭尽全力，于是就像凿井，花了许多时间和精力开凿许多浅井，却不会花同样的时间和精力去凿一口深井，所以，他们始终喝不到最甘甜的井水。

如果你做过凸透镜聚焦的实验，一定知道，酷暑的阳光不足以使火柴自燃；而用凸透镜将光聚于一点，即使是冬日的阳光，也能使火柴和纸张燃烧。随着科学的发展，人们又进一步把柔和似水的光汇集一束，这就成了无坚不摧的激光武器。

1998 年 10 月，宗庆后偶然看到一条新闻："全国 3.5 亿儿童和小学生中有 1/3 的人营养不良，仅浙江省 8 至 12 岁的儿童中就有 47% 的人营养不良……"这则消息令宗庆后眼前一亮，一个商业设想立即浮现在脑海中："国内 38 种营养液都属成人产品，与其生产第 39 种这样的营养液，不如生产一种适宜儿童饮用的营养液。"

宗庆后立即到浙江医科大学营养学系找到了系主任朱寿民，恭恭敬敬地向他请教，诚恳地表示希望与他合作。朱教授带领助手研制出了理想的配方。杭州胡余知堂是制造保健品的百年老店，那里人才济济，技师张宏辉技高一筹。宗庆后三顾茅庐，把他请过来，请他帮助自己研究这种饮料。就这样，中国国内第一种儿童饮料——"娃哈哈儿童营养液"终于投入批量生产了。

当时，恰逢中国计划生育政策实验阶段，独生子女个个成了"小皇帝"。父母、长辈的溺爱使得小孩偏食、挑食，从而造成普遍的营养不良。宗庆后抓住这样的大好机会，加上独特的市场推广和销售策略，"娃哈哈儿童营养液"投放市场后一炮而红。

对绝大多数人来讲，成功之路都是崎岖坎坷且布满荆棘的。虽然有成功的光环在前方召唤，但追求成功的过程却是艰难的。好比在波涛中前行的航船，前方虽有光明的灯塔，但通往灯塔之路随时会出现旋涡、暗礁，会有抛锚停船甚至船翻落水的危险，但只要你能专心专意去做一件事，并且全力以赴，坚持不懈，成功一定是属于你的。

为了保证效率，你还必须学会拒绝那些耗尽你精力的事情，不要超前、不要落后，准确地把握现在、融入现在，不要一味痴想未来。

3　不抛弃不放弃

如果说有明确的目标后成功便唾手可得，那就错了。如果没有坚定的意志，成功就只能是黄粱一梦。当你为繁琐的数学计算心烦意乱的时候，坚持下去，可能下一步就得出结果；当你为经济模型头痛不已的时候，坚持下去，可能就会发现其中的奥妙；当你为活动的策划安排伤神的时候，坚持下去，可能成功的活动就诞生了。简单的事情坚持做下去，可能出现不简单；普通的事情坚持做下去，可能出现不普通；一般的事情坚持做下去，可能出现不一般；平凡的事情坚持做下去，可能出现不平凡。坚定的意志缩短了与成功之间的距离，坚持下去，前方就是希望。

在南欧、地中海沿岸一带，有一种名叫“金盏花”的名贵花种。当年，美国一家报纸曾刊登了一则园艺所重金征求纯白金盏花的启事，当地一时引起轰动。当时金盏花只有金色和棕色两种颜色，要培育出一种新的颜色，无异于抽梯登天！虽然高额的奖金让许多人趋之若鹜，但在千姿百态的自然界中，金盏花除了金色的就是棕色的，培植出白色的金盏花不是一件易事。所以许多人一阵热血沸腾之后，就把那则启事抛到九霄云外去了。时光如流，一晃20年过去了，一天，那家园艺所意外地收到了一封热情如火的应征信和100粒“纯白金盏花”的种子！

后来得知，培育出这种“纯白金盏花”种子的竟然是一位普通的养花爱好者，而且已经年逾古稀。20年前她偶然看到了那则园艺所刊登的启事，不禁怦然心动，于是，她不顾儿女们的一致反对，义无反顾地研究了下去。开始，她只是撒下了一些最普通的金盏花种子，精心浇水、施肥。一年之后，金盏花全部都开了，当然，除了金色和棕色以外，并没有她想要的白色。但是，聪明的老人并没有灰心，而是从那些金色和棕色的花中挑选了几朵颜色最淡的，任其自然枯萎后取得最好的种子。次年，她又把它们种下去。最后，再从开放的花中挑选出颜色更淡的花的种子栽种……日复一日，年复一年，春种秋收，虽然在这20年里发生了无数的变故，儿女远走了，丈夫去世了……但老奶奶依然满怀信心地种着金盏花。终于，在20年后的一天，她在自己的花园中如愿以偿地收获了数朵雪白如絮的金盏花。

对于大多数人来说，“不抛弃、不放弃”是高不可攀、遥不可及的，只能欣赏和赞叹，因为他们没有勇气做到，更多的时候，人们只是在随波逐流。

不抛弃、不放弃，是自己与自己的思想、毅力的较量，很多时候，我们看不到自己的能力，怀疑自己的潜质，更害怕吃苦、受累，于是，在困难面前常常选择放弃。在假定的失败之前，我们经常被自己吓倒、打败。

事实上，没有人天生就是聪明的、幸运的，只要坚持不懈地播种，坚持不懈地耕耘和灌溉，即使是贫瘠的土地也会开出五颜六色的鲜花。成功者往往是瞄准心中的目标，哪怕力量微小，总是坚持再坚持，直到抵达胜利的彼岸。

幸福感悟

如果一个人具有超人的才华，却缺乏执着的精神，便如乌龟赛跑中的兔子，虽然具有先天的优势，却不能最先到达成功的彼岸。执着是决定一个人能否成大器的试金石，是卓越与平凡的度量衡。

二十一　攀比　与自己比才是英雄

1　羡慕别人就等于嫌弃自己

生活中，有些女人特别喜欢嫉妒别人，总是拿别人的优点来折磨自己。别人年轻她嫉妒，别人长相好她嫉妒，别人长得高她嫉妒，别人风度潇洒她嫉妒，别人有才学她嫉妒，别人富有她嫉妒，这种女人由于看不得别人比她好、比她优秀、比她完美，所以，遇见比自己好的人，她就会用恶毒的语言诽谤别人，甚至无中生有，搬弄是非。

几年前，北京市海淀区法院曾经判过这样一个案子：

某名牌大学心理学系的一位女研究生，将同宿舍的一个同学推上了被告席。原告与被告以前关系不错，堪称该系的一对姊妹花；同时两人的成绩也不相上下，所以都在暗中较劲。到第三年的时候，两人都参加了托福和 GRE 考试。原告成绩较理想，遂向美国一所著名大学提出申请，不久被告知每年可获得近两万美元的奖学金。原告高兴万分，等着校方的正式录取通知。被告考砸了，看到原告整天兴高采烈的模样，心中更加不快。她越想越有气，就生出了一条毒计。

原告左等右等，迟迟不见正式通知的光临，就托在美国的同学去该校打听，校方说曾经收到她发来的一份 E－mail 表示拒绝来该校，只好将名额转给别人。原告闻此消息，如五雷轰顶，冥思苦想这到底是怎么回事。后来，她多方调查，才发现是被告盗用了她的名义，在心理系的机房发了一封拒绝函。原告怀着愤怒的心情，将此事诉诸法庭。

在这个故事中，我们会发现，嫉妒是一把双刃剑，既伤害了自己，又伤害了别人。当好运降临到别人头上时，你本该替她高兴，但是你没有。你的好朋友在抽奖中获得两张去夏威夷的往返机票，当然，你假装很为她高兴；刚刚订婚的朋友手指上戴着她富有的未婚夫买给她的3克拉大钻戒，你表现出惊讶和赞叹，实际上，你心如刀绞，对她们的幸运嫉妒不已。

嫉妒的感觉可以这样逼真地描述：如果一个朋友获得成功，你身上的某一小部分就死去了。这就是声名狼藉的“自恋情结”，听到他们的好消息，你的第一反应是惊讶和愤恨，“为什么不是我！”如果当时就照镜子，你会看到自己嫉妒时的表情是咬牙切齿，呼吸困难，笑容僵硬。更糟的是，你会因此失去一切好心情，因为“嫉妒”是一种非常痛苦的情绪。那么，该如何熄灭妒火呢？请看美国的一位拳击手所讲的故事：

我深深记着刚开始在埃德·帕克的武馆里训练时的情景。有一次，我正在练习拳击，对手的技术要好些，为了弥补我技术和经验的不足，我试图使诈，想轻易得分。但我还是被远远地超过了，对抗结束后，我很沮丧。武馆教练帕克把我请到了他的办公室，问我：“你为什么不高兴？”

“因为我得不了分。”

帕克从桌子后面站起来，拿了一支粉笔，在地上画了一条长五英尺的线。“你看怎么才能把这条线弄短？”他问道。

我端详了一阵后，给了他几个答案，说把线截成好几段。他摇摇头。又画一条线，长过第一条，“现在你再看原来那条线怎么样了？”

“短了。”我说。

帕克点点头说：“提高、增长你自己的线，总比切断对手的线要强。”

就像哲人所说的那样：美德犹如耳鸣。真的，有一种声响，自己听到就足够了。如果别人得到了一团叫做“不遗憾”的火，就请你微笑着将自己手中那一块叫“遗憾”的冰递过去，冰融的时候，你的心注定会转暖。

自己不曾拥有，就快乐地欣赏别人的拥有，不让日子沦于暗淡，不让心绪陷于颓丧，这是需要我们一生的努力的。

作为生活在现代文明中的人，我们要像已经扩展了大脑一样，扩展自己的胸怀，并且学会超越自我，在超越自我的过程中，学会让灵魂安宁的妙招！

2 与自己赛跑，不与别人计较

一个邻居见到他的朋友把家里装修得非常豪华，就要来装修图纸，照猫画虎地把自己的小窝装修了一番。尽管他的财力无法与他的朋友相比，装修后全家靠借债度日，但是满足了“不比别人差”的攀比心理，就是自家不吃鱼，不吃肉，生活过得清苦些，也觉得有面子，心里很舒服。这种攀比心理在生活中是屡见不鲜的。

攀比的游戏近乎是一种本能。我们习惯于与周围的每个人比较，因为自己拥有一些别人没有的东西而沾沾自喜，但也为了提醒自己别人是否拥有我们没有的东西——迷人的气质，苗条的身材，大房好车，更好的伴侣，等等。我们对生活抱有太多幻想，这导致了一个错误的印象：当你还在不懈地奋斗时，别人已经过上了终极的、不费力气的好生活。难道这时你还有脚踏实地奋斗的耐心吗?

强烈的嫉妒可以破坏你享受生活的心情。看看别人，比比自己，生活往往就在这比来比去中，比出了怨恨，比出了愁闷，比掉了自己本应拥有的一份好心情。

晨起听广播，浙江两位年轻人对婚庆形式的选择让人耳目一新。这对新人不讲排场，不搞攀比，而是双双把珍贵的眼角膜捐献出来。如此简单朴素的婚庆形式，超凡脱俗，令人赞许。

由此，我想起自己的一位同学。这位同学与男友家境都不算宽裕，但碍于时下的攀比之风不断升温，不得不向亲友借钱举办婚礼。婚后欠了一大笔债，小两口时常为困窘所迫。这位同学说出一句话发人深省：“死要面子活受罪呀！”

过日子是两个人的事，不是给别人看的，如果力不从心，一味攀比，于人无益，受损的亦是自己。那位同学就是佐证。

细细探究起来，倘若心态不平，生活中可攀比的东西实在太多了。孩子、房子、票子、位子等等，哪一项不是攀比的对象？而攀比的结果往往是郁郁寡欢，心气不顺，健康失调，失去本真。更有甚者，竟铤而走险，走上不归路。

生命是一个由起点到终点，短暂而漫长的过程，在这个过程中，每个人所拥有和承受的喜怒哀乐、爱恨情仇都是一样的。这既是自然赋予生命的规律，也是生活赋予人生的规律，只不过我们享用、消受的方式不同，这不同的方式便演绎出不同的人生。于是，有的人先苦后甜；有的人先甜后苦；有的人大喜大悲，有起有落；有的人安顺平和，无惊无险；有的人家庭不和，但官运亨通；有的人夫妻恩爱，却事业受挫；有的人财路兴旺，但人气不盛；有的人俊美娇艳，却才疏德浅；有的人智慧超群，但相貌欠佳。

只是，平日生活中无论是别人展示的还是我们关注的，总是风光的、得意的一面，这就像女人的脸，出门的时候个个都描眉画眼，涂脂抹粉，光艳亮丽，这全都是给别人看的。回到家后，一个个素面朝天，这就难怪男人感叹："老婆还是别人的好。"于是，站在城里，向往城外，而一旦走出围城，就会发现生活其实都是一样的。

所以，我们要懂得欣赏自己的生活，让自己活得随心所欲，如果你能改变什么让自己感到愉快，那就做一些改变。不过，如果改变以后会让自己不愉快的话，那么不管有多少人说要做，也不应该盲目去做。同时，假如你已经知道改变以后会很好，但自己却无力改变，那就不要勉强，欣赏自己所拥有的一切，忽略不足之处，毕竟上帝将我们创造成不同肤色、不同性格的人，就是为了让生活更加多姿多彩。

当你学会欣赏自己的每一次成功，每一份拥有，你就不难发现，自己竟会有那么多值得别人羡慕的地方，幸福之神已在向你频频招手。

幸福感悟

幸福的女人，不羡慕别人的风采。虽然阳光灿烂，月光皎洁，但星光也会为天空增添了一分光亮；就如红花和绿叶，一样的春去秋来，一样的年年岁岁，不同的只是位置和功能。所以，即使平凡，只要用优势展现自己别样的风采，你的世界同样天天精彩。

二十二　放弃　放下是通往真正自由的道路

1　放下，才能轻松前行

世间有太多美好的事物，为了拥有更多的美好，人们一直在苦苦地寻找与追求。为了获得，我们整天忙忙碌碌，然而真正的所需所求往往要在经历许多事后才会明白；对已经拥有的美好，我们又因为得而复失的经历而存在一份忐忑与担心。夕阳易逝的叹息，花开花落的烦恼，使我们认为人生本是不快乐的！

但是，你要明白，拥有的时候，我们也许正在失去；放弃的时候，我们也许又在重新获得。对万事万物，我们其实都不可能有绝对的把握。如果执意去追逐拥有，就很难放下身外物继而走出自己，人生那种不由自主的悲哀与伤感便会更加沉重。

一个青年背着一个大包裹千里迢迢跑来找无际大师，他说："大师，我是那样的孤独、痛苦和寂寞，长期的跋涉使我疲倦到了极点；我的鞋子破了，荆棘割破双脚；手也受伤了，流血不止；嗓子因为长久的呼喊而暗哑……"

大师问："你的大包裹里装的是什么？"青年说："它对我可重要了，里面是我每一次跌倒时的痛苦，每一次受伤后的哭泣，每一次孤寂时的烦恼……靠了它，我才能走到您这儿来。"

于是，无际大师带青年来到河边，他们坐船过了河。上岸后，大师说："你扛了船赶路吧！""什么，扛了船赶路？"青年很惊讶，"它那么沉，我扛得动吗？""是的，孩子，你扛不动它。"大师微微一笑，说，"过河时，船是有用的，但过了河，我们就要放下船赶路。否则，它会变成我们的包袱。痛苦、孤独、寂寞、灾难、眼泪，这些对人生都是有用的，它能使生命得到升华，但须臾不忘，就成了人生的包袱。放下它吧！孩子，生命不能太负重。”青年放下包袱，继续赶路，他发觉自己的步伐轻松而愉悦，比以前轻快得多了。

原来，生命是可以不必如此沉重的。就像拾贝壳的小女孩，她刚到沙滩上便捡了两手贝壳，妈妈对她说：“先放下手中的，等会你才能捡到更美的贝壳。”小女孩的妈妈想以此告诉她：想要得到一些，就得舍弃另一些，不管她愿不愿意。

生活中总有我们无能为力的时候，这时就要学会放弃，而不是在一棵树上吊死。在沙漠里驮着金子走不动的旅人为何不肯卸下金子，轻松寻找维持生命的水源呢？如果为了金子渴死在沙漠里，再多的金子又有什么用？所以，放弃何尝不是一种明智之举，放弃何尝不是一种收获！

那么，你有没有检查过自己有形的和无形的“背包”？你的背上扛了多少不必要的包袱？比如，你过去的失败，你说过的错话，做过的错事，是不是还一直背在身上？以前那些不愉快的事，那些让你愤恨的人，你是不是还没有放下呢？你还准备扛多久？

如果我们希望人生旅程是快乐的，就尽快放下身上的包袱，丢弃那些多余的负担，丢掉那些旧的恐惧、旧的束缚、旧的创伤，放下任何“不值得”背负的东西。即使事情是最近才发生的，即使是刚刚才发生的，我们也应该学会放下。

天使之所以能够飞翔，是因为她有轻盈的人生态度。当给她的翅膀系上黄金时，她也就不再飞得远了。做人也应该如此，放下人生的种种包袱，轻装上阵。

2 学会选择，懂得放弃

关于人生中进与退的技巧和道理，有时候，在棋局中更能清晰地显现出来。人生如棋，而人生这一盘棋只有一局，或胜，或负，或和，每一步都与进退有关。有时候，一步错则步步错，从头再来的可能性很小。有时候，以退为进，反败为胜，又出其不意。

所以棋局中的进与退，无不透露出人生点点滴滴的智慧。

进，通常被视为主动，积极进取，这也是大多数人提倡的生活态度。

退，通常被视为被动，而选择后退，却不一定是一种消极的态度，有时更是一种策略。

就拿项羽来说，进的时候，破釜沉舟，切断所有退路，置之死地而后生，以誓死决战的进攻精神赢得胜利，这是最经典的关于进的一个典故。然而到了乌江一战，身陷十面埋伏的项羽自觉无颜再见江东父老，放弃了本有可能重振雄风的退路，最终以自刎的结局落败。“胜败兵家事不期，包羞忍耻是男儿。江东子弟多才俊，卷土重来未可知。”此时，退一步又有了一次进的机会，退一步是蓄势待发的更好时机，重整旗鼓，是为下一步更迅猛的进攻做准备。有句俗话叫不撞南墙不回头，比喻一个人行动固执，不知变通，显然，项羽的性格里就带着这么点固执色彩。

而那一句“退一步海阔天空”则是把退的智慧概括得无比精妙了，退一步，可使自己的头脑更冷静地思索，以面对下一次挑战，使自己有更多的时间去充实自己，调整身心状态，换言之，只有拥有了海阔天空胸怀的人，才真正懂得如何退一步。

一个登山队员有幸参加了攀登珠穆朗玛峰的活动，由于体力不支，他在爬到6400米的高度时便停了下来。当他向人们说起这件事时，人们都替他惋惜，问他为何不再坚持一下呢？再攀一点高度，再咬紧一下牙关。

然而，他立马回答道：“不，我最清楚，6400米的海拔是我登山生涯的最高点，我一点都没有遗憾。”

在人生的大道上，有时候认清自己，在恰到好处时戛然而止不失为一种明智的选择。悠然下山也是一种征服，征服了自己的欲望。毕竟，生命中有些事需要及时收场，需要重新再来。

退一步，并不是让你放弃既定的生活目标、放弃对事业的不懈努力和追求，而是放弃那些不切实际的生活目标。退一步，并不一定是无能的表现，并不一定是遇难畏惧、临阵脱逃的借口。有时候，退一步恰恰是一种心灵高度的跨越，是一种拿得起，放得下的超脱。学会退一步，而后获取，这是人生的一种智慧、一种哲理、一种艺术。

曾经名满天下的凤凰卫视主持人吴小莉，如今却很少在荧屏上露面，而是转到了幕后，很多人问她从台前到幕后的转变会不会有失落感？她回答说："我退到幕后既是事业的需要，也是我个人的主动选择。从事管理工作当然少了很多观众的关注与追捧，可是我会找到另一种满足。虽然工作岗位有了变化，但当新闻大事发生时我其实仍然在场。我个人和我们的频道共同存在着，所以不会有失落感，而是换了另一种成就感。我主动选择这样的岗位是因为这样生活要稍规律些，可以调配出时间来照顾我的家庭。"

在分秒必争、名利挂帅的现代社会，有时不妨换个角度看世界，退一步把根基扎稳，蓄势待发，以后的路才会越走越顺畅，这样岂不是加速向前！

审时度势，选择人生的进与退，把主动权掌握在自己手里，命运的主宰可以与我们无关，有时候，人生中真正的对手就是我们自己。

3　不要把固执当执着

感情的事，很多时都是盲目的。生活中太多并不是那么幸福快乐的女人，对于失去毫无防备。这是因为她们只有相爱的勇敢，"勇敢"到没有底线，却没有不爱的勇气，甚至糊涂到以死抗争。爱情的悲剧，婚姻的痛苦都是由此而来，对于女人这又是最大的打击，有的女人会在短时间内枯萎，彻底丧失对爱情的信心。

其实，男人的变心是一件很寻常的事情，女人应主动选择放弃不值得爱的男人，再寻一方温暖安全的港湾。就算从此孤单，我们的翅膀也可以围拢起来，自己给自己一个怀抱。我们爱过，没有遗憾；我们伤过，依旧勇敢；我们放手，最先释怀；我们原谅，就此解脱。

女人的独立，更重要的是精神上的丰满，爱男人却不纠缠男人，拥有婚姻却从不放松自己，要知道，有些分手是因为我们害怕失去而过于紧张，或者忽略了经营而过于庸懒，才加速了一段感情的破裂与死亡。

赵珊失恋了，与之相恋了4年的男友忽然提出与她分手，她想起他的种种海誓山盟，他说要爱她一辈子，陪她一辈子……她想起他对自己说过的甜言蜜语："宝贝，你是我的最爱，我愿意为你付出一切……"可这一切，不过才经历了4年的时间，怎么一夜间就灰飞烟灭了呢？她每天以泪洗面，想求他不要离开自己，可是，给他打电话不接，发信息不回，后来他干脆换了号码。她发疯似的四处找他，才发现他已经辞职搬了家，而他的朋友也不知他的去向。

赵珊不甘心，不甘心就这样失去他，她无心工作，干脆辞了职，放任自己在漫无边际的痛苦里游荡。终于有一天，一个朋友说她曾在一家餐厅里见到他和一个女孩在一起，很亲密的样子。她的泪汹涌而出，好久才恨恨地说："我要找到他，我要报复他。"她开始抽烟，喝酒，乱交男友，可她并没有因此获取快乐，反而陷入了愈来愈深的痛苦之中。

爱无对错，别苦苦纠缠你的得失，他爱你时出自本意，他同样也有投入和付出，离开时也并非他的故意变心，只是无法将心生的厌倦伪装成欣喜。若强迫一个不再爱你的男人留在身边，比失去他更为悲哀！所以，如果你不爱一个人，请放手，好让别人有机会爱他；如果你爱的人放弃了你，请放开自己，好让自己有机会去爱别人。

为了让放手更轻松一点，你需要按下面的步骤去做，首先是相信，无论发生什么事，要相信自己终究会没事。当你知道自己会走过去时，放手就容易多了。

放手的第二步是要愿意去感受你的伤痛，愿意去体会所有的伤痛和生活中常出现的不如意，体会自己一无是处或不够好的那种挫败感。逃避伤痛就是你和自己较劲的原因。一旦你愿意去体会这种伤痛，你就不会和自己较劲了，就可以坦然面对了。

曾经看过一部电影，丈夫罗伯特害怕失去他的妻子简，为了确保她不离开自己，他把她守得牢牢的，结果却把她推得离自己越来越远。丈夫害怕失去妻子，是因为如果妻子离开了他，他就觉得自己不值得爱了，这种痛苦会折磨他。为了避免这种痛苦，他执拗地坚持着……

一旦他开始准备接受这种痛苦，失去妻子就不再是一种威胁。他就不会再去苦苦纠缠而渐渐接受妻子离去的事实。一旦他能这么去想，他对待妻子的方式就改变了。他开始珍惜妻子而不是需要她。妻子感受到他的真情，也能够做回自己，因此她就不想离开了。

这就是生活，你越能放手，坦然地面对一切，生活就越能走好。也许你并不能总是如愿以偿，但你的内心会毫无羁绊。

幸福感悟

当你放下了烦恼，便会与快乐结缘；当你放下了自私自利，便会步入超然脱俗的境地；当你放下一个不再爱你的人，将会得到一个更爱你的人……放下不是失去，是为了更好的得到。

二十三　面子　面对现实才最有面子

1　别死要面子活受罪

中国人最看重的是什么？最丢不起的是什么？是面子！

丢了面子就是丢人，这已经成为很多人的不二法则。孩子考得不好，父母感觉没有面子；孩子有出息了，父母脸上就有光了，就是有面子；谁赚到了大钱，衣锦还乡了，就感觉很风光，很有面子；工作后没有个一官半职，参加同学聚会都感觉不好意思，丢人；女人说起自己的男人，如果当了官、有了钱，那种自豪得意啊，以为天下就自己幸福，有面子；要是自己的男人没有位子和票子，就感觉不如别人了……

以上种种，使男人们疲于奔命，女人们互相攀比，孩子们从小就开始了拼搏……每个人都为了活得更有面子、更有尊严，而开始四处奔波！

前几日，我的一位朋友打来电话骄傲地说："我家买车了，一辆爱丽舍。"接着又说："因为养车费用问题，生活明显降了一档。"朋友夫妇俩都是工薪阶层，收入并不是太高，看着周围的人个个都买车，面子上有些挂不住了，于是才咬咬牙贷款买了一辆略显气派的爱丽舍。

同样是朋友，夫妻两人都在媒体工作，丈夫在报社，妻子在电视台，两人收入不菲。他们没有买新车，一直开的普桑不久前也卖了。说起其中缘由，朋友总是一笑："没有车的时候特别想买，等有了也会后悔。现在我俩每天打车，省去了许多麻烦。我觉得汽车只是一个代步工具，并不是身份的象征。"

面子是一种约束。人们总想给别人留下好印象，希望在别人面前有尊严，这是一种普遍的心理需要。因为父母还在农村，每年春节回家时，乡亲们无论是在城里建筑工地打工，还是沿街做流动商贩，我总能看到他们一个个衣着光鲜，脸上洋溢着幸福的表情。如果你能赏光到他家做客，他肯定用上好的酒菜招待你，哪怕在城里时他吃碗面条都要斗争一番。他们拼命工作，忍辱负重，就是为了在家乡人面前光耀门楣。

面子也是一种痛苦。如果任何时候都要讲面子，就会带来精神上的痛苦、物质上的损失。家里来了客人，平时不舍得吃的东西要拿出来给客人吃；在外面请客，本来点 8 个菜就可以了，非要点 10 个菜，宁肯浪费，也不能让盘子见底；与人相处时，本来不大的小事，为了面子非要理论理论；找人办事没办成，回来生了一肚子闷气，感觉朋友不给面子等等，为面子消耗了太多的人力、物力。

有这样一则故事，某人生意失败后，为了不失尊严，不丢面子，宴会时，他租用私车接宾客，请表妹扮女佣，尽力维持他原有的排场。但宴会结束后却没有一个人主动提出帮助他。他百思不得其解。当他看到工人在扶被台风吹倒的树时，总是先把枝叶锯去，使得重量减轻才将树扶正，不禁顿悟，他重新从小本生意做起，凭过去老友的帮助终于重整旗鼓。他始终记得锯树工人的话："倒了的树，如果想维持原有的枝叶，怎么可能扶得动?"

在生活和工作中，要面子是要付出代价的，强撑着面子，不但会影响健康，还会导致幸福感下降。很多时候，要了面子，却丢了里子。面子是表面的，是虚浮的，要面子是虚荣心的表现。里子是深层的，是实在的，是谦和的表现。

要想不为面子所累，首先要明确自己想要的是什么，并坚持自己想要的。也许很多人想要一种轻松自如的生活，但为了迎合外界的标准，却不得不委屈自己去撑面子，结果受累的是自己。其实，一个健康的身体，一个良好的心态，一个幸福美满的家庭，一次有利于别人的善举，都是可以赢得别人羡慕和赞赏的，执着于别人的标准，只会在生活中迷失自己。

2 放下面子，不放下尊严

在现实中，面子不仅影响到人们的消费方式，影响到理财，更重要的是，面子还影响到人们的职业生涯，甚至决定了一个人的命运。按说人们在社会上凭工作能力获得收入，合法合理合情，跟"面子"有什么关系。

但是，人们总是讲究一种看不见摸不着的“面子”，似乎这种“面子”比自己的生存还要重要，哪怕自己生活困难，依靠政府低保或啃老也不愿“屈就”。这种心情是可以理解的，但如果把社会上的一些合法工作岗位也用“面子”来分成三六九等，并不切实际地吸纳或排斥，这就是有百害而无一利了。在社会竞争如此激烈的今天，每一个工作平台都非常宝贵，而对于每一位就业者来说，只有有了平台，才能发挥自己的能力，如果连个平台都没有，如何展示自己？

迈克是耶鲁大学的毕业生，他毕业时正赶上美国经济萧条，大批大学毕业生找不到工作，就连迈克这样以前备受欢迎的经济管理专业的毕业生也大量过剩。为了解决生计问题，迈克决定和几位普通院校的毕业生一起去一家小出租车公司应聘做出租车司机，并邀请大学同班同学一块去应聘。但他的想法遭到了同学们的耻笑，他们说：我们可是耶鲁大学的毕业生，怎能去做出租车司机那样的工作？太没面子了！结果全班只有迈克一人做了出租车司机，其他人都在盲目地寻找有面子的工作。

迈克因为懂经营管理，他的出租车生意异常好，不久，出租车公司的经理看中他的才能，把他调到身边做自己的助理。几年后，经理岁数大了，想退休，但没有子女愿意经营他那只有十几辆车的小公司，经理便找到迈克，以极低的价格把公司转让给他。有了自己的公司，迈克更积极地发挥自己的才能。又过了几年，他已拥有一千多辆各类汽车和两家子公司，资产达上亿美元，而他那些同学大部分仍只是普通的白领。

生活在别人的标准和眼光之中，本身便是一种痛苦、一种悲哀。真正自信的人是不会背负面子的十字架的。只要是自己能够胜任的岗位，就可以当成“理想”的岗位，护理工、环卫工都是必须有人来做的，这样的岗位虽然艰苦，虽然很没“面子”，但是“面子”是通过自己的劳动付出赢得的，而不是自己硬争来的。当一个人在最普通的岗位上做到很出色时，同样能得到人们的尊重，也同样很有“面子”。

她是纽约的一位普通工作者，叫安玛莉，她在一次中风治愈后，被公司调去开电梯。这实在是一个最最乏味的工作，但她在接受这份新工作的当天就想："我不知道一个普通的电梯工人究竟能做什么，才能使这份工作在我的手上有所不同。"上班的第二天，安玛莉在电梯里贴了一幅画，是一些排列在碗柜里的盘子。后来，她又贴了家人的照片，再后来她从家里带来鲜花和植物。直到她的CD机里放出音乐，电梯里的乘客才开始相互交谈起来。本来陌生的人们，在安玛莉营造的宽松、融洽、温馨的氛围里，不再隔阂，不再陌生。所有乘坐安玛莉电梯的人都感觉到：原来陌路人也可以成为彼此交流、彼此沟通的朋友。渐渐地，安玛莉发现她起初想着为别人做的事，倒使她自己也跟着发生了变化，并从中获得了许多乐趣。

安玛莉老人的活法，是最有尊严的活法，即使低微的工作，到她手里也要干得"有所不同"。因此，那些上上下下的白领们，没有一个把安玛莉当成一个普通的电梯工，而是把她看做一个可亲可敬的长者。所以说，人的尊严不是穿多好或职位多高就能拥有的，人的尊严取决于你在爱自己的时候，是否也让接触到你的人分享到一份爱意。

人要脸面原本没有错，但是我们决不能为了过分争求面子，或逞强斗狠，或盲目攀比，打脸充胖，最终落个死要面子活受罪的下场。尊严是永远掌握在自己手中的，面子却不尽然，还要看别人给不给。但有一点是肯定的，有尊严的人一定就有面子，有面子的人却不一定有尊严；丢了面子不一定会丢掉尊严，丢了尊严肯定会丢尽颜面。为尊严而活着，虽苦犹甜；为面子而活着，虽阔也苦。

幸福感悟

一位先哲曾经说过："人们因他人的目光终不得自由。"我们千万不能错把面子当尊严，正所谓："死要面子活受罪！"什么样的面子值得维护，什么样的面子应该舍弃，一定要把握好尺度。

二十四　谦虚　低调是最好的炫耀

1　自以为是遭人厌

爱尔兰戏剧家萧伯纳有一次访问俄国，在莫斯科街头遇到一个可爱的小女孩，便高兴地同她玩了起来。分手时，萧伯纳得意地对小女孩说："回去告诉你妈妈，今天同你玩耍的是世界上大名鼎鼎的萧伯纳。"

小女孩瞟了萧伯纳一眼，学着大人的口气，骄傲地说："你也回去告诉你妈妈，今天同你玩耍的是小女孩瑞秋。"这个回答使萧伯纳大吃一惊，他意识到自己太傲慢了。事后，他深有感触地对朋友说："一个人不论有多大的成就，对任何人都应当平等相待，常常保持谦虚的态度。这个俄国小女孩给我的教训，是我一辈子也忘不了的！"

自以为是是人人都可能犯的毛病，如果不加以控制的话，就会像疾病一样缠住你。一般来说，越没有深度的人，越会为自己取得的一点成绩洋洋得意，不幸的是，他们没有继续取得什么成绩，于是对过去取得的成绩念念不忘。如果有几个听众的话，就更加重了他们的"病情"。

在自以为是的人眼里，没有人有资格成为他的老师，也没有人值得他去求教。如果一件事没有做成，他多半会认为：自己都没做成，别人也不可能做成，以此来宽慰自己。

找不到榜样的人是孤独的，因为他没有方向感，也没有足够的力量拯救自己，慢慢就会无所事事，也没有人愿意再信任他并交给他更富有挑战的工作，他的时光只能在那些不算重要的事情里打发。可能原本是一个很有能力的人，但最多只落下一个"怀才不遇"的惋惜而已。

Ella是一家基金管理公司老总的女儿。仗着父亲的名义，她在公司中总喜欢自以为是。Mona研究生毕业，她对投资的事最在行，而且对于相关研究也投注了很大心力。然而，在一次原本应由她主持的会议上，却是Ella在支配整个会议。事实上，Ella对各种基金表现所持的论调根本就是一派胡言。为赢得听众的注意力，Ella一说起话来，就没有人能让她停下来。

“Ella，”Mona抗辩着，“这些基金是……嗯，如果你看看它们过去的表现……”她努力想提出反对意见，但是却不知道要怎么做才好。

“Mona，如果你有这类问题，或任何其他问题，请尽管问！”Ella一秒也不停地说，然后又对那些着了迷的听众说道，“我完全了解你们的需要。当然，选择正确的投资对我来说是易如反掌的事！这些基金我已经注意了好多年了，表现棒极了。相信我，绝没有错！”Mona从她的话中就可以知道，Ella对这些基金懂得并不多。然而，每个人都因为Ella肯定的说辞而热情起舞。

一旦你在生活中扮演了自以为是的角色，你就很难再接受别人的意见，你或许总以为别人是同意你的说法的。比如，你与听者也能很快地建立起共识。但是，这只不过是你一厢情愿的错觉罢了，这种“共识”只存在于你自己的心中。

自以为是的女人是不可能成就什么大事的，她只会失去别人的好感，使自己陷入孤立的境地。也许在开始的时候，不知情的人们对她的口若悬河还很有兴趣，或者坚信不疑地跟着起舞。但时间一久，人们就会发现，这个女人不过是个喜欢让人注意的“大嘴巴”，愚蠢而浅薄。

一个正深陷于自以为是的泥潭中的女人，若扪心自问，相信她自己也不得不承认，自以为是的日子并不好过。因为她必须一直作秀，随时隐藏内心不安的感觉；为保住面子，她还要编足理由，随时应对别人的种种疑问，为自己圆谎。弄不好，她就会被自以为是套牢，被自己的醋瓶熏倒。

所以，一旦有人不经意间说你是一个自以为是的人，为了防止别人对你产生更多的不满，最好的做法是积极主动地确定自己的态度，然后积极地去找“老师”。跟着高手，就不怕没有进步。你应该暗暗地感激这个无意间点醒你的人，否则，你很快就会被时代所淘汰！

2 谦虚是平衡善妒者的良药

善于示弱，也就是在自己明显占优势的情况下，淡化自己的光芒，充分尊重别人。这种示弱并非真正的弱小，而是一种主动把握生活的自信和从容。

每个人都有这种体会，拳击时，先把拳头缩回来再伸出去，拳头才有力度。一个人示弱，其实就是缩回拳头的过程，目的是为了在关键时刻展示最强大的生命力。

前些日子，在QQ上偶遇大学同学李雯，彼此难免嘘寒问暖一番。毕业10年，许多同学在事业上都取得了不小的成就。有的从政做了官，有的下海经商做了老板，有的成了某单位里挑大梁的骨干。我想李雯一定也混得不错。因为大学时，她是我们的班长，不光学业优秀，而且吹拉弹唱样样精通，是一个极富才气与能力的高材生。

当我问及李雯的现状时，她发了一个非常郁闷的QQ表情过来。我问她：“以你的才能应该是春风得意，怎么会郁闷呢？”李雯说：“什么春风得意，我奋斗了10年，还是小职员一个。”怎么会这样呢？我难以置信。以李雯的能力，无论在哪个单位都应该是数一数二的人物。李雯接着说：“这有什么好奇怪的，排挤人才，嫉妒人才，压制人才，都是常有的事。”听了李雯的诉说，我不禁为她的怀才不遇而深深惋惜。

半年后的一天，我去参加一个会议，偶遇李雯的上司。席间谈起李雯，李雯的上司说：“李雯的确是个不可多得的人才，可惜她太好表现，锋芒毕露，争强好胜，恃才傲物，不把任何人放在眼里，在单位里很不受同事的欢迎。尽管如此，我还是十分欣赏她的才干，好几次想找机会提拔她，可每次投票她的得票都是最低的，我也没有办法。”

原来李雯的不得志，不是输在能力上，而是输在做人上。她之所以得不到领导的器重，得不到同事的支持，主要是因为她太“强”。强大固然让人敬仰，但太强就会因刚而折。任何一项工作，都需要团队合作。仅靠一人之力，很难办成什么大事。

原来在总公司工作的海萍，因能力出众，被派到一个下属公司去坐头把交椅。在欢送宴会上，一些好同事、好姐妹纷纷给海萍支招。有人建议她新官上任的“三把火”一定要烧旺，也有人交代她要舞动“杀威棒”，把总公司的气魄带去；一位从基层一步步升上来的老大姐却只送给她三个字——“悠着点”。一年后，海萍耷拉着脑袋回到总公司的办公室。原来，她在一片恭维声中把“悠着点”这三个字忘了个一干二净，在第一次就职演讲中，她说：“我来自总公司，这次总公司让我下来……”

海萍犯了一个致命的错误——逞强，为了从心理上击倒人们，她不自觉地以一种强势的姿态出现在众人面前。

才女作家张爱玲说过：“善于低头的女人，是厉害的女人。”善于低头不是无原则的软弱退让、屈膝投降，而是在一定限度内寻求妥协与合作。聪明的女人都懂得在适当的时候收敛、示弱，因为这才是她们真正立于不败之地的法宝。她们心境平和宽容，能够抛弃一切私心杂念，不受外人干扰，做事反而能持之以恒。她们即使遇到打击，也不会万念俱灰，因为她们心态平和，所以能泰然处之。她们冲劲不大，跑得不快，但往往能坚持到最后，坚持到终点。

因此，示弱决不等于软弱，而是一种人生的清醒和智慧。知道自己的弱点，就规避了失误的可能。学会低下高傲而美丽的头颅，适度地示弱，适时地承认自己的不足，你会争取到更广阔的发展空间！

3　承认不足才能使自己进步

我们先来看一个关于“不知道”的故事：

“无所不知先生”是大家所熟悉的，可以说他们和鼻炎一样普遍，也几乎同样难受。每当有人谈起一个饶有兴趣的话题时，他们就钻了出来，信口说道：“这个嘛，我知道。”因此而冻结谈话，放弃丰富自己学识的机会。大概这也称得上是一种艺术吧！对这些人，我是深知底细的，因为我曾经就是其中的一个。我意识到自己的错误，是在一个著名烹调师的妻子举行的一次晚宴上。那天，我在和女主人以及另一位男宾交谈时，她指着桌子上的一个黑色金属用具，看上去像一种电动烤肉铁架，说道：“这种特别的工具是用来做‘热吃干酪’的，你们知道‘热吃干酪’是怎么回事吗?”我刚想说知道，那位男宾叫了起来：“是吗，完全不知道。什么是‘热吃干酪’？是牛排的一种新吃法吗?”听到这些话，女主人露出了微笑。她向我们做了详细介绍，而且渐渐变得喜笑颜开了。这样，我才恍然大悟，原来“热吃干酪”并不像我想的是一种什么奶酪三明治，而是干酪火锅的一种吃法。这一课使我受益匪浅：我不仅弄清了一件原以为知道的事情的本来面目，而且更重要的是，我看到了自己身上的一个主要缺点。

心理学家邦雅曼·埃维特指出，平时动不动就说“我知道”的人，头脑迟钝，易受约束，不善与他人交往。迅速而现成地回答，表现的是一种一成不变的老一套思想，而敢于说“我不知道”所显示的则是一种富有想象力和创造性的精神。埃维特还说，如果我们承认对这个或那个问题也需要思索或老实地承认自己的无知，我们的生活方式就会大大地改善。这就是他竭力倡导的态度及人们可以从中得到的益处。

提起丁肇中，你可能知道他是一个美籍华裔物理学家、诺贝尔物理学奖获得者，熟悉他的人都说：他是一个奇人，又是一个怪人。奇在他获诺贝尔奖时，在颁奖典礼上不顾阻挠，坚持用自己的母语——汉语发言；怪在他有三个突出的表现——三个“不”，一是“不合群”，二是“不给面子”，三是“不知道”。前二个“不”我们不去评论，就这第三个“不”真的是一般人做不到的。

2004 年 10 月，他给南京航空航天大学的师生作报告，有学生问：“您觉得人类在太空能找到暗物质和反物质吗?”他坦然回答：“不知道。”又一个学生问："您觉得您从事的科学实验有什么经济价值?"他说："不知道。"另一个学生问："您能不能谈谈物理学未来20年的发展方向?"他仍然说："不知道。"这问题不用说像他这样的大师，就是一般人也能敷衍搪塞过去，而他却不顾及自己的面子"三问三不知"。

从事任何一种职业的聪明人，都有勇气承认"没有人知道一切事情"这个事实。他们常常说自己不知道，随后就去查找他们所欠缺的知识。承认自己不知道无损他们的自尊；对于他们来说，"不知道"是一种动力，并不是说出来就大失面子的话语，因为自己的"不知道"，反而会促使他们去进一步了解情况，求得更多的知识。

对此，古希腊著名哲学家苏格拉底曾经说过："就我来说，我所知道的一切，就是我什么也不知道。"无论你多么伟大，无论你多么有才能，你也有不知道的事情，说不知道并不意味着你无能，在勇敢承认的同时，或许你还能获得更多的称赞。要知道知识是从"不知道"中去争取的，而不是从你说"知道"去欺骗得来的。

幸福感悟

太阳不语，自是光辉灿烂；高山不语，自是巍峨壮观。谦虚才是最好的炫耀。谦虚的人更明白：合作比对抗好，释仇比结怨好，宽容比苛刻好，微笑比愤怒好，沉默比乱言好，节制比贪婪好。愈是认识自己的人愈知道谦虚，因此就愈有成就。

二十五　健康　身体是一切幸福的根本

1　健康便是福

人如果失去了健康，生命会变得黑暗与悲惨，对一切事物失去兴趣与热诚。能够拥有一个健康的身体，一种健全的精神，并且能在两者之间保持相应的平衡，这就是人生最大的幸福！不良的健康状况对于女性个人、对于社会所产生的危害到底有多大，有谁能够计算得出呢？在现实生活中，一些有作为、有知识、有天赋的女性往往被不良的健康状况所羁绊。

很多女性购买车子房子，哪怕是贷款也果断出手；购买护肤品，动辄几千元，绝不在话下；去卡拉 OK 欢唱，更是出手大方……然而，赚的钱有多少是为健康而投资的呢？

单位为自己购买了社会保险后，有多少人会再为自己和家人购买更有针对性的商业保险？在单位例行的健康体检之外，有多少人会选择一家女子医院，自费进行更精确的 TCT 细胞学宫颈检查，并每年按时进行呢？热爱生活的人一定会关注自己的健康，因为健康是一生的资本。

康萍是一位大公司的女经理，她每天在办公室中只工作几个小时，经常出外旅行、休息。她充分意识到，只有保持身心健康，才能在事业上达到最高的顶点。因为这样，她在事业上取得了成功。她不在办公室则已，只要一进办公室，立刻就能精力充沛地处理事务。由于她身心健康，所以办事十分敏捷而有力。她在三小时内的工作成果，要超过别人八九个小时，甚至夜以继日工作的结果。

一个身体健康、精力充沛的人，能抵抗各种疾病，度过各种难关；相反，一个在平日就把气力耗尽、活力用竭的人，却经不起一点打击。许多女性过着一种不快乐的生活，因为她们自己意识到，在事业上她们只能拿出一小部分的力量，而大部分的力量都因为身体不佳而无法奉献。“只工作而不娱乐，使得杰克成为一个笨孩子。”这句话最为确切地表达了工作与娱乐的关系。人都有着强烈的娱乐本能，这是事实。现在许多雇主都习惯于强迫雇员花过多的时间在工作上，这表明他们还不懂得娱乐使人的身心趋于健全、提高工作效率的道理。

多数人的生活都循环往复于糟蹋身体、医治身体上了，其结果是胃口不良、精力衰微、神经衰弱、失眠、精神抑郁！

据美国老龄健康研究中心的一项研究显示：“一个人为自己后半生努力奋斗、积累财富的能力，很大程度上取决于他们的身体健康状况。”照顾好自己的身体和情绪，这样才能更好地挣钱、理财、消费。因此，为健康进行投资，这是没有风险只有回报的决策。

（1）学会养生。养生重在预防。欲想不得病、少得病或得了病能够得到早期诊断和治疗，需要懂得基本的医学保健知识，需要懂得养生之道。古往今来，懂得养生、重视自我保健的人多长寿。

（2）花点时间锻炼。有的人认为，要想成就事业，就必须以健康为代价；欲得健康，势必会使事业受损。可他们忽视了这样一个道理：事业与健康是矛盾的统一体，没有健康的身体，何谈事业？在健康与事业发生矛盾的时候，退一步，可以进两步，一步不退，健康与事业往往同归于尽。

（3）坚持运动。健身最重要的因素是经常、适量的运动，最大限度地激活人体各系统、各器官的潜力，促进体质的强化，使身体机能长期处于“最佳状态”。“锻”是重锤打，“炼”是烈火烧，有志锻炼者，都要自找苦吃。调查研究表明，中年人坚持锻炼，能够增寿10～25年。

（4）舍得花钱买健康。保健知识是最好的保健品，应舍得花钱购买指导养身保健的书籍和报刊；健身器材是最常用的健身工具，要舍得在这方面酌情“投资”；从健身实际出发，调节饮食，重视食物的合理搭配，为营养而吃，做到花钱买营养，而不是花钱买“口福”。

积累健康是一笔无形的投资，受益的不仅是自己和家庭，对社会也是一种贡献。

2　生命在于运动

锻炼并不是盲目地参加运动，而是需要25%的辛勤汗水加上75%的坚定决心。换成另一种阐述，即是一分体能上的努力和消耗加上三分的内心自制。

万事开头难，只要你开始着手去做就会习惯成自然，养成了习惯做起来就会心情舒畅、乐在其中。

小琼每天都感到有气无力，她的健康情况差极了。每天她都睡得很早，却起得很晚，她也极少锻炼。朋友对她说：“你应该试着早起并锻炼!”她听从了朋友的劝告，每天早起进行锻炼，随后她的生活发生了巨大的变化，她变得精力充沛，同事和上司都感到惊奇。她的工作进行得非常顺利，效率大大提高。她深切体会到，这一切改变都是健康带给她的，她懂得了健康的力量。

坚持锻炼是帮助你开启机会和成功之门的神奇钥匙。我们每个人的体内都蕴藏着非常强大的力量。身体和精神的健康是将这种非凡力量从我们体内释放出来的“扳机”。

如果你喜欢置身于宁静之中，那就请选择瑜伽。瑜伽强调的是一种精神境界的锻炼，它通过呼吸和伸展的方法来调节人的情绪，解除现代人因生活节奏快而带来的紧张压力。许多练过瑜伽的人都曾经快乐地描述，瑜伽可以让人安静下来，不再心浮气躁。它甚至会改变你为人处世的观念。练习瑜伽的人大都不会像以前那样为不顺眼的人或事而心烦，不会再钻入自设的牛角尖，而会换个角度看问题，海阔天空。练习瑜伽无需太多的天赋，需要的只是你对更高质量、更健康生活的追求和渴望。

如果你想拥有一个为自己量身打造的曼妙身材，舍宾是最好的选择。舍宾除了能塑造女人健美的形体，还能给予女人一个健康的心灵、自信的气质，为女性塑造内外兼修的美丽。舍宾运动给予女人的不光是曲线，还有生命律动的活力。在运动的召唤下，你会寻回自己本来的生活面目。

如果你想拥有一个舒畅的心境，请选择形体芭蕾。形体芭蕾可以使你身材窈窕、气质高雅、举止迷人，让你摇身一变成为灵动的白天鹅，拥有如芭蕾演员一般的优美形体和高雅气质。跳芭蕾的女子并非都是令人惊艳的绝色美女，但却挡不住一种优雅、一种沉静、一种由内而外散发的魅力。因为芭蕾具有很强的塑造个人气质和形体的效果，在动作中产生脂肪在燃烧的快感。经过一段时间形体芭蕾的训练，你一定会身姿挺拔，形体健美，举手投足间气质明显优于常人。

如果你比较喜欢动感十足、火爆异常的运动，建议你选择拉丁健身操。拉丁健身操热情而煽动，性感而不扭捏，快乐而极具感染力。跟着拉丁舞狂放热情的音乐，舒展地跳起拉丁健身操，让健身充满豪放的激情，尽情展示美好的身姿和舞步，在疯狂的扭动中挥汗如雨，感受异国风情带来的健身享受。那是一种在东方文化中经常被禁锢的灵性与渴望，是人性中与生俱来的洒脱与豪放，你只管以愉悦的心情享受其中的美妙，并坦然接受另一份如期而至的厚礼——细腰翘臀的魔鬼身材。

无论现在你的心情是高兴还是忧愁，总有一种健身方法适合你，它能让你的心情如清晨的阳光一样灿烂。

不管是何种运动，只要勤加练习，就能帮助你维持健康。当然要注意，如果运动过度，会造成疲劳，反而可能失去健康；若花大量时间运动，没有顾及到其他事情，也会适得其反，所以凡事要适可而止。一般来说，每周运动 3 次左右，每次锻炼的时间在 20 ~ 30 分钟之间，长期坚持就能收到良好的效果。

最后要以平常心去努力锻炼，因为当心里感到平静安稳的时候，身体才会跟着感到舒服。一位世界级运动员曾经说过一句很经典的话："当我的肉体疲倦了，我的精神也随之得到休息。"从现在开始，选择一两种适合自己并且能够长期坚持下去的运动项目，甚至把它作为自己的一种爱好，乐此不疲。

幸福感悟

女人要学会把健康当做一生中最重要的东西，否则，即使你拥有了全世界，然而却没有健康的身体去享受，再多的财富对你来说还有什么意义呢？

二十六　善良　与人为善等于善待自己

1　善良，如和煦的阳光

人世间最宝贵的是什么？法国大作家雨果说得好，是善良。善良是人性光辉中最温暖、最美丽、最让人感动的一缕。人生不一定人人都很成功，不一定人人都能成为英雄豪杰，但一定要善良仁慈。善良是和谐、美好之道，心中充满慈悲、善良，才能感动、温暖人间。没有善良，就不可能有内心的平和，就不可能有世界的祥和与美好。

爱是基本的善良情感，遇到乞讨者，我们就施舍他点钱；遇到老弱病残孕妇，我们就主动让座；遇到迷路的小孩，我们就把他送回家，为他指点方向。一个微笑，一个简单的动作，一句发自内心的问候，对我们来说并不难做到，却可能因此帮助别人走出困境。

美国作家马克·吐温称善良为“一种世界通用的语言”，它可以使盲人“看到”东西，使聋子“听到”声音。善良带来的晶莹剔透的纯洁将人与人的感情黏合在一起，成为一条坚韧、信任的纽带。拥有了善良，就拥有了友情，可以与亲密无间的朋友推心置腹；拥有了善良，就拥有了爱情，可以与我们的至爱度过那些痛苦或快乐的时光；拥有了善良，就拥有了生命与尊严，能寻找到真正与人共存、相濡以沫的生活栖息地。善良让世界充满温情，让岁月多了牵挂；善良使姑娘更增三分妩媚，老人更显一脸慈祥，孩子露出满身纯真，男人平添一身阳刚。

善良是生活中的一道风景，是善待生命、善待他人的壮举。善良能给人以清新、平和的感觉，这种感觉是一种意境，是一种心态，也是一种幸福。善良可以把坦荡的思想抒发给别人，可以凝结人心、融洽人际关系，可以使人间多几许爱意、几许芬芳。

有个富甲一方的人，他对糖块情有独钟。原来，他年幼时家境贫苦，从来没有吃过糖块。有一次在路上，一个好心人给了他一块糖。他不知道那种滋味就是甜，只是感受到了一种从来没有过的幸福感觉。后来，这个穷孩子靠自己的努力成为了大富翁，同时也成为了远近闻名的帮助穷人的大善人。他说："每次帮助一个人，我都会想起当初的那块糖，那种感觉一下子就会甜到心窝里。"现在，他吃什么、喝什么、享受什么，都没有了当初那种甜到心窝的感觉，只有帮助别人，才能让他找到当初吃那块糖的感觉。

对于这位富翁来说，他幸福的方式就是找到那种甜到心窝的感觉——广做善事，回报孩提时代第一次吃到一块糖时所得到的幸福。他不断地幸福着，被他帮助的人也不断地幸福着。

对我们来说，我们不需要做什么惊天动地的好事，只要用自己有限的力量去帮助别人、回报社会，找到心中的安宁和快乐，幸福的感觉就会到来。因为人人都是社会中的一分子，只有整个社会进步，个人才能找到幸福。

2 刻薄，人人避之

女人的感情很细腻，女人很敏感，女人很容易嫉妒，轻者听到几句酸溜溜的闲言碎语，重者要人小命。

你身边也许会有这样一种女人，但凡碰到与她无关的灾祸，都会兴奋得手舞足蹈，一副幸灾乐祸的样子。"哎呀，不好啦，那里的大楼倒塌了!""哎呀，不好啦，街道上一辆大卡车压死了……你们快去看啊!"她嘴巴上说的是"不好啦"，可她脸上的笑容却表达着另外一层幸灾乐祸的意思！她对周围的世界总是充满敌意。不管你跟她有没有实质性的关系，有没有一丁点仇恨，她都巴望你倒霉，你越倒霉她就越开心，她的日子也就过得越有滋味，心里就越舒坦，精神上也越满足。

有人说刻薄可能源于能力不足，也可能源于心胸狭窄……其实，刻薄的人还可能是因为不幸福。换个角度，有一天，如果你不喜欢赞扬别人，看不惯所有的人和事，可能意味着你开始不快乐。越是强者，越宽厚；越是幸福的人，越能欣赏、悦纳别人的好。

有一次，在咖啡屋里听见两个中年女性肆无忌惮地评论一个携外籍男友买单离去的女孩，说她的腿很短："看来她不能穿高帮的皮鞋了，不然鞋帮要碰到屁股。"还见过街头一丑一胖在吵架，胖女被骂是"吃了激素的猪"，胖女冷笑道："起码我曾经瘦过，你，美过吗？"

没有包容、欣赏的心，这样的心，其实是不开心。刻薄如苹果发臭，是因为里面烂了。浮躁、脆弱、狭隘、偏激，然后就刻薄。所谓"宅心仁厚"，可贵，更是高贵，有大家风范。多一点宽容，少一点褊狭，和颜悦色地谈天论地，心平气和地做人做事，关乎社会和谐，更关乎自身的幸福。

许多情场失意或曾经遭受情感打击的女人，往往分外嫉恨别人的幸福，嫉恨别人的家庭，嫉恨别人的一切。只要你稍微留点心，从身边就不难发现这样的女人。

陈小姐的丈夫有了外遇，她知道后怒火冲天，从那一天起，战争就开始了。她心里的敌人自然是那个勾引了她丈夫的"无耻女人"。她倒没有对自己的丈夫怎么样，在她看来，自己的丈夫很老实，要不是别的女人主动勾引，丈夫是不会迈出那一步的，因此，她发誓要把那个无耻的女人整得抬不起头来！

陈小姐千方百计地利用种种关系，获取那个女人的隐私，然后予以公开，所有受到牵连的人自然都无法脱尽干系，弄得那个女人如过街老鼠人人喊打，在单位上完全立不住脚了。后来换了一个新的单位，又被陈小姐跟踪追击，穷追猛打，又是好一通宣扬，对方狼狈之极，最后竟然到了想寻死的地步……

陈小姐本是个受害者，但这种极端的行为也让她的内心无法得到平静。一般来说，幸福的女人大多不会尖酸刻薄，因为幸福的女人都有颗宽容大度的心，对别人的幸福会有同感，对别人的不幸会同情。

也许有的女人会说，她也不想这样，想当年自己也是多么的美丽善良，对于刻薄的人嗤之以鼻。她说家庭琐事、金钱、男人的不良嗜好、自我空间的缺失等等逼得她成了现在这个样子，现在镜中的自己俨然一个黄脸婆，找不到青春的痕迹。可是女人，只要是女人，都会有她说的种种苦衷，那为什么在她周围各个年龄阶段都有美丽的淑女？当你远离刻薄、自信美丽，相信不论到了多大年纪还是会有人夸你是淑女。

3 也别把善良当软弱的借口

善良的人，讲究的是别人敬你一尺，你让别人一丈，但是对恶性难改的人来讲，这条原则就不适用了，你的退让只会换来他的得寸进尺。就像气球留有空间便不会因再灌进一些空气而爆炸一样，做人做事也给自己留下空间，便不会让自己落个出力不讨好的结局。

前几天看一个报道，说的是北京一所高校的一位年轻漂亮的英语教师，以自己的善举帮助一位贫困大学生，结果，这位贫困大学生错把善心当爱心，慢慢地得了单相思病，被女老师发现后，受到了严厉批评。女老师严厉地告诉他，一切的一切都只是因为看他困难而帮助他，决不允许他有别的想法，并告诉并不爱他。之后，女老师开始慢慢地疏远他了。但这位大学生不但不醒悟，反而变本加厉地骚扰这位女老师，最终发展为“爱情妄想症”，千方百计地造谣中伤女老师。有一天，他偷偷配了女老师宿舍的钥匙，晚上趁女老师不在时将安眠药粉倒入暖水瓶里，等女老师回来喝了水睡下后，他打开门，将她脱得一丝不挂，把她强奸了。早上，女老师醒来看到睡在身边的学生，心里明白了一切，愤怒地把他揣醒并说要报警，这个学生像个无赖般的说：“你报吧，反正你是我的人了，不怕丢人你就报。”女老师一怒之下，拿起水果刀连捅了他几刀，直到他断气为止。

读后让人惋惜不已，感慨多多。英国文豪莎翁曾说过：“过度的善良会摧毁它的本身，正像一个人因充血而死去一样。”

一位朋友很善良，他无私供两个贫困孩子上大学，按时给他们寄钱。有一次，他因为别的事情耽误了几天，其中一位学生的家长很生气地找上门来说：“你再不按时寄钱，我就让孩子回来，不上学了。”之后，但凡这个学生家里缺钱，家长即找上门来要钱。朋友一气之下，停止了对他的援助。

现实就是这样，一旦那些别有用心的人摸透了你想面面俱到的弱点，便会软土深掘，得寸进尺地索求，因为他们知道你不会生气，于是你就变成了人人都可以捏的软柿子。

动物世界里的法则是弱肉强食，其实对于人类来说未尝不是如此，只不过它在人类社会里不那么赤裸裸罢了。许多老实人认为：“人欺天不欺”，老天爷终究是不会亏待自己的。这种阿Q式的精神胜利法，会使外人看来你逆来顺受，天生老实可欺。一旦你的形象定了位，你就会如站立在田地里的稻草人一样，连小鸟都敢在你头上拉屎。

在现实生活中，人们发火撒气也往往找那些老实善良者，因为大家都清楚，这样做并不会招致什么值得忧虑的后果。我们身边随处可见这样的受气者，他们看起来软弱可欺，也确实为人所欺，其实是他们自己的老实软弱助长和纵容了别人侵犯的欲望。

某大学一个班级里，有一位学生比较胆小怕事，遇事过分忍让，因此，虽然班里绝大多数同学对他并无恶意，但在不知不觉中总是把他当成理所当然地应该牺牲个人利益的人，看电影时他的票被别人拿走，春游时他被分配去看管行李……实际上，他内心非常渴望和别人一样，得到属于自己的那份利益与欢乐。由于他的老实软弱和极度的忍耐，这种情况持续了很长时间。终于有一天，他忍无可忍了，一向木讷的他来了个大爆发，原来一场十分精彩的演出又没有他的票。他脸色铁青，激动的声音使所有人都惊呆了。虽然那场演出的票很少，但是这位同学还是在众目睽睽之下拿走了两张票，摔门而去。大家在惊讶之余似乎也领悟到了什么。在以后的日子里，大家对他的态度似乎好多了，再也没有人敢未经他的同意便轻易拿走他的东西。

也许，所有泛滥的背后都是灾难，即使是善良和一颗仁爱之心。善良过头，往往是懦弱甚至无知，以一种牺牲精神将善良淋漓尽致地挥洒，但善良的妥协和纵容往往被“恶”所利用，从而付出巨大的代价。所以说，善良也要把握好一个度，任善良放纵，受伤害的往往是自己！

幸福感悟

美国著名作家马克·吐温说：“善良是一种世界通用的语言，它可以使盲人看到东西；可以使聋子听到声音。”善良如阳光，给人温暖，善良如春风，给人惬意，善良如雨露，滋润世间万物……

二十七　豁达　心胸开阔天地宽

1　让他三尺又何妨

生活中我们经常会遇到这样的情况，人们因为鸡毛蒜皮的小事，闹得剑拔弩张，面红耳赤，把一些本来简单的问题复杂化。其实，你越是想超越别人，处处占上风，就越会让人们觉得你讨厌，对你畏而远之。相反，如果你树立一种坦荡的胸怀，尊重别人宽容处世，便会备受人们尊敬。

早晨上班的路上，无意间看到这样一件事：一名骑自行车带水果的女士与一名骑车带孩子的女士相撞了。带孩子的女士说："你是怎么骑的车，长眼了没有，看到前面有人还往上撞!"带水果的女士说："我骑得好好的，谁让你往这边乱拐!"原来，骑车带孩子的女士在超过骑车带水果的女士后，突然向右拐弯，骑车带水果的女士没有反应过来，直接撞了上去，两人都摔倒在地。虽然双方都没有受伤，但是你一言我一语，大声争吵起来，引来许多人围观。就在两人争吵时，站在一旁抱着妈妈腿的小女孩一声不响地将散落在地上的水果捡起来，走到骑车带水果的女士身边说："阿姨，对不起，是我妈妈拐弯太急惹的祸。我帮你把水果捡起来了，你不要再生气了，也别和我妈妈吵架了。"小女孩说完这番话，两位妈妈都羞愧得红了脸，相互说了声"对不起"，便推车离开了。

人生好比行路，总会遇到道路狭窄的地方，每当此时，最好停下来，让别人先行一步。如果心中常有这种想法，人生就不会有那么多抱怨了。即使终身让步，也不过百步而已，能对人生造成多大影响呢？你经常让人一步，别人心存感激，也会让你一步，一条小路对你来说也是平坦大道。

你事事不肯让人，别人心怀怨恨，就会设法阻碍你、伤害你，即使一条大路，对你来说也充满险阻。人与人之间往往是心与心的交往，诚心换来的是真情，坏心换来的是歹意。

有时候，本无存心伤人之意，却可能因为一句无意的话伤害别人，甚至可能为自己树立一个敌人。因此，在处理人际关系时，说话一定要谨慎小心，不要因为一句话给自己引来祸患。

在上述事件中，难道是两个大人没有小女孩懂事？很显然不是。难道是两个大人没有小女孩的文化水平高、思想觉悟好？很显然也不是。难道是两个大人不辨是非？很显然更不是。那么，为什么一个孩子能做到的事我们大人却做不到呢？不是我们的思想觉悟不高，也不是我们的文化水平低，更不是我们不辨是非，而是我们的内心没有孩子单纯。我们只考虑到自己的面子，没有站在他人的立场去想一想，以致遇到问题时争强好胜。

幸福不是无缘无故从天上掉下来的，它需要用心积累，该让步的时候就让一步，退一步海阔天空。但是，如果遇到必须取胜、无法让步的事，又该怎么做呢？那也要给别人留一点余地。比如与人争辩，以严密的辩论将对方驳倒固然令人高兴，但也没必要将对方批驳得体无完肤。这样做不但对自己毫无好处，甚至会自食其果，遭到对方的反击。当你和他人发生摩擦时，首先要了解他人的想法，然后在顾及对方颜面的前提之下，陈述自己的意见，给对方留有余地。

“退一步”会使堵塞得以疏通，使矛盾得以解决，保持了人际关系的平衡，维护了社会生活的安定团结，也正反映了一个人的良好素质和社会适应能力。当然，我们提倡的退让，并不是不讲原则的一概迁就。对于重大问题，还是需要分清是非的。但如果不分事情大小，总是斤斤计较或是以牙还牙，最后既妨碍自己，也妨碍他人，妨碍群体的和谐。因此，对于一些非原则问题，应该提倡互让互谅。

2 豁达的人生不寂寞

豁达的人，都是乐观的人。而所谓乐观，按照某位哲人的说法，就是乐观的人与悲观的人相比，仅仅是因为后者选择了悲观。

豁达的人在遇到困境时，除了会本能地承认事实，摆脱自我纠缠之外，他还有一种趋乐避害的思维习惯。这种趋乐避害，不是为了功利，而是为了保持情绪与心境的明亮和稳定。这也恰似哲人所言："所谓幸福的人，是只记得自己一生中满足之处的人；而所谓不幸的人，是只记得与此相反的内容的人。"每个人的满足与不满足，并没有太大的差异，幸福与不幸福相差的程度却会相当巨大。

20世纪90年代的玫琳凯已经是曾祖母了，但她却笑着说："我觉得我才24岁。"在她眼里，她豁达的心胸不会随着年龄的增长而老去。她相信，一个豁达的女人是永远年轻的。

这就是豁达带给女性的智慧，正是这种豁达的心胸，让她们在面临困顿，身陷人生低潮时，不畏缩，不惧怕，更不逃避，而是微笑着站起来，寻找理想的方向。这不由让人想起普希金说的，阴郁的日子里需要镇定。也可以这么说，人生狭隘之处要豁达。与其抱怨世事繁杂，还不如尝试用豁达去拨开云雾，眺望晴空，这样，天底下的美景还有什么你看不到的呢？

豁达的境界很智慧，豁达的女人容易收获幸福。做豁达、智慧的女人，然后智慧地生存，才能享受到生活的诸多美好。就像罗丹所说的那样：女人不是因为美丽才可爱，而是因为可爱才美丽。不斤斤计较、充满爱心、心胸豁达才是女人身心皆美的美容剂，她会发射出很强的磁性，让人觉得充满亲和力，并且愿意接近。

豁达可以让世界海阔天空，豁达可以让争吵的朋友重归于好，豁达可以让多年的仇人化干戈为玉帛。常言道，多一个朋友总比多一个敌人强，那么，智慧的豁达在这时就是一种显现。

有一年，华盛顿率部驻防在亚历山大市，当时正值弗吉尼亚州会议选举议员，有一个名叫威廉·佩恩的人反对华盛顿成为候选人。有一次，华盛顿就选举问题和佩恩展开了一场激烈的争论，期间华盛顿失口说了几句侮辱性的话，身材矮小、脾气暴躁的佩恩怒不可遏，挥起手中的山核桃木手杖将华盛顿打倒在地。

华盛顿的部下知道后，要为他们的长官报仇雪恨。然而，华盛顿却阻止并说服了大家。第二天，华盛顿托人带给佩恩一张便条，约他到当地一家酒店会面。佩恩自然而然地以为华盛顿会要求他道歉，以及提出决斗的挑战。但是，佩恩到酒店后看到的不是手枪，而是酒杯。华盛顿站起身来，笑容可掬，并伸出手来迎接他。“佩恩先生，”华盛顿说，“人人都有犯错误的时候，昨天确实是我的过错，你已采取行动挽回了面子。如果你觉得已经足够，那么就请握住我的手，让我们做个朋友吧！”这件事就这样皆大欢喜地了结了。从此以后，佩恩成了华盛顿一个热心的崇拜者和坚定的支持者。

华盛顿用自己的豁达与大度征服了对手，一场悲剧就这样被避免了，也正是这种宽容的胸怀成就了他，为他以后的成功打下了良好的基础。

生活中，虽然人人都能以不同的角度理解豁达的涵义，人人都在用心追求豁达大度的意境。然而却很少有人能真正成为一个豁达的人。所以，我们要努力做一个豁达的女人。

豁达的女人，不会与人斤斤计较自己的得失；豁达的女人，无视命运带给自己的苦难；豁达的女人，有自己的主见；豁达的女人，充满着淳朴的爱心；豁达的女人，首选自律且包容他人，她的美是由内而外散发出来的，是最动人的，也是最持久的。

3 敞开胸怀，海纳百川

狭隘即人们常说的“气量小”、“小心眼”。狭隘性格的女人往往听不得闲话、气话、讽刺的话。有些事情，在“气量大”的女人看来，根本无所谓，可她却能生上好几天的闷气。平时若是受了一点委屈或碰到很小的得失便斤斤计较，耿耿于怀。在行为上，交际面窄，只同与自己想法一致或不超过自己的人交往，容不下那些与自己意见有分歧或比自己强的人。

造成狭隘性格的原因是多方面的，但一般认为后天环境具有决定性的影响。比如：有的家长心胸狭隘，办事刻板，不肯吃一点亏，则其行为往往潜移默化地影响子女的性格；有的家庭生活环境优越，家长对子女过于溺爱，往往容易使子女形成任性、骄傲、自我为中心、利己主义等品质，受点委屈便耿耿于怀，对“异己”分子不肯容纳与接受。另外，抑郁气质的人，在过强的心理刺激下，也容易形成狭隘性格。

一位女孩在网吧上网的时候，与旁边的另一个女孩发生口角。女孩的男友正好在场，抬手就给对方一记耳光。对方哭着跑出去，很快就把自己的男友叫来了。那女孩的男友是在社会上混的，他带来一把大砍刀，几刀就把那一对恋人砍成重伤。原本可以轻易化解的一场小小的口角，却因两位不理智的男人的加盟而酿成大祸。结果是，一方换来皮肉之苦，另一方得来牢狱之灾。

这件事情，让人想起“六尺巷”的故事。据说清代中期，当朝宰相张英与一位姓叶的侍郎都是安徽桐城人。两家毗邻而居，都要起房造屋，为争地皮发生了争执。张老夫人便修书京城，要张英出面干预。这位宰相到底见识不凡，看罢来信，立即作诗劝导老夫人：“千里家书只为墙，让他三尺又何妨？万里长城今犹在，不见当年秦始皇。”张母见书明理，立即把墙主动退后三尺。叶家见此情景，深感惭愧，也马上把墙让后三尺。这样，张叶两家的院墙之间，就形成了六尺宽的巷道，成了有名的“六尺巷”。事情就是这样：争一争，行不通；让一让，六尺巷。

狭隘的人，其心胸、气量、见识等都局限在一个狭小的范围内，不宽广、不宏大。多与人接触，使自己对不同的人有不同的认识，从而积累经验，这样会从中明白许多对与错的道理。

从古至今，没有一个心胸狭隘者能成大事。宽容是每个人应遵循的准则。

林肯对政敌素以宽容著称，这引起了一位议员的不满。他说：“你不该试图和那些人交朋友，应该消灭他们。”林肯笑着回答道：“当我们把他们变成自己的朋友时，不正是消灭了自己的敌人吗？”这正是对宽容的最好诠释。

如果天空不宽容，容忍不了风雨雷电的一时肆虐，何来它的辽阔之美；如果大海不宽容，容忍不了惊涛骇浪的一时猖獗，何来它的深邃之美；如果时间不宽容，容忍不了各式人等的一时虚掷，何来它的延续之美……是宽容成就了它们。女人也是一样，只有告别狭隘之心，方能进入一个神清气爽的境界。

幸福感悟

豁达的女人，不会计较得失；豁达的女人，会把苦难当作磨炼；豁达的女人，充满着淳朴的爱心；豁达的女人，自律且包容他人；豁达的女人，幸福了自己也温暖了他人。

二十八 信任 不要玩猜心的游戏

1 信任，是连心锁

古人云：“长相知，不相疑。”反之，不相知，必定长相疑。不过，“他信”的缺乏，往往又同“自信”的不足相联系。疑神疑鬼的女人，看似怀疑别人，实际上也是怀疑自己，至少是信心不足。一个人自信越足，越容易信任别人，越不易产生猜疑心理。

通常来说，成熟的女性必定有豁达的气度，她将以这种豁达去理解、支持丈夫的事业。夫妻间的感情是以互相信任和理解为基础的，你不相信、不理解丈夫，他凭什么信任和理解你呢？你的丈夫在事业上取得了一定的成就，社会活动肯定会越来越多，交际也会日益广泛，其中必定会接触到年轻漂亮的女性和一些敬佩、崇拜他的女性。对此，作为妻子的你要有豁达的气度给予充分理解，相信自己的丈夫。既要对丈夫保持警惕，但又不能拎着醋瓶子到处走，不要随便怀疑和无端指责，更不能偷偷摸摸地去打听、去调查、去寻找所谓的证据。

余乐是一家公司的业务经理，年轻又英俊潇洒，搞公关很有办法，办事能力强，公司经常派他出差办事，这却使他的妻子颇费心机，生怕帅气的丈夫在外被别的女人勾引了去。于是，妻子对他采取了以下防范“措施”：一方面，每当余乐要出差时，她总是主动示爱，表达真切的爱意；另一方面，每当余乐出差回来，更是热情伺候，常常迫不及待地与余乐情意绵绵一番，其意一是小别胜新婚，“性致”使然；二是可以“查验”丈夫在外面是否有负于她，尽管这办法并不科学，只是自己的一种感觉。如果余乐归来表现不好，她心里就会犯嘀咕：他在外面是不是有了外遇？

有一次，因误了车次，余乐归来已是半夜时分，连日的旅途奔波实在太累了，他简单洗漱后就想休息。可妻子偏要温存一番，余乐拒绝后，妻子十分不悦，长期埋藏在心头的猜疑顿时变成妒火，喷薄而发。余乐见妻子一点也不体贴，竟怀疑自己有外遇，想到自己为了这个家辛辛苦苦在外奔波，余乐顿时也火冒三丈。片刻间，二人你来我往，唇枪舌剑，大吵了一架。

事后，二人陷入了冷战，长时间冷眼相对，家庭的温馨荡然无存，余乐的差还是要出的，只是一切都变了，婚姻大厦眼看岌岌可危。

是猜忌就不是事实，而因猜忌造成的后果往往比现实中有些刻意的东西更具破坏力，尤其是对那些所谓绝顶聪明的女人，想象力的翅膀能把她们的虚妄带到很远很远，而且常常是在当事人完全不察觉的情况下发生的。所以往往事情发展到了不可收拾的地步，甚至很严重时才让人知道是非对错，但是已经无法挽回了。就像一个已经腐烂的西瓜，当你发现表皮出现状况时，里面早已腐烂不堪了。

作为妻子，应该信任自己的丈夫，相信丈夫的道德。这也是自信心的具体体现。如果对丈夫的行为无端猜疑，只会对其产生无端刺激和伤害，从而造成夫妻之间的隔阂。下面这位女性的做法值得我们学习。

李晴丈夫的公司来了一位新同事，无巧不成书，这位新同事就是李晴丈夫以前的女朋友。她的丈夫没有将这件事情隐瞒，而是坦白地告诉了她。若是别的女人，在丈夫坦白的情况下也许仍会整日惶恐不安，毕竟他们曾经是相爱的一对。而李晴却是个聪明的女人，她并没有介意他们之间的往事，反而和丈夫的旧情人成为了朋友，一有时间就去找她吃饭逛街，两人无话不谈，彼此的关系变得非常明朗化。她的丈夫和旧情人死灰复燃的机会当然也变得没有可能了。

我们活着就是为了享受生活的幸福和快乐，一个聪明的女人是不会在影响自己幸福的事情上纠缠的。在复杂的生活环境中，有时糊涂一些也是一种幸福，没有必要把什么事都搞得太明白，否则就活得太累了。同理，丈夫与异性交往时的话语、表情、举止、短信、电话，也没有必要非得弄明白、搞清楚，只要感觉到他还爱着你，还在珍惜着这个家，那就足够了！如果不在这些方面较真，夫妻间的猜疑也就不存在了。

2 猜疑，是斩情刀

猜疑心强的女人，精神常常处于一种人为的高度紧张的状态，她们凭自己的想象，凭个人的好恶来理解周围的一切。于是，捕风捉影有之，吹毛求疵有之，无中生有有之，把人际交往的正常状况都扭曲了，都当成“敌情”来处置了。人家一扬眉，她就说别人看不起她；人家一撇嘴，她就说人家讨厌她；人家说的话本没有什么敌意，经她一描绘就矛盾突出；人家在说自己的悄悄话，她便怀疑是在说她的坏话。

最终，猜疑心刺伤的还是她自己，她既要对付那些被夸大了的“敌意”，又要抚慰自己内心由此产生的痛苦，身心折磨、自身消耗很大。而且，由于她总是疑神疑鬼，对人际关系的损害极大。发生在朋友之间，会破坏纯真的友谊；发生在恋人之间，会妨碍感情的发展；发生在夫妻之间，会引发矛盾的积累；发生在同事之间，会影响工作的效率。

欧阳丹是一个刚刚毕业不到一年的大学生，目前在一家不错的知名外企工作。工作中，她十分注意自己的言谈举止，唯恐稍不留意影响到领导和同事对自己的看法。有一次，她成功地完成了一张设计图，高兴之余，她情不自禁脱口而出：真是太棒了！邻桌的同事闻声抬头瞄了她一眼，她马上紧张起来，糟糕！同事一定觉得我太得意忘形了。又有一次，她听到部门主管与人谈话时提到了“新员工”三个字，并且表情严肃，她的心一下子缩紧了，心想，一定是说我什么不好的事情。过分的猜疑让欧阳丹整日惴惴不安，每当见到别人脸色不好或两三个人低声交谈，就会担心别人是不是在针对自己。这让她身心疲惫，感觉周围的环境越来越差，最终辞职而去。

其实，别人的态度多是他们的情绪反映，每个人都有着自己的喜怒哀乐，或许与你并无多大关系，过分敏感多疑本质上是一种心理过分向外投射的反应。

一般来说，猜疑是建立在猜测基础上的，而猜测往往是毫无逻辑的臆测。怀有猜疑之心的女人对别人的一言一行都十分敏感，并喜欢分析别人深藏的动机和目的。那些对环境，对他人，对自己缺乏自信的女人，在与人交往时常常不自觉地进行自我防卫，这何尝不是作茧自缚呢！

人一旦被猜疑的绳索锁住，必定处处神经过敏，对他人对自己心生疑虑，损害正常的人际关系。生活中应该如何消除这种不良心理呢？

（1）相信别人，不要对别人报以偏见或者是成见。当你怀疑别人的时候，一定要想想如果别人也这样怀疑你，你会是什么感受，这样将心比心，换位思考就能真正去信任别人了。

（2）注意调查研究。俗话说："耳听为虚，眼见为实。"不能听到别人说什么就产生怀疑，不要听信小人的谗言，不能轻信他人的挑拨，要以眼见的事实为据。况且，有时眼见的未必是实。因此，一定要注重调查研究，一切结论应产生于调查的结果，否则就会被成见蒙住眼睛，钻进主观臆想的死胡同出不来。

（3）坚持"责己严，待人宽"的原则。克服疑心必须从严格要求自己做起，对别人提出过高的要求，别人做不到，就认为对方存在问题，必然会妨碍你对别人的信任。因此，坚持宽以待人，严于律己的原则，也是克服猜疑心的一条重要途径。

（4）采取积极的暗示，为自己准备一面镜子。平时不要总想着自己，想着别人都盯着自己。要对自己说，并没有人特别注意我，就像我不议论别人一样，别人也不会轻易议论我。只要自己行得正，站得直，又何必怕别人议论呢？有时不妨采用自我安慰的"精神胜利法"，别人说了我又能如何呢？只要我自己认为或者感觉绝大多数人认为我是对的就可以了，这样疑心自然就会越来越小了。

（5）抛开陈腐偏见。一个人对他人的偏见越多，越容易产生猜疑心理。我们应抛开陈腐偏见，不要过于相信自己的印象，不要以自己头脑里固有的标准去衡量他人、推断他人。要善于用自己的眼睛去看，用自己的耳朵去听，用自己的头脑去思考。必要时应调换位置，站在别人的立场上多想想。这样，我们就能舍弃“小人”而做君子。

（6）及时开诚布公。猜疑往往是彼此缺乏交流，人为设置心理障碍的结果，也可能是由于误会或有人搬弄是非造成的，因此，与其自己去想，不如开诚布公地和对方谈一谈，这样才能消除疑云，彻底解决问题。

幸福感悟

爱情、友情、亲情，它们有一个共同的名字叫信任。信任能筑起友谊的大厦，信任能架起连心的桥梁，信任能铸就永远的誓言。

二十九　孝顺　不要留下子欲养而亲不在的遗憾

1　百善孝为先

似乎每个人都有过这样的想法：等有钱了一定给父母买这买那，等有大房子了一定把父母接来过几天好日子……可你有没有想过，现有的情况下，你能为父母做些什么呢？人生最悲伤的事情莫过于“子欲养而亲不在”。也许年少时不能完全理解父母的爱，等自己也为人父母、理解了父母的苦心时，想给父母一点回报，尽点孝心的时候，父母可能已不在我们身边。

在这个世界上，什么事情都可以等待，只有孝顺是不能等待的，一定要趁父母还健在的时候多为父母做点事，用实际行动来表达你对他们的爱和感激。

那天和一位朋友聊天，她讲了自己的故事：

妈妈是从退休以后开始操持家务的，经过一段时间的历练，妈妈也有了一些拿手菜。譬如煲汤，就是妈妈的一绝，各式各样的汤都煲得极好。我特别喜欢妈妈做的牛腩炖萝卜，放进砂锅里用慢火炖，让牛腩的鲜味慢慢渗透到萝卜里，煨得软软的萝卜鲜美无比。这是我冬季最爱吃的一道菜。每次回去，妈妈还有一道保留菜，那就是白切鸡，惹得哥哥和侄儿都有意见了。但因为我和孩子喜欢吃，妈妈每次都乐此不疲。我知道，为了弄好这一顿饭菜，妈妈是很辛苦的。早上去买菜，下午三四点钟开始准备。我自己平时也做饭，知道要弄好一顿饭，心思、精力、体力都不可缺。

后来妈妈的左膝盖骨质增生，不能长时间走路站立了；再后来哥哥搬了家，出入买菜更不方便，我们就很少到妈妈那吃饭了，见面的机会也比过去少多了。说起来很内疚，一直以来，自己很少为妈妈做些什么。这么多年来，我去过的地方不少，可是从没带上妈妈。因为我很少跟团旅行，担心妈妈跟我外出受不了那个苦。10 年前我就去过香港、澳门，妈妈虽然一直想去却没人陪她去。如今妈妈的腿不利索了，想去也去不成了，我为此总是内疚、自责。

但是，当时哪里会想到妈妈也会有一天老得走不动呢。以前总想着以后还有很多机会，许多事便都推到以后，因此那个“以后”遥遥无期，很难兑现。现在，妈妈最喜欢的就是喝早茶，我想无论如何，一定得满足她这个不高的要求。以后有时间，就多陪她喝喝茶吧。其实想想自己也在一天天地变老，就是这样一起喝茶的时光，又还剩下多少呢？

张爱玲有句名言是“出名要趁早”，改一改，就是“孝顺要趁早”。曾经在杂志上看过一则题为《孝顺要趁早》的故事，内容大致如下：

某天，身在他乡的儿子接到了母亲从老家打来的电话：“儿子啊，妈有些不舒服，你快点回来看看妈，回来晚了就见不到妈了。”儿子放下手头许多重要的事情，乘飞机赶回老家，看到的却是精神状态不错的母亲，儿子感觉受骗上当了，想马上飞回去。在母亲的好言相劝下，总算待了三天。半年后，儿子又接到母亲打来的电话，内容与上次一样。他安慰母亲说：“今年过年一定回家去看您。”可是，仅仅过了二天，他就接到了母亲去世的噩耗。原来母亲并没有骗他，只是不想把她身患绝症的坏消息告诉心爱的儿子……

如果你爱你的父母，那么，不要让时间的流逝淡漠了你的孝心，不要寄孝心于时间，孝敬父母是不可以等的。其实，父母是最容易满足的人。回家时的一声招呼，临行前的一句“再见”，列车上的一次挥手，晚饭后的一杯清茶，这些琐碎细微的小事都会令父母感动不已，这都是在尽孝。我们无需惊天动地的作为，无需衣锦还乡的荣耀，无需豪宅名车的风光，父母期盼的仅仅是孩子的平安和幸福。孝敬父母，我们能做的不多，但我们要把能做的做好。

2 常回家看看

在我们的生活里，父亲是一个很重要，也很容易被遗忘的亲人。当我们还是孩童的时候，一对小手总喜欢环抱父亲的腰间，希望他能抱一抱自己。当我们学会走路的时候，已经迫不及待地走在他的前面，渴望探索外面的世界。久而久之，我们走得越来越快、越来越远，直到有了自己的事业和家庭，才恍然醒悟父亲为我们付出的是这么多！直到有了自己的孩子，才懊悔我们回报父亲的是那么少！

前几天，逛书店看到一本书，书名是《女人一生要做的50件事》，其中一件就是女人一生至少要拥抱父亲一次。还记得第一次读到《背影》的时候，泪水模糊了双眼，无数的儿女可能都曾经历过《背影》中的情境，可能从未和任何人提起，却在心中深深地烙上了印迹。

生命中有一种爱，它是无言的，是严肃的，在当时往往无法细诉，然而，它让你在以后的日子里越体会越有味道，一生一世都忘不了。它就是那宽广无边的父爱。

有一位朋友这样回忆她理解父爱的过程——

小时候我不明白爸爸对我的爱。爸爸是个沉默寡言的人，而且非常严肃，我从没有听他说过他喜欢我、爱我，也从没有听他说过表扬我的话，所以从小我就很怕他，并且不喜欢他。长大后我才明白爸爸的爱。

结婚后，有一次到阿姨家做客，正好讲到爸爸。我说："我爸对我好凶，我非常怕他，他一点都不喜欢我。"阿姨笑着对我说："那是你小，不了解你爸。你爸对你要求高，是因为他希望你能有出息。你知道吗？你爸在你结婚时还哭了呢。"爸爸哭？怎么可能？爷爷过世时他都没有哭呢。阿姨说，接我的车走后，爸爸一个人躲在那里哭，眼睛都红了。

后来，我怀孕生孩子了，爸爸叫妈妈请假来照顾我。我考虑到妈妈是老师，请假不太好，再加上婆婆可以照顾我，就叫他们放了暑假再来。他们来的时候，是一年里最热的时候。两个那么大年纪的人居然肩上扛着、手上提着、背上背着120多斤的东西，大大小小7个包，1个桶。我是怎么也想不到，居然还有5只鸡和50个鸡蛋。爸爸说："你回家时说你们这里的鸡和蛋都不好吃，我是特意到农村亲戚家买的。"一时间，我突然明白了父亲对我的那种独特的爱。如今，爸爸还是没有对我说过他爱我，但我知道他是爱我的，一直都在爱着我。

父爱如山，父亲的爱是一种无言的爱，是你受了委屈之后的那种爱怜的眼神，是你需要勇气时的一句坚定的鼓励，是你从远方归来时嘴角那一抹不易察觉的笑意。

这么多年来，我们时常为着种种理由，互相馈赠着或精美或昂贵的礼物，想一下，我们有没有忽略过父母？一直没有想到要给父亲买点什么礼物，不管在平时还是在节假日。父亲是一个不善把自己的感情表露出来的人，就算有什么事，也是一个人默默地扛着。而当我们长大了，才发现自己对父亲一无所知。

一位拥有3个宝贝女儿的老父亲就曾感叹道，父亲节总是远不及母亲节受重视。所以，再不要因为身边的父亲不善表达、不拘形式而随之任之。母亲的伟大没人否认，但父亲只顾付出，不问索取的品德同样令人崇敬。如果你身在异乡，现在就往家里打个电话；如果你就在父亲身边，那么晚上回家就给他一个拥抱吧。告诉他，女儿一直知道这份爱，女儿会永远爱他。一个拥抱就足够他回忆大半辈子了，因为父亲对你的爱是不求任何回报的。

幸福感悟

生命中有一种爱，无法细诉却又让人刻骨铭心，那就是父母的爱。"百善孝为先"孝敬父母不需要惊天动地的作为，无需衣锦还乡的荣耀，无需豪宅名车的风光……只需时日里的一声问候，临行前的一句再见，晚饭后的一杯清茶。

三十　失恋　至少曾经爱过

1　失恋，开启下一段感情

失恋有长有短，有的人一天就忘记，也有的人一辈子也无法忘记。失恋的状态，就犹如喝醉酒的人，越是醉，越要喝；越是痛苦，越要想。用旁观者的眼睛看，有些自讨苦吃，放着好好的日子不过，拥有美好的青春年华不珍惜，整天用痛苦来束缚自己。其实，真的应了那句话：除了你自己，谁也救不了你。

失恋固然痛苦，可是该总结教训的时候也不能马虎。失恋的人如果不是太单纯，太痴心，分辨不清哪些是真话，哪些是假话，结果必然是今天的盲目。

很多女人失恋后会说："我以后再也不会这么爱一个人了。"可是一切过去以后，生活还会继续，大多数人都会重新开始一段爱情。著名作家张小娴说："你以为不可失去的男人，原来并非不可失去。你流干了眼泪，自有另一个人逗你欢笑。你伤心欲绝，然后发现不爱你的人，不值得你为他伤心。"只要不彻底懈怠，你在这桩爱情上失去的东西，必然会在下一桩爱情中加倍补偿回来。情尽时，自有另一番新世界，所有的悲哀不过是历史。

一个朋友，在一个偶然的机会，了解到自己一直深爱的男人有一些不为人知的事，并且远远超出了她的想象。十几年的感情了，虽然她知道大家走到一起的可能性很小，但是她一直放不下，并且忍受着感情的折磨和煎熬。但经历了这一次，她了解到了一个真正的他，并且看到了自己可笑而且十分不值得的付出，她决定放弃了。很长一段时间，她拒见所有人，选择一个人安静。

不久前见到她，看起来气色不错，才得知她已经从这场感情的劫难中走出来了。我跟她说，你要感谢老天，让你在这个偶然的机会，认识到真正的他。幸亏早些发现，否则还不知道要继续浪费多少宝贵的情感。当然，向一段感情告别，难受是不可避免的，即便失去一只小猫小狗也会让人难受好久呢，何况是一个曾经相伴相知的人！朋友表示认同，她说，前几天几个闺密约她一起去 KTV 唱歌，庆祝她失恋了。

有人说，生死考验男人，离合则锤炼女人。与其怨人一世，抱持狭隘的心胸，不如向曾经伤害过自己，或者被自己伤害过的人，说句感谢。感谢他们的存在，曾经相伴走过一段人生路，教自己学会更多的包容。

这个世界上没有什么“孽缘”，真正的爱情最初都是美好的，最后也可以很优雅，关键是你会不会从中吸纳精华。要知道，真正相爱的人，最后未必都能走到一起。很多事情，不是你要改变就改变；很多东西，也不是你要强求就强求的。面对人生突然的变故，我们除了伤心还要有对策。面对不能改变的事情，我们除了接受，还要好好地活着。人只要活着，总是有希望的，爱情也必然会降临。

记住，失恋不是一种苦，而是我们必经的一段路。

2　一个转身才是自己最好的尊严

女人在分手的时候都应该明白，转身的背影才是最佳的选择，为自己保留下最后的尊严。不爱了，纠缠意味着什么？别恨谁，没有谁被谁要了，有一句经典的话：大家都是成年人了，别说谁上谁的当，当初都是心甘情愿的。被甩了，别计较付出了什么，更别指望挽回什么。一个转身，才是自己最后的尊严。

可惜的是，恋爱中的女人没有几个能做到。更多的女人会说：“我宁可失去尊严，也不要离开他，离开他我根本活不下去。什么尊严，我在他面前早就没有尊严了，我都不想活了，还要什么尊严？”看，这就是一个女人的爱情观。

可是，分手的时候，眼泪真的能感动爱情吗？你是不是认为失去尊严、把自己毁掉就能换回他的回心转意和怜香惜玉？当然，这是不可能的。如果你继续死缠烂打，除了让他更加从心里瞧不起和厌恶你之外，不会有任何效果。或许他还会后悔：为什么没早点和这个女人分手？你的离开对他其实是一种解脱，他早就求之不得你能从人间蒸发了。至于你选择什么方式，那是你的事，他没有兴趣知道，更不会因为你的声泪俱下而有丝毫的怜爱之情。

张小娴曾经在一篇文章中写道：女人搬到男人家里或跟男人同居，一天，缘尽分手，总要收拾包袱黯然离去。到了这一天，女人挽着一只皮箱，肩膀微微倾斜向一边，差一点儿就负荷不起，却仍然昂首阔步离开，头也不回。这个落寞的情景，是女人最后的尊严。一只适当的皮箱不可能挽回男人的心，却能挽回你的尊严。

也许读起来你会觉得好笑，分都分了，不管拿什么箱子，还不都是收拾残局？当然不同，这关乎你的尊严。你已经失去了爱情，还要再失去尊严吗？所以，你一定要稳住阵脚，切记不能慌乱，更不能让男人看到你精神上的崩溃之举，否则，你在他心目中的最后一丝美感也将荡然无存。

当然，当爱情需要面对尊严时，多半已至心碎。情炽如火时，尊严悄悄退隐，不会想起它，也不会需要它，情愿做爱的奴隶，情的俘虏。一句“我爱你”，让你城府全失，把灵魂和肉体一同袒露。这与尊严无关。爱可赦免一切，即使跪下亲吻爱人的脚趾也不是耻辱。这当口还时时刻刻惦记着自尊的人，也许身在爱中，却并未爱到深处。为了成全对方的欲望，再牺牲自己也是千肯万肯，才算是爱的极致。

可是，这一切都是以爱情的存在为前提的。当爱情已经易主，你已经成为他人生的昨天时，你悲愤欲绝，放弃自尊去配合爱情，最后，不管爱情有没有结果，被放弃的自尊、被扭曲的原则，都会变成阴影与梦魇。委曲求全来谈恋爱，得到的绝不是快乐，只有伤害。

回过头看看你谈过的恋爱，回忆是不是美好，通常只有一个判断标准，那就是：如果你没有为了爱而牺牲你的人格与原则，如果他是个懂得尊重你的人，那就是一段“只要曾经拥有就很美丽”的回忆。对于那些践踏你自尊的爱人，一想起来就痛心疾首，恨的多半还是自己。

当男人轻视重若千斤的痴情时，只有你因尊严而愤然离去的背影，才能使他感到无言的蔑视。不过他怎样想，对你来说实际上已经不重要了，他已是过去时了。

3 好马不吃回头草

曾经有位朋友说，因为怀念分手的男友，她经常会穿上他没带走的T恤，因为上面残留着他经常用的香皂的味道；很多次，因为抵挡不住突然涌上来的寂寞，她拿起电话拨通他的手机，还没听到他的声音就开始后悔——明明知道分手了就意味着结束，明明知道再次联系的结果还是无休止的失望和伤害。

人人都认为，破镜重圆该是皆大欢喜的事情，可是，即使你手段高超、技术高明，把破了的镜子修好了，但圆的只是形状，痕迹你能圆得了吗？尽管你为他浪费了大好青春，却只换来他无情的嘲弄。你心冷了，意灰了，决定抛弃过去，好好为自己活着的时候，那个曾经抛弃你的人又反过来求你原谅他，你心软了，于是破镜重圆，和他重归于好。殊不知他回来找你，并不是爱你，也并非想和你重归于好，再续前缘，他只是贪恋你的好，被你伺候的感觉。

男人既然已经说出了分手，肯定是对你毫无爱意，再回来找你，不管有何目的，那都不是爱。所以，镜子破了就扔了，男人走了就忘掉。

即便你真的，真的非常想要回头，也一定要想清楚当时分手的理由，因为你很有可能会重蹈覆辙。另外，还要冷静地分析，是赌一口气还是他对你真的很重要，否则劝你还是作罢。以下几点必须谨记在心！

首先，不要轻信。他的许多坏习惯成为感情杀手，令你无法忍受。

而你提出分手，他却说愿意为你改变，怎么办？你必须稳住阵脚。既然已决定分手，就不要轻易回头。男人知道女人一心软，就会放弃原则，义无反顾地维持现状。这时，他会积极地改造自我，变成你心目中理想的对象。可是，你绝不能被鲜花遮住视线，迷失方向。江山易改，本性难移，他所做的改变只是暂时的。你要做的是，不再抱任何幻想，干净利落地放手。

其次，不要心软。以前说男儿有泪不轻弹，现在的男人也学会了适时以眼泪发泄自己的情绪，用泪光点点来融化你心中的坚冰。男人的眼泪会唤醒女人潜在的母性，而今你想要敞开臂弯拥他入怀，你想要好好地安慰他，告诉他你错了，你没有把事实想清楚，其实你仍爱他。如此这般，他的目的也就达到了。也许他并不清楚自己在做什么，但结果是事情已经有转机了，所以正确的做法是：如果你真的决定不再和他走下去，面对他的眼泪，告诉他自己擦干净，并且递纸巾给他。

最后，学会冷静。分手之初你会有一段情绪波动期，判断力也会受干扰，所以最好别急着和他复合。你可找个地方冷静下来，让自己多想一想，复合的念头真的是因为旧情难忘还是因为不习惯。最好一段时间彼此不要有任何联络。即使你想复合，也必须先知道你在他心中有多少分量才行。在这段离开他的日子里，让他了解没有你是多么不好受，如果真的有缘重聚，他必定会更珍惜你，那么这段分分合合的路，也不算白走。

不管怎样，真相总是残酷的，分手就意味着结束，不要自己欺骗自己。如果你耐力不够，就在床头贴一张名单，上面列出除了他之外可以打电话聊天的朋友，并且在最下面写上一句话：他并不想接我的电话！如果你觉得这样做也无法阻止你毫无理智的冲动，不妨按照心理学家的建议，拿出笔和纸，写下他让你无法忍受的种种缺点：打呼噜的声音很大，乱扔东西，不体贴你……或者约上朋友，一起出去活动活动，在阳光下晾晒潮湿的心情，尝试以往没做过的事情，比如瑜伽或者拉丁舞。总之，与旧爱道再见，千万别回头，别忘记往事曾让你多么伤心。

女人是最善于遗忘伤痛的动物，正因为如此，所以总是无数次地受到相同的伤害。不要给一个男人伤害你两次的机会，破镜怎能重圆？试着学会等待“下一个”，不要过分担心自己会错过“命中注定”的姻缘，更不要担心会孤苦一生，因为你的他一定会出现。

在爱情中学习爱情，逐渐历练成长，你就会慢慢明白，值得你用心经营的永远是自己当下的生活。

幸福感悟

有人说，生死考验男人，离合则锤炼女人。不爱了，纠缠意味着什么？分手了别说谁欺骗了谁，也别计较谁为谁付出了什么，千万别指望挽回什么。此时的一个转身，才是自己最后的尊严。

三十一　婚姻　甜蜜爱情的结晶

1　找个受托一生的男人

爱有时是比较盲目的，恋爱中的男女在情感上有时会比较冲动。对女人来说，最理想的结婚对象当然是我爱你你也爱我，双方互相倾心爱慕，两人相互心灵感应，双双陷入爱河。然而，现实生活中遇到最多的情况是你喜欢的人并不一定喜欢你，你不喜欢的人反而在拼命地追求你，一边是你爱的人，痛苦而无法得到；一边是爱你的人，讨厌也会与你如影随形，让你时常感到无可奈何。

有人说，女人嫁给爱自己的人会比较幸福，而嫁给自己爱的人则比较辛苦。嫁给爱你的男人，他会对你的坏脾气或是任性时时处处表现出耐心和宽容；他会想方设法哄你高兴并迁就你的无理取闹；他会把你的脸色变化当成天气预报而倍加重视；他会和你共同生活在你的喜怒哀乐之中。因而，你会得到他的甜言蜜语和百般追求，你会被他当成女王或公主一样百般宠爱，你会让他感到能够成功地娶到你是他的荣幸。而你也会逐渐陷入到爱的温情之中，学会小鸟依人般地接受他的百般宠爱，并把接受和享受他的爱变成自己的一种生活习惯。

嫁给你爱的男人，你不但会从择偶条件及情感上迁就他，跟随着他的喜怒哀乐而失去自我，而且，在生活上还会时时处处地百般迁就。这倒不是别人逼你，而是当你感到成功嫁给自己喜欢的男人后的自然反应，你会感到能够和这个男人生活在一起本身就是一种幸福，哪怕做再多的家务，吃再多的苦也心甘情愿，而这样的男人往往不一定会深爱狂追自己的女人，他们的爱大多是被动的，或许是在没法选择自己所爱和追求到自己心仪对象的情况下，才会和这样的女人结婚。

婚姻是爱情的升华，也是爱情最完美的答卷，谁都希望自己的爱情答卷拥有高分，因此，你一定要慎重，做好自己的判断，他对你的爱是真的吗？

“每个幸福的女人身边，都有一个真正的男人。”只有真正爱你的男人，才会宠你疼你，给你带来幸福。

有时候，一个男人是不是付出真爱，完全可以通过一些生活细节窥见一斑：

（1）懂得尊重你。他不会强求你说不爱说的话，也不会追根问底地盘问你的家庭、你的感情、你的工作、你对他的看法、以前交往过什么朋友。他尊重你做出的各种人生选择，鼓励你发展自己的专长。现代好男人的一条重要标准是：尊重所有的女性，包括仅有一面之缘的人。

（2）愿意为你花钱。谈过恋爱的人都有过这样的经历：对自己倾心的人极度慷慨，哪怕兜里只剩下一元钱，也会想着怎样用这一元钱为爱人买点什么。因此，男人舍不舍得为你花钱，从某种程度上讲，未尝不是一个即时可见的检验标准。当然，男人能为你付出的金额还要视他的经济状况而定。倘若拿着固定工资，他能把唯一的外套脱下来为你挡风寒，也是一份诚挚的心意；反过来，若是一个亿万富翁，即使给了你1000万，也不见得是真心爱你，顶多当你是件昂贵的艺术品。

（3）能够接受你不可爱的时候。生活中难免有很多无法保持优美姿态的时候，比如：提着裤子站起来，或是睡醒时眼睛带着眼屎，或是感冒了不停地打喷嚏、使劲儿地擤鼻涕……凡此种种，任谁想在这个时候保持优美的姿态都心有余而力不足。倘若他不能想象，更不能接受你这样俗不可耐、与常人无异的状态，无论他有多么优秀都应该毫不犹豫地放弃。原因非常简单：你是凡人，不能把生活变成舞台。

（4）愿意和你一起承担生活琐事。人要活下去，就必须得穿衣吃饭，就离不开那最俗气的每天开门七件事：柴米油盐酱醋茶。如果他始终不肯和你共同承担这些生活细节，在你临时有事需要帮助，而他又没有什么实在脱不开身的工作要做时，依然让你一个人去苦恼，这样的男人不要也罢。因为他在很大程度上只是想找一个不花钱的保姆，并不是真的爱你爱到非要娶你共度一生的地步。

处在爱与被爱中的女人是幸福的女人，处在爱与被爱中的婚姻是最幸福的婚姻。结婚是一件庄严的事情，是你人生旅途的又一站地，从此以后，你才真正从一个女孩变成一个女人。面对这庄严的一刻，浪漫要完全服从于现实。当然，最理想的结果应该是这样的：和你并肩走入礼堂的，是一位你爱的，而且是爱你的王子。

2　让尊重，相敬如宾

当男人爱上一个女人时，他并不希望在爱的约束下丧失自己的一片天空。男人在乎爱情里的默契、宽容和理解，因为这种爱不致阻碍男人自由地闯荡人生——毕竟在男人的眼里，爱情并不能代表人生的全部。

婚姻中的女人则无不希望能够改造男人，但是，你不妨想一想：多年的婚姻生活中，你通过责骂和挑剔使他改变了多少呢？你可能认为自己是好意，你以为可以把他改变成自己想象中的男人，但是你成功了吗？假如你想通过批评把丈夫变得符合你的标准，最好不要做这个梦了。

记住这一点对你最有价值：你一生中可以改变的只有一个人，那就是你自己——别无他人；男人只会为一个女人而改变，那就是他的妈妈，而且还必须是在他3岁前！因此，你要按伴侣的本来面目接受他，这样做你会更加幸福。

台湾的婚姻专家吴淡如说：当你想对丈夫提意见，想让丈夫为你做些改变时，你首先要问问自己：如果这些问题出在自己身上，自己愿不愿意为对方做改变？这么一想，很多话就说不出口了，而对对方的包容之心又多了一些。

陈欣和刘志远深深相爱，两人虽然有很多相同之处，但双方的思维方式和与社会交往的方式极具差异。陈欣整天忧心忡忡，是个完美主义者。在生活中她遵循的一套原则是按照她认为别人所期望的指令去做，这在很多方面限制了她管家的能力。

刘志远是在贫困家庭里成长起来的。从一开始，他就反对家里的许多社会偏见，他是凭借内在的价值观和信仰来规范自己行为的。由于本职工作表现出色，他确定了自己的人生方向。另外，刘志远还是个“收集癖”，不愿扔掉旧报纸、旧杂志，对家务缺乏条理性，而陈欣喜欢整洁有序。当陈欣抱怨时，刘志远就提醒她这是结婚前应知道的，所以指望他改正是不合情理的。刘志远希望陈欣不要过分考虑别人的看法，而陈欣则希望刘志远清楚地认识这对别人产生的影响。

刘志远的生活方式及对自己的不尊重，使陈欣对他产生了反感。她的反应是疏远和挑剔，她更加关注别人对她的印象。刘志远仍不愿为之做出改变，而是更加放任自己的习惯，更不关心她的感受。随着孩子的出世，本已紧张的婚姻出现裂痕，最终两人离婚。

许多女人将自己与丈夫之间的差别视为最大的问题，费尽心思想要解决它。这其实是在和自己过不去，这样做有时会在毫无察觉的情况下断送两人的感情。其实细细想来，你会觉得这是多么肤浅。

婚姻生活充满着无休止的妥协与退让。索取的同时，就要有付出；限制别人的同时，自己也要受到限制；忍耐的同时，就要有耐心。谁都能够看到对方的缺点和出错的地方，但本性善良的人，至少会默默地用宽容的心去理解，而不是立即大发雷霆。好的脾气和品格，才能使婚姻生活幸福美满。结合自我的控制和约束，就可以使我们有耐心去忍让，去宽容，去静静地聆听，去默默地容忍，直到一时的怒火烟消云散。有一句形容婚姻生活的话，现在看来十分正确——“温和的话语和一颗包容的心，能抹去所有的愤怒!”

人性是不完美的，其中存在着许多瑕疵和不足之处，如果你能用爱和包容去了解这些不足，将会使婚姻关系更加紧密、牢不可破。而男人也唯有在觉得自己被爱、被信任、被接纳和被感激时，才会自动自发开始改变与成长。

3　用包容，举案齐眉

两个相爱的人经过或长或短的恋爱，终于想一辈子长相厮守，于是结婚成了最合法、最有效、最能向世人宣布的仪式。有人说男人爱一个女人的最高境界就是把她娶回家，反过来女人爱一个男人的表达也是嫁给他。他们幸福地憧憬着未来，两个原本陌生，生活习惯、性格都不一样的人从此要在一起生活。他们一起吃饭、工作、娱乐、生养孩子、赡养老人，没有任何血缘关系现在却是最亲的人。

但是时间长了，问题也出来了，首先是经济问题，以前自己挣的钱自己花，现在一起生活，是花你的还是我的，或是放一起，各自都有想法。其次，为什么你不爱做饭，不爱洗碗，还要把袜子到处乱扔。你要求完美什么都挑剔，结婚以前我怎么都没有发现。为什么给你的妹妹买生日礼物，不给我的弟弟买？你过年要求我回婆家，为什么不能回我家，我父母也只有我一个孩子……太多的问题暴露出来。这时，唯有沟通才能解决问题，用包容的心尝试从对方的立场去考虑问题，如果双方都坚持不让，日子就没法过了。

安心和丈夫拌起嘴来，起因是安心早上起床时不小心把家里的台灯罩打碎了，她嘱咐丈夫下班后去买一个，还特别告诉他要换个颜色，买一个比灯座颜色浅一点的暖橙色。下班之后，安心刚开始做晚饭，丈夫就带着买回来的灯罩进了家门。安心一看，丈夫买了一个和原来一样的白色灯罩，她顿时来了气：“千叮咛万嘱咐，让你买个橙色的，你怎么又买了个白色的？”

“你什么时候说的？”丈夫似乎有些茫然。

“早上上班的时候啊！”安心理直气壮。

“白色就白色吧，又不是不能用。”丈夫平静地说。

“没记住就说没记住，别扯能用不能用！这点事都办不利索，啥脑子啊?”说着，安心急了，一扭身回卧室生闷气去了，丈夫则坐在客厅里无聊地翻起了报纸，屋里的气氛变得沉闷起来。不一会儿，翻完报纸的丈夫走到卧室门口，向里面探了探头，问道：“厨房里的小白菜洗了没有?”安心不理他。丈夫沉默地走回客厅，看到茶几上的电话，又扭过头来问：“这个月的电话费交了没有?”安心气不打一处来：“你东拉西扯什么呢，明明是你错了，却不知道认个错!”

安心依然怄着气，不依不饶。其实，丈夫已经认了错，他说的那些“东拉西扯”的话，就是为了结束争吵或者冷战的局面。如果安心偏要让他当面认错，偏要争个输赢，其实是在和自己过不去。

婚姻中，包容的极限在哪儿？这是一个值得探讨的问题。首先要清楚什么是包容，包容是在理解和接受的前提下，平心静气地看待一些事情。包容不是压抑、回避，更不是积累到一定程度时忍无可忍的爆发。一并发作比就事论事的处理效果更糟糕，是因为前者夹杂着当事人太多的负面情绪，它不仅让对方“一头雾水”，更会被认为是“小题大做”，如果两人在情绪层面上发生争执，不依不饶，岂不是更伤害感情！

一位老妇人在50周年金婚纪念日那天，向来宾道出了她保持婚姻幸福的秘诀。她说：“从结婚那天起，我就准备列出丈夫的10条缺点。为了我们的婚姻幸福，我向自己承诺，每当他犯了错误中的任何一项的时候，我都可以原谅他。”有人问她，那10条缺点是什么呢？她回答说：“老实告诉你们吧，50年来，我始终没有把这10条缺点具体地列出来。每当我丈夫做错了事，把我气得直跳脚的时候，我马上提醒自己：算他运气好吧，他犯的是我可以原谅的那10条错误当中的一条。”

看来，保持婚姻幸福的秘诀不是别的，就是包容。包容中包含着理解、支持与原谅，也就是最大程度地接受对方。既然你深爱着你的配偶，就要包容他的一切，既欣赏他的优点，也接纳和原谅他的缺点。

人生苦短，岁月如梭，夫妻有缘尘世相聚，走到一起不容易，生活中要以包容为黏合剂，不断更新爱情，幸福生活才能直到永远。

幸福感悟

婚姻就是妥协与退让的艺术。人性是不完美的，生活中存在着许多瑕疵与不足，如果双方相互的尊重，相互包容，这样的婚姻将是密不可分、牢不可破。

三十二　撒娇　让男人“百炼钢也成绕指柔”

1　女人一撒娇，男人必投降

撒娇是做女人的最大乐趣，也是女人的最大法宝。千百年以来，撒娇一直就是女人的天性，女人不一定要漂亮，但一定要会撒娇，因为撒娇是武器，是对付男人强有力的杀手锏。

没有哪个男人不会在深谙撒娇的女子面前败下阵来。她娇声地说，我喜欢那个，我想要这个；我是多么爱你，人家就是想和你在一起嘛；好啦好啦，人家以后不再使小性子就是啦……在如此的娇声腻语面前，还有哪个男人不肯乖乖就范？这就是所谓的软刀子杀人于无形。可能只有少数修炼得道的男人，在就范之后才会想：天哪，这个爱撒娇的女人，分明是在对我进行一场又一场的掠夺呀！

男人谈起女人的性格，有讨厌生猛的，有讨厌邋遢的，有讨厌小心眼的，有讨厌拖拉的……但没有讨厌温柔的。会撒娇的女人肯定温柔。会撒娇的女人，支使起男人来易如反掌：“老公，帮我拎着包裹，你看人家的小手，都勒出红印来了。”“老公，我累了，你去做饭吧，求求你了！”被支使的男人即使再累，也会屁颠屁颠地跑进厨房。反过来，如果直眉竖目冲男人喊：“赶紧去干活，我也一样上班，凭什么伺候你！”两口子肯定会吵起来。一样的话，通过不一样的方式说出来，结果截然不同。会撒娇的女人，让男人愿意为她效劳。

会撒娇，不仅使女人更可爱，而且还易化解生活中的矛盾，是软化矛盾的“原子弹”，无坚不摧，战无不胜。

会撒娇的女人给生活增添了无穷的乐趣。多少年来，男人们为了男子汉的风度，忍受了多少沉默带来的寂然；为了扛起生活的重担，他们又经历了多少冷漠。透过那深沉凝重的背后，男人有一颗需要慰藉的心。这时，女人撒撒娇，把强烈的爱汇在幼稚的言行中，憨态中蕴含爱意，让他们在疲于奔波的旅途中获得轻松，感受欢快，生活不也就充满了无穷的乐趣么？

会撒娇的女人为生活带来了无尽的温馨。如今的生存环境，让男人们深藏起喘息的机会，为了事业去拼搏，为了理想而奋斗，为体现价值，为提高生活质量无休止地付出。他们的感情生活越来越苍白，精神生活越来越空虚。作为大海般男人的胸怀，怎能这样一味地压抑，怎能这样一味地平静如寂死的图画，他们太需要有人去拭弄，去激起朵朵浪花。这时女人撒撒娇，娇嗔中透着痴情，让孤独沉重的心灵聆听一回涛声的澎湃，让他们久藏海底的灵魂感动一回暖流的涌动，生活不也就充满了无尽的温馨么？

会撒娇的女人为生活注入了新的活力。为了支撑一种山的威仪，男人们从不把痛苦写在脸上，从不把失落带给家人，但他们需要一双温柔的手来抚平伤口。这时女人撒撒娇，把女人的成熟蕴藏在憨态可掬的娇声娇气里，孩子般的举止中衬托出男人的成熟、男人的风度，让他们的保护欲得以发挥，这时他们就会重新认识自己，产生新的动力、新的生命力！生活不也就注入了新的活力么？

会撒娇的女人，能撒娇的女人，是幸福的女人，不但幸福，而且可爱、美丽、更加的惹人疼。当然，撒娇应该是发自内心的，自然而然的，不矫饰，不做作，像一道清泉，潺潺地流过男人的心田，像一阵盛春的和风柔柔甜甜地拂过男人的脸庞。

2 撒娇也有窍

一位青年才俊，少而多金、倜傥英俊。这样的人择偶，真的如虎入羊群，任咬任叼、任掠任择。可他相亲无数，就是没遇上中意者。有人问：你到底要找个什么样的？猜他怎么答：我要找个会撒娇的女人。听起来不错，有个可人在身边，撒起娇来，温声软语，受用无比；深夜读书时，举案齐眉、红袖添香，想想都觉得神往。

可见，无论岁月怎样更替，撒娇的魅力都是永不褪色。男人为什么会喜欢爱撒娇的女人呢？因为男人内心大都不及外表刚强，他们需要对方柔情似水、轻怜蜜爱，以突显他们的英雄气概。

一众女人经过多年阅历，悟出一条颠扑不破的真理：撒娇的女人最好命，能把娇撒得可爱而不矫情，最能俘获男人心——如果你有张曼玉的魅力，就学她淡淡地看人，天真无邪的嘴边泛起点点调皮的笑；如果你像钟丽缇那样性感，建议你在阳光下慵懒地伸个腰，用肢体语言抒发一下心情；如果你谁都不像，那就做你自己，摸索自己的风格吧。

有的女人认为，撒娇就是将声音拉高八度，然后把尾音拖得长长的，其实这种看法不完全正确，撒娇要撒得好也是一门大学问，面对不同的人有不同的技巧及方法，还得根据现场情况把握好分寸。

撒娇首先要看形势。热恋的时候浓情蜜意，女人无论怎样撒娇耍赖，男人都会甘之如饴。但男女在对待爱情的态度上是不同的，随着恋情的稳定，这种差异体现得越来越明显，女人总是希望得到男人更多的爱，最好这份爱能够取之不尽、用之不竭，可是很少男人会一天到晚把爱挂在嘴边，他们更多是用实际行动来表达自己的爱。于是女人便开始怀疑男人，是不是变心了？是不是不再爱自己了？想方设法地找男人的茬，开始还只是撒撒小娇、闹闹小脾气，后来便演变成了撒野，变得越来越不可爱。没有哪个男人会永远那么有耐心来哄女人的，特别是从恋爱走进了婚姻之后，男人更希望女人变得懂事起来，温柔又体贴，而不是整天闹别扭。

其次，撒娇要讲究场合。对情人撒娇，本是两个人私底下的情趣，当然不怕尴尬；若是不怕肉麻的话，在众目睽睽下打情骂俏撒撒娇也未尝不可。但是，如果是陪男人出现在公司场合，如周年晚会、饭局等等，碰到的主要是与他有业务关系的人，如上司、生意伙伴等。此时此刻，男人需要的是一个出得了大场面的女伴，而不是一个不懂事的女友；试想想，当男人和上司谈话时，你突然走过去，抱住他娇嗲地说话，相信没有哪个男人会觉得这种行为是可爱，反而是可恶。在如此场合，撒娇只会令人觉得你不识大体。

最后，撒娇要看男人的心情。当男人心情不好时，脾气会比较暴躁，明明是很简单的事，他也会有很大反应，普通一句话亦能掀动他的怒意。如果男人睡眠不足，精神欠佳，或在专心思考重要事情，你最好识趣一点，不要打扰他。

正所谓物极必反，凡事不要做得太过，这绝对是做人处世的至理名言，就算撒娇也是一样。其实，女人向男人撒娇，无非是希望他重视自己，如果他已有所表示，应见好即收，要知道得些好意须回手，若取得甜头后还不懂得收手，还要继续撒娇，一两次男人可能还会多加两钱肉麻来讨好你，但若仍不知进退，只会令人觉得你难伺候，所以最聪明的撒娇就是懂得收放自如，这样才可得到最大回报。

幸福感悟

会撒娇的女人娇嗔中透着痴情，让男人疲惫的身心暖流涌动；会撒娇的女人温柔中蕴藏着可掬的笑容，孩子般的举止衬托出男人的成熟；会撒娇的女人满脸都是发自内心的爱意，像一道清泉，可涤净男人不安分的思绪……

三十三　温柔　温柔的女人距离幸福最近

1　温柔，女人的杀手锏

如今常听一些已婚男人大发感慨：现在的女人越来越不会温柔了。放眼望去，已婚女人大多行色匆匆，朴实无华，离开办公室就直冲菜场、超市，温柔消失在与商贩们的讨价还价之中；回家后顾不得整理凌乱的秀发，扎起围裙去抓住男人的胃，温柔湮灭在抽油烟机的轰鸣声里；新做了头发或穿了新衣，兴致勃勃地等他评价一番，人家却像没看见一样，温柔粉碎在那漠然的眼神里；特别的日子里，备好红酒和烛光，傻傻地坐在桌前，而他却流连于无聊的应酬之中，等啊等，温柔已随蜡烛的袅袅青烟而去；辅导孩子写作业、弹琴，免不了大声嚷嚷，电视机前的他不满地说："就不会温柔点?"

是啊，在经历了恋爱、结婚、生子后，女人应该越做越完美，怎么会任嗓子粗哑，任举止粗俗，任精神荒芜呢?女人，永远不能放弃的是温柔；女人，最能打动人的也是温柔。有的女人不愿承认自己是一个"弱"者，回避性感，抛弃温柔，结果自己的"女人味"反而被另一个女人偷走。她们不知道弱与强可以相互转化。男人不是强吗?那么你就把"弱"强化，做一只楚楚动人的小鸟，用"温柔"来缠住他。缠他的目的很简单，只是要他三个字的许诺；缠他的期限不长，只要一辈子。

那天和一位朋友聊天，她说起了自己的故事：

性格倔强刚烈的我，在老公面前无论如何也找不到自己温柔的一面，这让老公很是无奈。也许是很小时就背井离乡，父母不在身边的缘故，过早的独立生活，使原本性格温柔的我变得十分倔强刚烈。相反，老公从小到大就一直生活在父母的呵护中，虽已结婚多年，但他一直不是很独立，性格也像个孩子，为此，我很是头疼。对于老公的生活态度，我一直心存不满。自然，老公的大男人形象在我心里就打了折扣。

闲暇之余，老公喜欢上网打游戏。只要听到游戏的声音，我心中便会升腾起一股无名之火。我对老公抱怨说："你能不能不打游戏啊？干点正事，多努努力，也谋个好的前程！"他不但把我的话当成耳旁风，还经常不屑地说："不管怎么样，我有份正式工作，月月都有稳定的收入，吃得饱穿得暖就行了呗，怎么着也比那些今天下岗、明天被炒鱿鱼的人强！"

老公的说法，让我觉得更加气愤。这分明是一种胸无大志、不思进取的推诿，身为一个五尺男儿，怎能如此自甘堕落呢？每每此时，我们之间总会爆发一场口舌之战。对于我劈头盖脸的数落，老公常常说："我不喝酒、不赌博，烟也抽不上几根，月月几千元的工资交给你，玩会游戏消遣一下都不行啊？你还想让我怎么着啊？"

老公的话让我无言以对。虽然我一心想去改变他，希望他可以按照我的想法做事，最终不但没有将老公改变，反而适得其反，老公的烟越抽越多，游戏越玩越凶。更为严峻的是，我们之间的感情也出现了问题。好友见状，数落我说："你就不能温柔点啊？整天像个男人似的，哪个男人愿意找个同性媳妇呀！女人最重要的是温柔。"

我虽然嘴上一直不服气，但也觉得好友的话不无道理。为了婚姻的稳定，我开始下意识地改变自己，学会使用温柔。每次老公玩游戏时，我不会再像以前那样凶巴巴地跟他吵架，而是以商量的口吻对他说："玩游戏时间太长了对眼睛不好，休息一会儿吧！"看见老公在屋里"吞云吐雾"，我会温柔地嗔怪着说："烟抽多了不好，伤害身体。如果实在犯了烟瘾，就少抽几口，过过瘾就行了。"现在，老公不但改掉了很多毛病，而且还时常夸我温柔了。我的温柔不仅博得了老公的疼爱，而且也让我们在平淡而忙碌的生活中，重新找回了婚姻的幸福。

温柔本是女人的天性，也是女人的本能。善于利用温柔的女人，一定是聪明的女人。过软，男人痴醉的时间会随着新鲜感的消失，对女人失去兴趣。如柔软的面团，任人揉和形状，失去的是女人的个性。过硬，男人痴迷的时间会随着保鲜膜的破损，遗失对女人的好感。如钢板的僵硬，任锤打棍压，都铁木铮铮，剥落的是女人的本性。

那么，我们在处世中怎样才能让自己表现得更温柔可爱呢？建议你从以下几个方面来培养自己的性情。

首先要通情达理，这是女人温柔的最好表现。温柔的女人对人都很宽容，为人谦让、体贴，凡事喜欢替别人着想，绝不会让别人难堪。对于弱者、境遇不佳者、老人、小孩和病人，温柔的女人都表现出应有的同情，并尽可能想法去帮助他们。

其次，要始终善良，对人对事抱有好的愿望，喜欢关心和帮助别人。让人心动的不是一个女人做出了多么惊人的业绩，而是女人那种适时适地的细心关怀和体贴，最能叫人怦然心动。绝对不要遇事不顺就暴跳如雷、火冒三丈。以柔克刚是女人的最高境界。

最后记住，温柔绝不等于软弱。温柔是女人的美德，而软弱则是要克服的缺点，能不能用好温柔这个女人天生的法宝，全在女人自己。

2　做几道美味尽显你的柔情

现在，越来越多的女人不会做饭，甚至根本就不愿意进厨房。热恋的时候，两人当然是常下饭馆，这时下饭馆不仅不影响感情，还有助于感情的发展。比如两人可以借助吃饭的时间聊天，吃完饭还可以一起去压马路、看电影、听音乐会等。但是，一旦两人度过了恋爱期，牵手踏上了红地毯，情况就发生变化了。

首先，你们不能总像恋爱时期那样天天下饭馆了，你们的感情已经进入了平稳期，要开始柴米油盐的日子，这时女人自然要挑起做饭的担子。如果你不会做饭或者讨厌做饭，必定会引起丈夫的不满。

不少女人不以为然：会不会做饭有什么关系呢？况且做饭和爱情又有

多少关系呢？有的，因为爱情可以不食人间烟火，但是婚姻却离不开柴米油盐。大多数时候，我们都是因为肚子饿才去吃饭，事实上，吃饭并不仅仅是为了填饱肚子，吃饭也是一种享受，爱的享受。你肯花费心思准备几道他爱吃的菜，说明你是多么的爱他；在他高兴地品尝你的手艺的时候，同时感受到的还有你浓浓的爱。

也许你做的菜并不一定能与佳肴相媲美，但是你一定要能做几道拿手好菜，还要能得到他的认可。当你看着心爱的人品尝自己做的菜肴时，你一定能深刻体会到平凡生活中爱情的滋味。

刚结婚的时候，利芳喜欢给丈夫做“卤酥鸭”，此菜咸香酥脆，色泽枣红，味道鲜美。正如他们的婚姻，满眼都是鲜红喜庆的色彩，满心都是酥酥脆脆的感觉。她做得投入认真，他吃得香甜可口。她开玩笑说他就像这卤熟了的鸭子，再也飞不出她的手掌心。

一起生活了 7 年，所有的新鲜感都已经被日常的琐事取代，而且两人的分歧越来越多，争吵也越来越多。她在这个时候学会了做“麻婆豆腐”，开始她认为自己是想靠这又麻又辣的味道来刺激味蕾，也刺激生活的千篇一律；后来她发现，他们之间的关系本就很麻辣，辣到让对方疼痛，麻到让对方无言……

20 年的相互扶持使他们彼此都成了对方生活中不可或缺的一部分，尽管生活由激情归于平淡，但两人之间再不麻辣，爱情已经转化为亲情。庆祝结婚20 年的时候，她为他做了清蒸鱼，她说鱼这样做最有营养。他说她的手艺越发好了，能将清蒸鱼也做得这么棒，口味咸鲜，色泽洁白，肉质嫩滑。这清蒸鱼就好比他们现在的生活，平静的外表下隐藏着最原初也最平实的味道。

转眼之间，她和他已经一同生活了40 年。她的手脚再也没有当初那么灵活，做菜也显出几分笨拙。她现在最擅长的是煲汤，几片火腿，几块冬瓜，少量的作料就那样在砂锅中熬啊熬，熬上几个小时。这样的汤做好后，小字辈们都不爱喝，觉得没什么味道，老两口却喝得津津有味。

“女人总是能够用自己的厨艺来吊住男人的胃口，让男人永远记得回家的路。”这虽然是玩笑话，但每个女人都应该学会做几道看家菜，为自己亲爱的爸爸妈妈，为自己心中的那个他，为自己可爱的孩子，献上一份充满浓浓爱意的美味佳肴。

当你看着心爱的人品尝自己做好的菜肴的时候，无需细诉却口齿生香，让人回味无穷，一股浓浓的爱意在美味佳肴中天长地久地流淌。

幸福感悟

温柔是女人的天性，也是女人的本能。女人的温柔如江南的喜雨，浸润着世界万物；女人的温柔如塞外的春风，吹尽了世间的阴霾；温柔的女人又如蓝天中的祥云，风情万种…… 幸福的女人恰是来于她的温柔。

三十四　友谊　温暖别人也温暖你自己

1　把朋友当作一辈子的财富

一个人活在世上，可以没有金钱、没有事业、没有家庭，但是万万不能没有朋友。许多时候，朋友之间的关心、帮助、体贴胜过家人，胜过夫妻。而且，深厚的友情往往比爱情更隽永、更真挚、更持久。现实生活中，不少女性一旦有了爱情，便囿于爱情与家庭，并全心全意地投入，与过去的朋友明显疏远了，对深深浅浅的友情也不那么爱惜了。她们的借口是："哎呀，太忙了。"忙，确实是真忙。她们情不自禁地沉湎于小家庭的欢乐，津津有味地经营着幸福的小日子。至于朋友，则有点顾不上了，似乎有没有都无关紧要。

其实，交友不仅是一种感情的交往、交流，还是生活的重要扩充，女人只有把自己放到同性朋友的圈子中进行比较，不管自我感觉如何，都会有所醒悟。感觉不好的，知道该为自己活了；感觉好的，知道为了自己应该继续好好活。所以，女人的真心朋友，其实就像是自己的一面镜子。

女人结了婚，千万不要排斥自己结婚前的一切，更不要丢掉自己的朋友。保持自己的爱好，保持自己的社交活动，保持自己除爱情以外的一切感情联系，是丰富自己、更新自己、完善自己的最好方法。只有这样不断地丰富、更新与完善，家庭生活才更有色彩，幸福才能长久。

也许你们很久不见，但每一次见面都无话不谈；也许你们喜欢一起逛街血拼，又一起丈量远方的风景；也许你们曾微有嫌隙，但一遇到难题，却谁也离不开谁；也许在经历了生命的挫折挣扎之后，你们彼此倾诉，相互温暖。

需要注意的是，女性间的友谊像一块透明的水晶，纯美闪耀，却易碎。对此，我们应如何保持同性间长久真挚的友谊呢？

（1）发现并欣赏她的优点。朋友间友谊的基础就是“彼此欣赏”。懂得发现和欣赏朋友的优点，才会发自内心地喜欢她，愿意接近她，彼此的吸引和走近才有了基础。如果是“同性相斥”的小肚鸡肠，看到的全是别人的缺点，认为谁都不如自己，甚至对别人的优点嫉妒或攻击，那么，你和谁都是成不了朋友的。

（2）为她的进步和成功表示高兴和祝福。朋友升职了，加薪了，找到真命天子了，获得奖项了，第一时间向她表示祝贺！并以一些外在的形式，比如说请她吃饭、喝咖啡等来表达。切不可“妒人有，笑人无”，冷漠、麻木、无动于衷是不可以的，冷嘲热讽，含酸拈醋更加要不得，为朋友的每一点进步而高兴，并当做自己前进的榜样和动力，这样的友谊才是良性的，可持续发展的。

（3）当她遇到烦恼和痛苦时，第一时间站在她身边，想方设法为她排忧解难。朋友不但要同富贵，更要共患难。患难见真情，只有在患难时始终与你站在一起的朋友才是真朋友。哪怕自己人微言轻，也要尽自己的一切努力去帮助她，就算是一份安慰、一份劝解也是好的。

（4）始终把她放在重要的位置，不要重色轻友。女性比男性更容易犯“重色轻友”的毛病，男人有“女人如衣服，朋友如手足”的“宏论”，女性却每每把同性朋友当做爱情来临前的一种填空和补充，一旦寻觅到真命天子，立即把朋友扔到一旁，不管不顾。如果在朋友和男友之间权衡，她一定毫不犹豫地舍弃前者奔向后者。爱情和友情是两种不同的感情，两者都不可或缺，绝不可顾此失彼。

（5）尊重她的隐私。现代人都需要一个独立的生活空间，不要以为你们是好朋友，她的一切隐私你都有权知晓、过问、干预。否则就愤愤不平：凭什么瞒着我？古人说“君子之交淡如水”，这个“淡”，倒不一定是平淡，冷淡，而是像水一样清澈，纯净。朋友的私生活，如果她愿意说，你就听，并为之保密；如果她不愿说，就不要瞎打听，好奇心太重会使对方害怕你，畏而远之。

（6）对她不要抱太高期望值，求同存异，多付出少索取，是交往长久的原则。每一种朋友，只要能带给你某些有益的东西就足够了，不必强求她一定要对你怎么样怎么样，一旦对方达不到要求就心生怨懟。朋友间除了情意，是没有什么责任和义务的，你但求对朋友无愧于心就好，不必强求回报，无怨无悔地付出，你会心生快乐。同时，你会惊喜地发现，当你无所求时，朋友对你的回报其实比你想象的要多很多！

只要掌握好以上原则，你一定会在朋友圈内成为一个受欢迎的人！她们将陪你走过艰辛情事和沧桑人生，直到华发暗生、满脸皱纹时，仍可以遥想当年春衫薄。电影《欲望都市》里的主人公凯莉有这么一段对白：多年在大城市的生活经验，使得我可以假设，如果我的朋友们——包括我在内，真的得到过童话般美好的结局，那么这个故事早就该结束了。但是现实生活，永远充满着想象不到的意外。所以，当你40岁的时候，年轻时候的狂蜂浪蝶都离你而去的时候，当你遇到一个烂男人的时候，只有你的朋友，才会把她们同样瘦弱的肩膀借给你依靠；只有你真心的朋友，才会不管多晚，都接你的电话，听你哭诉，横穿半个纽约城来陪你过圣诞；只有你真心的朋友，才会不嫌弃你到了40岁还没有找到真爱，才会告诉你，50岁的你依然可爱，她们为你感到骄傲。

2　女人也需要蓝颜知己

不论你是单身、正在恋爱，还是已经结婚，多交几个异性朋友都是很有必要的。一位伦理学家说过，男人真正的力量是带一点温柔的刚毅，那么女人真正的魅力则是带一点坚强的阴柔。男人和女人的合理存在，在于不同性格的搭配之中，这样他们的性格才能更加丰富多彩，才能让人性更充满魅力。

因此，女人完全可以结识几个对自己有益的异性朋友，从他们身上吸纳一点性格或心理因素，阴阳互动，得益多多。与同性朋友交往，感受到的是乐趣；而与异性朋友交往，体验到的是情趣。与同性朋友交往，常常能得到行为上的支持；而与异性朋友交往，更多的是获得心理上的满足。

异性朋友之间的友情就好比是牵牛花，越是接近成熟的季节，越开得绚丽多姿，而且可以超越环境的阻碍，哪怕是篱笆深深，也会水色天然，别有神韵。

好的异性朋友，又叫“蓝颜知己”，它是介于友情和爱情之间，游离于亲情之外的，它比友情有更深层的相知与默契，但又不能发展为爱情。蓝颜知己，是兄弟，是姐妹，是对方没有把自己当成女人，自己也没有把对方当成男人的关系。

他有男子汉的宽怀气度，也有男子汉的柔肠侠骨。你和他探讨人生、社会，你和他畅谈理想、心情；你和他不需要面对面相濡以沫，你和他在电话里常常笑语不断。你可以没完没了地倾诉，他无论什么时候总是默默地倾听你的心声。

他是除了你的另一半之外最了解你的那个人，甚至有的时候有些话你不会跟你的另一半说，但是你会与他分享你的心情故事，有些跟别人不能说的事情你也会跟他说，有了这样一个蓝颜知己，也就等于多了一个心理医生，多了一本心灵日记。他像个垃圾桶，装得下你所有的坏心绪；他像个空调机，送了热风送冷风。

他不会因为你的喋喋不休而远离你，也不会因为你的胡搅蛮缠鄙弃你。他会告诉你事情最好的解决办法，然后陪着你一起走出阴晦的天空。在你快乐的时候，他会淡出你的视野，静静地快乐着你的快乐！他是你生命中真正意义上的朋友！

女人如果能找到一位有思想、有品位、有文化修养，又能真心待自己的蓝颜知己，女人的思想便会出现质的飞跃。一个有思想的男人和一个有思想的女人进行人生的交流和沟通，等于汲取了两性思想的精华。这对两个人来说，都是非常幸运的事。

当然，在与蓝颜知己交往时应注意，男女之间过分拘谨固然令人难堪，但也不可过分随便，诸如嬉笑打闹、你推我拉之类的举止应尽量避免。须知男女毕竟有别，过分亲昵，会使你显得轻佻而引起对方反感，引起不必要的误会。有些话题只能在同性之间交谈，有些玩笑不宜在异性面前乱开，这些都是需要注意的。你要从思想和理智上分清友谊与爱情的界限，严格地用理智将异性间的交往控制在友谊的范围之内。朋友就是朋友，摒弃了爱情和性，异性之间的友谊才能产生。

幸福感悟

当你遇到困难时，朋友会向你伸出援助之手；当你遇到困惑时，朋友会为你献言献策；当你受到委屈时，朋友会倾听你的诉说……这就是友谊的力量。

三十五　童心　找回最初的单纯和快乐

1　天真淘气并不是孩子们的专利

我们和孩子相比，最缺少的是什么？也许有人会奇怪，觉得只能是孩子比我们缺少什么，比如金钱，比如体重，再比如阅历和知识。我们成年人会比孩子缺少什么呢？要找到这个问题的答案，我们只需要来到雨后的马路上。

下过雨的马路上，都会有一些大大小小的水坑。面对这些水坑，我们成年人的反应是什么呢？是不是从水边绕过去？也许不仅绕过去，嘴里还会不住地抱怨：裤子脏了，路难走了……可是几乎所有的孩子，在发现前面有个小水坑时，都会很高兴地挣脱大人的手，跑过去玩闹、欢笑。

对，这笑声里所包含的，就是我们所缺少的东西：赤子之心。当我们用孩子一样的心情，用欢笑来面对这个世界，或许就能知道：人生短暂而珍贵，欢笑着享受人生，是我们一出生就具有的目标和任务，也是上帝赐予我们的职责和权利。

成人的世界有着太多的一本正经、衣冠楚楚，有着太多的规则和禁忌，因此，我们不妨也重拾一下童年的天真，在无关紧要时放纵自己，稍舒抑郁。我们也可以在合适的场合，别出心裁地“坏”上一回，设计一个很有创意的恶作剧，在暗处看到所有人为此哭笑不得的表情，会有一种别样的成就感。

重新做一次天真淘气的孩子，做自己真正想做的事，才能真正让自己快乐起来。

黎佳在一家广告公司做平面设计，她工作起来非常有效率，充满幻想的创意也让她颇受老板的赏识，不过她认为这应该归功于自己的童心。每个第一次走进她房间的人，都会觉得惊奇，以为走错了房间，进入了小孩的卧室！屋子不大，没有床，地板上铺的是整张软软的海绵垫子，她和丈夫是以地为床的。垫子是海洋蓝的底色，上面的鱼、蟹、海星栩栩如生。每天早上睁开眼，一定可以幻想着来一次海洋旅行了。

泰戈尔有句名言："伟大的人物永远是小孩，死了，他把天真留给世界。"童心是做一个健康、快乐、自信女人的需要。拥有童心的女人，会比其他女人享受更多的宠爱，享受更多的快乐，享受更多青春飞扬的自信！她们比普通人更知道怎样让自己内心的"孩子"出来亮相。早上醒来，她们能够傻傻地肆无忌惮地笑，就像回到了天真烂漫的孩童时代；她们能够完全沉浸于自己的幻想，就像她们在孩提时代常常走神一样。她们清楚"真正的生活"不是整天工作和奔波，她们喜欢对生存保留一种孩子似的天真和好奇。

假如你一直是个循规蹈矩的淑女，不妨选一个周末，穿上最流行最酷的衣服，去公园玩过山车，甚至蹦极，在大声尖叫中释放长期以来被压抑的情绪。

不要丧失了游玩的能力，如果你实在玩不来，何不向小孩学学，从头学学玩乐的方法！孩子们会教你如何以积木搭出建筑、椅子和人；他们还会提醒你，你不需要先知道如何丢球才能玩得尽兴；他们更会让你知道，洗澡不只是为了清洁身体而已。

无论处于如何艰难的境地，早上起来，你都可以畅快地笑，允许自己享受有趣的幻想，以及精神健康的好处。你可以写下20条长期以来梦寐以求的事情，不论是参加马拉松比赛、上电视，还是接受访问。然后划去那些看起来在短期内无法实现的幻想。最后你至少会得到一项你今天就可以实现的梦想。马上去实现它，然后再开始计划第二件最切实可行的事。慢慢地，你就会实现许许多多看来"幼稚可笑"的幻想，而且大部分会被证明是实实在在的成就。

从世故到天真和从天真到世故，其实是一体两面，就好像黑夜和白天，只有放下世故，才能回归天真的本质。

有位作家说：一个人到了30岁，饱受生活的沧桑，就会僵化、苍老了。一个算不上漂亮的女人，如果拥有一颗童真未泯的心——率真、自然，会让与她接触的人处处感受到她的可爱，她的一举一动都是一道鲜活的风景，在别人眼中，已全是她的美丽。

2 从游戏中去寻找快乐

在西方文化中，一些哲学家认为，客观世界和心灵世界之间有一道鸿沟，而游戏是连接两者走向自由的唯一通道。这很深奥。不过中国哲人有另一种看法，他们注重游戏的快乐。作为成年人的你可以拒绝玩具，但你不能拒绝快乐；你可以没有游戏精神，但你不能缺少对凡人琐事的超然。

在很多人的观念里，越新潮、越昂贵的游戏越能带来无穷的乐趣，因此，只要市面上出了新兴的游乐方式，大家就一窝蜂抢着消费。结果呢？不到一两年，这些新兴的玩法就会退出市场。反倒是那些流传久远的游戏，历经好几个世代的洗礼依然如初。比如孩子们玩的纸牌、弹球、跳棋或捉迷藏。这些游戏的特点是所费不多，却又乐趣无穷。更重要的是，长辈们玩过，你玩过，你的孩子也在玩。由此可知，游戏不一定要多复杂、多昂贵才会有趣，重要的是它能否勾起你的好奇心。

罗思锦和车新结婚一年多来，几乎每个周末都要变着花样玩，搭积木、玩跳棋、解九连环……每次都玩得不亦乐乎。他们不但自己玩，还拖着朋友一起玩，常常被别人调侃为“长不大”。不过他们对此倒是振振有辞：“你看现在的玩具多高级，又精致又好玩，哪像我们小的时候，玩具的品种单调不说，做工还都挺粗糙的。再说，现在有的玩具分明就是专门生产出来给成年人玩的，你总不能要求一个七八岁的孩子去解九连环吧。反正我们是要把自己小时候没有玩的东西都补回来。”

对于女人来说，可爱的芭比娃娃是小时候十分渴望拥有的玩具，为了弥补自己的童心，现在有一群18岁到30多岁的女性开始迷恋一个名叫

Blythe 的公仔，简称“B 女”。

26 岁的梅子从一年多前开始玩“B 女”，从此一发不可收拾，疯狂爱上她。梅子认为“B 女”绝对可以称得上是成年人的玩具，“玩‘B 女’，首先要有经济基础，因为最便宜的‘B 女’也要500 元左右，贵的动辄上万元，没有一定的经济能力很难负担得起。”梅子说她的“B 女族”朋友中，大部分都是已经工作的二三十岁的年轻人，她们平时除了给“B 女”换衣服、化妆、设计造型外，还会时不时带上各自的“B 女”一起出来聚会。

同样迷恋“B 女”的小福也有爱她的理由：“‘B 女’满足了几乎所有女孩子的美好愿望，她样子可爱，穿的都是名设计师设计的时装，个性时尚，也很独立，可以说代表了现代的女性，而且可以给她扮靓，满足了所有女生的童年梦想。”

在七八十年代，工业无所不在地侵袭了生活的每个角落，车床流水线上下来的产品不仅是机器和零件，还有孩子们手里那会蹦跳的铁皮青蛙、会走路的机械大金刚。花仙子的魔法杖和机器猫的口袋是许多孩子梦寐以求的物件，还有那赐给希瑞力量的宝剑，你是不是也偷着在角落里手持木剑大喊：赐予我力量吧！还有童话里舞台上的胡桃夹子，电影里外国女孩子才有的给娃娃住的木屋和摇床……现在，对于已经长大成人、自食其力的你来说，实现童年的梦想也许并不是想象中的那么遥不可及。

我们从 14 岁开始就从法律上失去了过儿童节的权利，但从来没在生活中失去做孩子的乐趣，不管是逃避压力也好，寻找童真也罢，对女人来说，能在这样的游戏中快乐起来是最重要的。任凭年华逝去、时光不再，童年时的那份笑声、那份喜悦仍然是我们心中永远的快乐记忆，徘徊在每个人的心灵深处。

3 用一颗童心去看待世界

在孩子眼中，一切坏的东西不坏，丑的东西不丑，可怕的东西不可怕，是经验使一个人对周围的事物逐渐产生了戒心与敌意。

许多美好的东西都是由于其单纯。单纯就是不加一点修饰，不加一点造作。我们常常不明白自己为什么喜欢小孩子、小动物、小野花、小野草，我们只是不由自主地对它们徘徊流连，一看再看。事实上，那是因为它们的单纯所产生的一种吸引力，使人看了，能从种种世俗的约束、造作、虚伪之中解脱出来，回到平易、天然和纯真。这种平易、天然和纯真也就是人人所向往的“自由自在”的生活。

生活有一部分是需要严肃认真，一丝不苟；也应该有一部分是轻松的，洒脱的。有痛苦可以一笑放开，有怨恨也可以随它去，贫困而不抱怨，受委屈而不记恨，保留孩童时期天真无邪的心情，即可了悟。人生原是很简单的事，快乐也并不难求得，一切只因我们平时太苛刻，才会有很多痛苦。

“为什么花儿会有不同的颜色?”“为什么其他的鸟会飞，而鸵鸟不会?”……回忆一下，诸如此类的问题你从什么时候开始不再好奇了？当你从孩子成长为大人，你收获了成熟，却可能同时丧失了好奇心，从而对世界上的所有事物都感到习以为常，这并不是一个好现象。

著名教育家陶行知先生曾碰到这样一件事。一位母亲对他抱怨说，她的儿子非常淘气，把一块贵重的金表拆坏了，她把儿子打了一顿。陶行知先生当即说：“可惜呀，中国的爱迪生让你给‘枪毙’了。”陶行知先生的这番话道出了好奇心的可贵，它可以直接影响一个人的创造性。

对未知世界保持好奇心，是人类不断取得进步和发展的前提之一。在20世纪最畅销的哲学入门书《苏菲的世界》中，苏菲的哲学老师在他的函授课程里写过这样一段话：婴儿有好奇心，这并不令人意外。在娘胎里短短几个月后，他们便降生到一个崭新的世界。不过当他们慢慢成长时，这种好奇心似乎也在逐渐减少。为什么？你知道答案吗，苏菲？让我们假设，如果一个初生的婴儿会说话，他可能会说他来到的世界是多么奇特。因为尽管他不能说话，我们也可以看到他如何左顾右盼并好奇地伸手想碰触他身边的每一样东西。

小孩子学说话的时候，每一次看见狗，便会在学步车里跳上跳下，挥舞着双手说："汪！汪！汪！"年纪比较大、比较见多识广的人可能会觉得小孩子这种兴奋的样子很累人。他们会无动于衷地说："对，对，这是汪汪。好了，坐着不要动！"看到狗，我们可不像小孩子那样着迷，因为我们早已对狗不再好奇。

在好奇心的问题上，小孩子和成年人的表现往往会形成极大的反差，小孩子喜欢歪着脑袋问问题。他们也许会好奇，为什么客厅里的花和阳台上的花的叶子颜色不一样？而大人则可能认为他的诸多问题惹人头疼，在大多数时候报以"光合作用"之类的小孩子难以理解的回答。

好奇心的丧失并非代表人的成熟，而是体现了生命的老化。所以，无论你的年龄有多大，请用一种全新的，孩子一样的眼光看世界，这样你会发现这世界上有许多未知领域，我们不应该对不了解的事情持着习以为常的态度，要学会提出疑问并努力探索。当然，这样做的前提是我们必须有好奇心。

好奇心是与生俱来的，但也是极易丧失的，别让成长和习惯将它扼杀。成年人更应该尽力保持自己探索未知世界的好奇心，那样才能永远对生命保有一种新鲜感，才能不断地激发自身的创造力。

幸福感悟

痛苦不声张，贫穷不抱怨，委屈不记恨……永保一颗天真无邪的童心，我们的人生将不在是严肃认真，一丝不苟，一切都会变得多姿多彩。

三十六　时尚　永远让自己心身年轻的方式

1　做个时尚加个性的女主人

现代流行总是让人捉摸不透，女人们总是喜欢一窝蜂似的扑向时尚，扑向流行，街头巷尾流行的风潮好似学生时代的校服，套牢在每个女人身上，没有任何个性可言，没有一点自我的时尚。

她们购物的宗旨就是："只求最贵，不求最好。"为什么？不为别的，就为追求时尚。她们简单而错误地把时尚理解成穿着和室内装潢等表面的东西，其实这不叫时尚，只是时髦，时尚必须具有独立思考和个性生活这两大要件，而时髦不过是物欲和世俗的同义语。

追求时髦必须拥有足够的金钱，对时髦的追求说白了就是对金钱的追求。生活中，许多年轻女性是追求时髦的先锋，她们有份不错的工作、有钱，还很任性，崇尚的是"今天花明天的钱"。她们往往上午向朋友借钱准备晚上的生日晚会，下午就把借来的钱换成了时装；到了晚上，又打的去向另一个朋友借钱，然后让出租车司机载着她急急奔向五星级大酒店。她们夜晚去泡酒吧，卧室里还有一张去马来西亚的旅行机票，抽屉里还有一张欠账单。她们的钱包和她们的身材一样，永远那么骨感，决不会长膘。

其实，时尚不等于消费，时尚不等于流行。如果女人总是在欲望的世界里徜徉徘徊，那么她离奴隶状况也就只有一步之遥了。对于真正的时尚人士来说，要的不仅仅是对富有的炫耀，更重要的是要找到一种最适合自己的穿衣风格，在这个风格的基础上，根据时尚流行和季节变化去装点修饰。

如果你的腿不够苗条，最好不要眼红流行的超短裙，总有一款时髦的长裙适合你；如果你是个动感十足的女孩子，穿上高腰公主裙可能看上去会很可笑，倒不如坚持帅气的中性装扮；如果你个子不够高，体重又很可观，最好远离 Dior 的新款平底鞋，它只会给你带来烦恼。这些是我们挑选时尚的智慧，还有搭配的智慧，从色彩到材质，长与短，厚与薄……真正的时尚不是对最新流行物件的简单拥有，就算是衣橱里的旧衣服，根据当下的流行概念，经过重新组合，也会成为时尚的焦点。

奥黛丽·赫本被视作世界上最有品位的女人，直至今日她仍是很多潮流追随者的偶像。她从来不是一个潮流的跟风者，也不会每一季都更换掉所有的衣服；她也喜欢时尚的东西，但只是把它们当做自己风格的点缀。

是的，有个性的女人从不对时尚发高烧。时尚总是为女人披上小资、BoBo、中产等外衣以博芳心，而有个性的女人对这些冠冕堂皇的名称的温度永远是 36℃——不冷不热、不温不火，绝不会狂热地追逐。千万不要认为她不解风情，有个性的女人会从时尚中冷静地发掘适合自己的因素。或者摒弃时尚，崇尚自我，谁说这又不是一种时尚呢？有个性的女人懂得如何装扮自己，看似平常，稍不注意就会从眼前飘然而过，但当你止步注目，总有一些看似不经意的雕琢会让你细细品味。

当青春的光彩渐渐消逝，永不衰老的内在个性却在女人的脸上和眼睛里更加明显地表露出来，好像是在同一个地方久住的结果。

向往时尚的你，一定要抓住自己的个性，不要让“个性”这个词语就此沦丧。抛开时尚，跟随自我的个性打扮一次，走在大街上，你会发现原来与众不同是那么美好的事情，或许你与众不同的个性也能引领一场时尚的浪潮。

2 用得体的妆容来烘托气质

为了吸引心爱的男人，女人在恋爱时都会打扮得漂漂亮亮的，一旦结婚生子就开始不注重打扮了。其实，结婚并不代表女人要成为黄脸婆，要学会打扮自己，多给自己自信！走在路上，看到别人打扮得漂漂亮亮的，再看看自己那多年来一成不变的形象，自己不闷，别人也看得闷了！为什么别人越看越漂亮，而自己给人的感觉还是老样子呢?

爱情和家庭并不是女人生活的全部。大千世界，天宽地阔；人生旅途，五彩缤纷。女人要善于经营自己的美丽、自己的幸福，用一颗平和的心，看远去的风，远去的云，远去的似水流年。

会化妆的女人，不需要浓妆艳抹，淡淡的、浅浅的，顿时就能让自己玉面生辉。男人是最好的鉴赏家，他绝不会放弃一个美丽的女人。所以女人经营好美丽，也就守住了自己的幸福。

宋玉在《登徒子好色赋》中描写了一个倾国倾城的美人："天下之佳人莫若楚国，楚国之丽者莫若臣里，臣里之美者莫若东家之子。东家之子，增之一分则太长，减之一分则太短，着粉则太白，施朱则太赤。"所谓"恰到好处"，大概便是如此吧。

恰到好处的妆容似乎是女人的一个难以企及的梦，其实做起来并不难。每天早上给自己 15 分钟化妆时间，你也可以让漂亮成为习惯。

（1）为工作而妆。如果你是上班族，肯定有忙得昏天暗地的经历。老板催报表，客户要提案，工作越是忙乱，你的脸色可能就越差，越需要用化妆品来修饰。虽然老板和客户会为你的工作成果买单，却不会为你的坏脸色买单。所以，为了你长远的职场形象，请一定从你的时间表里给自己的容颜挤出几分钟。你也可以联系你的私人形象顾问，他们会教你如何在 5～15 分钟内搞定上班妆容。

（2）为心情而妆。加班没完没了，未来没有方向，心情整天都是灰色的，再赶上失恋，心情碎落一地，还化妆干嘛？有关研究证实，化妆是改善女性情绪的绝佳妙方。化妆之后，人们大都会感到身心愉快，远离忧郁和烦恼。每次尝试新的妆容，使用新的色彩，你都会发现自己原来可以有这么多不同的面貌。新形象会帮你找回自信，心情豁然开朗。

（3）为爱而妆。不管多么固若金汤的爱情，都有可能随着时间的流逝变得不再新鲜，岁月有时就是这样残酷。爱情也是有保鲜期的，婚姻并不是爱情的保险箱。虽然化妆对爱情保鲜不是万能的，但一个巧手能"妆"，对美丽永远怀着一份追求的女人，往往会比那些放任自己容颜不管的女人更有竞争力，更能战胜所谓的“审美疲劳”。

(4) 为陌生人而妆。有的人擦肩而过后即消失在茫茫人海，有的人打过一次交道后也许再难相见，可是，谁知道你会不会在下一个拐角处遇上自己生命中的贵人呢？在今天这样一个高速运转，来去匆匆的人际环境里，如果你不能让一个陌生人的眼光在你脸上停留5秒钟，你就没有机会让别人产生了解你内心的兴趣。得体的妆容是吸引注意力的聚光镜，能帮你赢得最高的“第一印象分”。

(5) 为美而妆。人过中年，该奋斗的都奋斗过了，人生的很多格局已经水落石出。生活的轨道已然明朗，就把化妆这种事情留给年轻人吧，何必再去和她们争奇斗艳？这种想法是错误的。有位哲人说过，美丽是女人一生的事业。为美而“妆”固然有着某些功利的目的，但最终是为了愉悦自己。当你不再需要为任何人任何事化妆的时候，你依然会在一个阳光明媚的清晨，在化妆台前晕一抹桃红柳绿，给自己一个美丽的心情。此时的你，知道美是人生最终极的价值，你创造美，享受美，只为自己。

3 变换不同的发型，打造不同的自己

发型对女人来说太重要，一个发型的变化可以带来形象气质的完全转变，所以每当变换一种发型，实则是女人面对未知而转变的勇气。有的女人可能一辈子都不敢面对这种挑战。

今天还是披肩的长发，明天可能就变成了短短的毛寸——女人就是应该有这样享受生活的活力，依据自己的心情来变换自己的发型。怀念学校的时光，可以扎两个小麻花辫，那种邻家小妹的感觉要多舒服有多舒服；一个人的时候可以选择长发随风飞舞，那种发丝抚摸在身上的感觉让你不再孤单；想要出门，可以拿起卷发棒，一头动感活力的卷发几分钟就出炉了，自然而蓬松的感觉，让你聚焦众人的眼球。

对女人来说，头发不再是单一的个性表达，而是一种心情，一种状态，一种自信、快乐的感觉。只一款发型，通过造型搭配的改变，风格就会发生迥然不同的变化。

自从把一头瀑布似的乌黑头发剪去以后，“干练、利落、洒脱、帅气”等词语便开始伴随着豆豆。她的身材骨感十足，经常是一身男女不分的休闲装、旅游鞋，朋友都很喜欢她那帅气的打扮。不过，慢慢地，豆豆发现，很多男性朋友开始把她当哥们，女性朋友则把她当帅哥。当然，这和她那豪爽如男儿的性格是分不开的。更让她受刺激的是，有一次她去洗足浴，服务生居然冲着她喊“先生”，她为此郁闷了很久。作为一名女性，谁不希望得到男性的呵护，谁又不想小鸟依人般的撒撒娇呢！

那天晚上，豆豆失眠了，25 岁正是女人味最足的时候，自己却被人当成男人，太可悲了。一直到现在自己还是名花无主，也许正是因为这个缘故吧。豆豆决心改变自己，她开始向别人请教怎样才能让自己更有女人味。一些男性朋友建议她把头发留长，他们委婉地告诉她说：男人都喜欢女孩子长发飘飘的，那样比较有女人味。一语惊醒梦中人，豆豆决定把那头还短男人三分的头发留长。

秋去冬来，终于，豆豆的头发从盖过耳朵到肩上，长得挺长了。她选了一个好日子，走进美发室，请专业发型师给自己设计了一个发型，做好后连她都不敢相信自己居然眨眼间就变成了一个女人味十足的淑女。第二天上班的时候，同事们见到她都惊讶不已，有的甚至没能认出她来，几个要好的女同事说：“原来装扮女人味要从‘头’开始啊！”

一直以来，人们对美女的遐想，常常会跟秀发联系在一起。所以“女人味”除了温柔的性格、善待他人的心、动听的声音、婀娜的体态，还需要一头如水的长发。

当然，适合自己的才是最好的，不管是短发、长发、直发、卷发，每个女人都要找到适合自己的发型，再用点小心思，打造不同的自己。

比如，直发似乎是再普通不过的发型了，怎样让一头直发光彩夺目呢？这就好像要让一个素面朝天的女人变惊艳一样，不见得必须是天生丽质，不妨在自己那毫无色彩的直发上添加一两个别样的发卡，这样，清汤挂面般的简单造型就会变得生动起来。

俏丽活泼的卷发是时尚潮流的一大风潮，追求时尚的女性不妨一试。

大卷波浪的动感活力配上魅力十足的时尚服饰，也引领了不短的时尚风。

发色的改变能带来全新的形象，加强发型的整体感觉。亚麻色、栗色等较浅的颜色会让你显得更年轻、更轻盈；而酒红等温暖的深色则更能表达女人味。

若是在夏季，还可以把长发盘起来，做一个风情万种的美人髻。在美人髻旁插一朵鲜花，犹如羞答答的玫瑰静悄悄地开，让人赏心悦目。

幸福感悟

时尚只有形式，没有贵贱，藤条和钻石都可以诠释时尚。无论是优雅还是俗丽，无论是理性还是感性，适合自己的才是最好。

三十七　保养　女人的美丽需要细心呵护

1　世上没有丑女人，只有懒女人

女人的青春如昙花一现，稍纵即逝，所以自古就有红颜薄命、美人迟暮的不甘。通常情况下，女人衰老的症状从20多岁就开始了，25岁以后肌肤机能更是急速衰退。一旦年过三十，荷尔蒙分泌的减少使得新陈代谢能力随之减缓，肌肤对付外在环境的抵抗力及修护力也随之降低。加上恶劣的外部环境、生活压力等因素，促使肌肤的老化过程进一步加速。爱情或许不可强求，与“衰老”作战就成了女人必修的一门功课。

朋友圈中，哪个女孩倘若有了眼袋或抬头纹，立即便会引起其他女孩的议论和恐慌，她们一会对镜检查、自省，一会阅读时尚杂志，四处讨教，最后交换情报，定下行动准则：从怎样保养到选用哪个牌子的护肤霜再到吃什么水果，事无巨细皆在讨论之列，精诚之心不由你不叹服。

千万别以为抗衰老只是有了一定年纪的女人的专利。一般人认为，老化的信号出现在第一根鱼尾纹爬上眼角时。其实肌肤衰老的表现可能发生得更早：失去光泽，颜色暗淡，出现色斑；开始松弛，失去弹性，出现细纹；皱纹加深，肌肤不再紧致，面部轮廓不再精致，颈部皮肤也开始松弛……这些都是肌肤衰老的表现。

预防老化其实可以从20岁开始，20岁的护肤原则是：有效的保湿和防晒，避免各种不良刺激，尤其是不要过度频繁地更换护肤产品及使用成分不明的祛斑产品。因为不良的美容习惯是造成皮肤敏感的主要原因之一，而经常发生过敏现象和用药也会加速皮肤老化的发生。晚间可以开始使用促进细胞代谢及中和自由基抗氧化的产品，令皮肤重现光泽和恢复活力。

30 岁以后，皮肤的老化会进一步恶化，皮肤不再细腻光滑，暗淡，弹性下降，出现细纹，皱纹加深等。这时要加强保湿护理，注意防晒，选择更有效的抗老化产品，促进真皮弹性纤维和胶原纤维及基质中透明质酸的合成，让皮肤得到充分的滋养，令皮肤更饱满、紧致光滑，使皱纹得到较明显的改善。

55 岁以后，皮肤的皱纹会增多及加深，皮肤松弛现象更明显。此时除保持如上所述的护肤原则外，可以选择注射胶原或透明质酸等针对顽固性皱纹的美容外科技术。

当然，保持青春常驻的秘诀，最重要的还是保持正常的生活规律和良好的心态、注意饮食营养及体育锻炼等。

衰老不可避免，我们不要求自己到了七老八十还是个找不到一条皱纹，找不到一个毛孔的“妖精”，我们要保持做个滋润的老女人，即使微笑也不惧怕皱纹。

2 沐浴，最好的保养方式

保养肌肤的第一步要从沐浴的细节开始。忙碌了一天，如果能舒服地洗个澡，宛如经历一场奇异梦境般惬意，有助于缓解一天的疲惫和紧张。

一个女作家曾经用大段的笔墨，描述了她记忆中的一次童年沐浴经历：“那木盆里的裸体沐浴，揭开了我生命中的一层帷幕：我的躯体是那样舒畅，那样自由，我几乎在木盆中沐浴了 3 个小时，直到太阳西斜，直到母亲将我的身体裹进一块花布里。作为浴巾，那块花布，那块 20 世纪 60 年代末期的花布裹住了我的奇异梦境。这是我在木盆中的一场沐浴，它让我敛紧了一种记忆。我想，如果我感受过天堂，那只木盆中飘着的香草，四周弥漫着的阳光就是我的天堂世界。”可见，一次美好的沐浴，对于女人的心理影响有多么大。

作为女人，你会洗澡吗？听到这话很多人一定会笑倒。不过，洗澡的确是有一定讲究的。

淋浴好还是盆浴好是见仁见智的，一般来说，淋浴较能刺激皮肤血液循环，盆浴较能软化角质、舒张神经，各有优点，不妨在洗澡习惯上做交替尝试。

皮肤经沐浴后，天然皮脂会被洗掉，皮肤暴露在空气中，很容易失去水分，变得干燥，干性皮肤尤其如此。另外，沐浴后皮肤温度升高，肌肤呈现柔软状态，而且皮肤毛孔会扩张，如能在穿衣之前及时为皮肤涂上润肤露，最有利于皮肤吸收，同时防止皮肤水分的散失，起到滋润和保护皮肤的作用。

肌肤在沐浴后很敏感，易受刺激，在全身涂上润肤露后，记得穿上透气性佳的贴身衣物。最后喝杯水，使体温逐渐恢复，更有助于肌肤水分的补充。

对于女人来说，有些敏感部位的清洗也应特别注意。有些人生怕洗不干净，一个劲地搓；有些人却经常忽略它们，二者都不可取。

颈部、耳后是污垢容易堆积的部位，爱清洁的人常使劲搓洗，但要注意颈部容易生长小的丝状疣，一旦搓破，会引起感染。应用手指指腹轻轻向上来回搓揉。

腋下汗腺丰富，洗澡时不可用热水刺激，也不宜用澡巾大力搓。可抬起胳膊用温水冲洗，因腋下皮肤组织较松弛，可以把沐浴露揉出丰富泡沫后清洗，再以指腹按揉，促进血液循环。

乳头要常用温水清洗，但要注意保护乳房。不可用力牵拉乳房及乳头，不可用力搓揉，应一手往上轻托乳房，另一手指腹按顺时针方向轻揉。孕妇可在浴后抹些橄榄油，使乳房皮肤滋润而有韧性，分娩后经得起婴儿吸吮，否则易发生乳头皲裂。

对女性来说，会阴部的清洁十分重要，应每天都用清水冲洗，及时去除排泄物、分泌物，也可用性质柔和的洗护用品清洗。女性洗浴时应分开大小阴唇，由前往后清洗分泌物。

淋浴时还应该用温水冲洗腹股沟，并用两个手指指腹从上向下抚摩轻搓腹股沟。肥胖者则要拨开褶皱仔细搓洗。

3 每天睡个“美容觉”

作为普通人，大多会被模特的风姿、气质、娇嫩皮肤、美丽容颜所吸引，渴望探究个中秘诀。美容家们对世界上许多名模的美容技巧进行调查后，发现她们的美容秘诀十分简单，其中之一就是有良好的睡眠，用她们的话说就是“睡个好觉”。

根据一份日本的调查显示：亚洲女性的新陈代谢指数，从23岁开始降低。最明显的征兆，就在于没有睡好，熬夜后，一脸菜色怎么也救不回来。的确，睡眠时间是肌肤新陈代谢的黄金时段，一旦没睡好，老化更快。如果能掌握睡眠这段精华时间，多加保养，每天8小时，我们就能把平均老化年龄23岁向后挪移，一直保持年轻。

如果长期睡眠不足，会造成一些对美丽不利的后果。

（1）皮肤失去鲜亮的光泽。鲜亮有光泽的皮肤，是皮肤表面的毛细血管畅通造成的，皮肤表面毛细血管畅通时，皮肤便红润有光泽。反之，便出现灰暗的色素，或出现苍白和衰老。

（2）皮肤表面得不到充足的血液时，皮肤各细胞组织的新陈代谢便会受到极大的障碍，使细胞中的废物无法排出，又得不到应有的营养，从而使皮肤细胞迅速衰老。

（3）睡眠不足往往会引起眼圈变黑，还会使眼睛混浊不清。混浊的眼神给人一种无精打采的感觉，破坏了整体的美感。

人类生命中大约三分之一的时间是在睡眠中度过的，但这并不意味着我们白白地浪费了这些光阴。人在睡眠中是很活跃的，简单地说，我们把清醒着时所支出的东西在睡眠中再取回来，借此得以复元，而且是身体和精神双方面的复元。

那么，怎样才能好好地睡个“美容觉”呢？

（1）为了帮助入睡，临睡前的一个小时要平静地渡过，千万别做剧烈的运动，也别想令你兴奋的事情，更不能想令你心绪不安的事情。

（2）睡前洗一个舒适的热水澡，可以在水里加点可以令人放松，起舒缓作用的香料，最好能采用香薰护理。

（3）听一些有助于睡眠的音乐，让轻松的音乐给你带来一份平和、一份舒适、一份快乐。

（4）为了支持皮肤的夜间工作，可以使用有镇静和更新作用的护肤品过夜，目前有专为夜间使用而开发的保湿面膜和修复霜，它们具有长期作用，特别适合夜间使用。

（5）睡眠的姿势要正确，质量才高，做梦有时也是一种好现象，白天的刺激、印象和经历通过梦的加工，有摆脱紧张，重新达到内心平衡的作用。

幸福感悟

这个世界上，没有丑女人，只有懒女人。女人漂亮吸引男人不是最重要的，最重要的是对得起自己，让自己每天都美美的，活出的不仅是精彩，更是自信。

三十八　优雅　女人最美的外衣

1　做个回头率百分百的女人

生活中，做个优雅的女人应该是女人一生中的崇高境界。优雅是表现风度举止的一种方法，它是自然的、有个性的、简洁的、知性的，绝不单指外在的美丽，而是顺应生活不同状况所反映出来的内心智慧。内心没有优雅的话，不能说是真正的优雅。

我们常在影视中看到这样的镜头：豪华的住宅，装饰非常讲究，一个美丽的女人，慵懒地抱着纯白色的名贵小狗，在客厅缓缓踱步……也许有人认为那是一种优雅，实际上那只是一种优裕的闲适，算不上优雅，优雅和悠闲不同。

优雅和金钱无关。很难想象，一个衣着讲究，言行举止粗俗，一掷千金的富婆会和优雅联系在一起，充其量只是一种暴发户的粗劣包装和虚荣的炫耀而已。

优雅和长相打扮也没有太多的关联。容貌的秀丽只是给优雅准备了先天的条件。一个打扮入时、举止得当的漂亮女人很难让人用优雅来形容，她只会让人心中赞叹，真漂亮！却不会让人想到，这个女人如此优雅！而那些过分的脂粉也会抵消女人天生的美丽，让人感到庸俗。

优雅也不能和学识能力划等号。一个学问渊博，事业有成的女人让人心生羡慕、由衷赞叹，却常常让人产生一种距离感，敬而远之。

优雅也不会拒绝年龄。有的女人，即使到了白发苍苍的暮年，仍给人一种难忘的印象和吸引力。

优雅是外在美和内在美的统一，它也许是一个迷人的微笑，一句贴心的话语，一个扶助的动作，一个相知的眼神；也许是一种对生活的自信，一种积极乐观的满足，一种从容镇定的安详，一种谦逊善良的美德……不管面对怎样的环境，它都能始终保持不变。

要做一个优雅的女人，首先必得增长自己的知识，将优雅之树的根深扎在文化的沃土之中，才能使它枝繁叶茂。因为优雅的女人必定是心灵纯净的人，净化心灵的最好办法是吸取智慧，吸取智慧的最好办法是阅读。"书中自有黄金屋"、"书中自有颜如玉"，读破万卷书的人，心中不会存有一池污水。知识能够改变命运，同样也可以培养女人的优雅。所以要多读一些书，尤其是一些励志书，不断地充实自己，完善自己。喜欢读书的女人，永远都是不俗的人，只有不俗的人才有资格做优雅的人！

其次要注意保持自己优雅的形象，尤其注意在家庭中保持优雅。成了家的女人，每天都有做不完的家务，总是里里外外地收拾房间、打扫卫生、洗衣煮饭，此时，女人应该特别注重自己的形象，不要将自己装扮成一个黄脸婆的形象，克服说话大大咧咧，举止随随便便的做法，和丈夫朝夕相处，更应该注意自己的形象，否则是与优雅沾不上边的。

最后，优雅的女人一定要有自己的事业！优雅的女人不是依附的小鸟，不是攀岩的凌屑花。优雅的女人是一只展翅高飞的鲲鹏，是一棵参天的大树，而事业则是这一切的基础。常说"经济基础决定上层建筑"，做一个优雅的女人，必须热爱自己的工作，只有热爱自己的工作，才能做好自己的工作。从事自己所热爱的工作是一种幸运，热爱自己所从事的工作是一种幸福。幸运不是每个人都能遇到的，却是人人都可以追求的。优雅的女人一定是幸福女人，追求幸福就是追求优雅。

2 优雅，靠内在修养

女人的气质美，是女人美的全部表现。一个女人只要插上了气质的翅膀，立刻就能神采飞扬、明眸顾盼、楚楚动人起来。女人特有的气质在很大程度上决定了女人一生的幸福。从这个意义上说，气质是女人获得他人喜爱的一大资本。男人说，有气质的女人远看雍容华贵，高不可攀，近看文雅妩媚，是贤惠的妻子、热情的女人、慈祥的母亲、可信的朋友，有时她能倾听他的话语，对他百依百顺，并且能够抚慰他的心灵；有时则任性撒娇，让他扮演保护者的角色。由此，最世俗的男人在她面前，也会变得温文尔雅起来。

当然，女人的气质不是一朝一夕养成的，它是一种精神的素质。它不是时髦、不是漂亮，也不是金钱所能代表的生活方式，它常常是一种纯粹的细节所衬托出来的点点滴滴。有些女人，容貌与打扮都不俗，但却无法谈得上有气质。气质是能力、知识、情感、生活的一种综合外在表现，来自丰富的、深厚的信仰与底蕴，是着急不得、模仿不来的。气质的培养需要环境，更需要磨炼，如果一个女人一天到晚除了装扮外表，就是做家务或打牌搓麻将、闲聊逛荡，她是永远不可能获得气质的。气质之树只有扎根在文化、人格的沃土中才可以枝繁叶茂。

一个女人若长相平凡，可是学富五车，在风度、涵养、工作能力上样样都行，这种气质不亚于外貌沉鱼落雁的女子。这就是智慧的魅力，也可以说是知识的力量。

几乎所有女性都渴望自己在性格和外表方面，对别人具有很大的吸引力。那么，怎样才能修炼出良好的气质呢？懂得如何去发挥自己的优点及克服自己的缺点，便可使你魅力大增。

首先，读书是最基本的。书读得少的话，其他练得再多，也还是没有内涵。再说，多读些书能使眼睛变得更明亮。眼睛里面毕竟是化不了妆的，有些女人虽然漂亮，但看她的眼睛却空洞无物，那是非常悲哀的。

气质的修炼还和生活环境、好的心态息息相关。不一样的成长环境会造就不一样的人，女人的阅历、学识及对自己的了解程度都会对气质有一定的影响。

当然，细节也能体现你的气质，以下几点也许会帮你发现、塑造自己独有的气质。

（1）对别人信任、热诚关心与关怀，是最具吸引力的气质之一。对别人关心体谅，会获得相同的回报。别人会为此种气质而折服。保持仪态端庄，充满自信。一个步姿洒脱、意气风发、充满自信的女性，最能吸引别人。保持幽默感，懂得在适当的场合、适当的时间展露笑容的女人，必定是一个很容易受到大家喜欢的人。

(2) 与人交往要豁然大度。不要为一点点小事就大动肝火、斤斤计较，甚至在许多场合弄得大家非常难堪而下不了台，这样会令人生厌的。

(3) 不要自视清高。不能因为别人与自己脾气不同，身份有异，就表现出不耐烦或瞧不起别人的样子，当然也不要因自己的职务、地位不如人，或长相一般、服饰不佳而过分谦卑，要落落大方、不卑不亢。

(4) 卖弄聪明也是不明智的。每个人都有自己的自尊心，都有引以为傲的地方，而卖弄则是缺少教养的表现。当然，女人考虑问题一般比男人周到而细致，在那种马大哈的男人面前，适当显示你的周到与细致，他是会非常看重你的，千万不要以为这是要小聪明，这是想得到位的表现，也是女性心思细腻的表现。

(5) 何时何地都不能忽视仪表。在社交场合必须注意仪表的端庄整洁。参加社交活动时，适当地修饰与打扮是应该的，切忌邋遢，不修边幅。

用培养气质来使自己变美的女人，比用服装和打扮来美化自己的女人，要具备更高一层的精神境界。前者使人活得充实，后者把人变得空虚。而最完美的恰恰是两者的结合。气质美，至少蕴藏着真诚和善良。

3 知礼守礼的女人最优雅

礼仪对于女人来讲，应该是十分重要的，这是作为魅力女人必备的先决条件。无论在什么场合，讲究礼仪的女人都会显示出风情和惊艳。虽然她们的脸并不是最吸引人的，可是却不会让人太多地注意她们的脸，而是被她们的体型、发型、服饰，优雅的步态、迷人的举止，以及若隐若现的淡香所吸引。

针对越来越多的人淡漠礼仪的现实，有一本杂志为此做过优雅女人的评选，希望唤醒正在沉睡和被遗忘的女人魅力的关键点。这是由于现在越来越多的女性走进了“个性”误区而淡漠了对礼仪的修养，已经将礼仪这个民族瑰宝丢弃在脑后。

曾有这么一个报道：某外企举行了一次招聘，面试前，众考官一致看好一名叫刘婕的应聘者，她硕士学历，能力很强，长相也很出众，是众考官私底下议论的“种子选手”。果然，在与外籍考官的对话中，刘婕用流利的英语展示了自己的实力，也让其他考官频频点头。可谈话到一半时，她的手机响了，她连句歉意的话都没有，起身就出去接电话。返回时，她还对一旁面露诧异神情的考官潇洒地说了句“你可以继续”。

结果，不懂得尊重别人的刘婕，虽能力相当突出，但最终仍被淘汰。她的失败，不是败在专业技能上，而是败在礼仪修养上。这个故事发人深思。

礼仪看上去好像是外在的东西，但它恰恰是一个人内涵的体现。如果一个人道德败坏，不学无术，他就不可能有高雅的举止和言谈。在日常生活中，我们常常通过一个人的外在举止、穿着打扮，以及接人待物来判断他的内涵。那些行为有度、谈吐不俗的人，会让我们感觉如沐春风，这些良好的感觉并不是建立在华丽名贵的衣着上，而是基于一个人的内涵，以及内涵的外在形式——礼仪。

因此，女人在各种场合都应该让人感受到自己的仪态，才能够在任何时候都淡定从容，仪态万千。

一是说话要有“礼”。一个习惯于出言不逊的女人，不会得到别人的喜欢。作为女人，在言语上要特别注意，一句粗俗的话会让一个穿着端庄、容貌秀丽的女士的形象顷刻之间大打折扣。不要用鼻音词来表达意见。不要用“嗯”、“喔”等鼻子发出的声音来表达同意与否，这些音调虽然不是粗话，却会令谈话者产生不受重视的感觉。

二是要有教养，知礼而后知轻重，在为人处世、待人接物上，有礼貌的女性秉持“礼”所表现出来的风范，足以与一个标准的“君子”媲美。

三是举止要符合礼仪。比如，无视他人高声喧哗，随地乱丢废弃物，上下车或电梯时与人争抢等等，这时无论你是抹 Dior，还是穿 Ports，踩着 Prada，你的魅力都会大打折扣，因为任何表面的装潢都无法遮盖内在的缺损。

一个女人的魅力，在于生活中的点点滴滴，举手投足、一颦一笑都以仪表和仪态的形式表现着。为什么漂亮的女人随处可见，而举止优雅、仪态万千的女人却很难看到呢？那是因为美貌可以借助化妆和外科手术刀速成，而礼仪素养的培养则需要用一生去坚持。

幸福感悟

优雅的女人一句贴心的话语，一个迷人的微笑，一个扶助的动作，一个相知眼神，都散发着无穷的魅力。优雅的女人对生活的自信，对物质积极乐观的满足，处世从容镇定的安详，待人谦逊善良的美德，处处体现着人世间的真、善、美！

三十九　知性　不做漂亮花瓶，只做魅力女人

1　养成读书的习惯

我们很难说一本书能改变一个人的一生，但是一本好书给人的益处是永远也无法抹去的，对一个人的影响也是无法估量的。

查令十字街84号，据说已经成为全世界爱书人之间的一个暗号，只因为作者的一句话："你们若恰好路经查令十字街84号，代我献上一吻，我亏欠它良多……"

查令十字街84号的马克斯与科恩书店，1949年10月5日收到了一位名叫海莲·汉芙的美国女人求购绝版图书的信件。一切就像命中注定，海莲·汉芙得到了自己心神往之的图书，马克斯与科恩书店得到了一位知己，而查令十字街84号，却因为这持续了20年的通信，变成了爱书人心中的一个胜地。

当我们睁开眼睛看世界的时候，我们第一眼看到的是什么？懂得读书的女人，第一眼就看到最美的东西，接触到最基本的道德理念，如诚实、友爱、自尊、善良、正直等。她们可以通过阅读优秀书籍，让爱和美充实自己的心灵世界，让崇高和尊严引领青春的目光，这是任何一种活动都做不到的。

生活中，读过足够多书的女人，会变得优秀而坚强。她不一定有高学历，但一定有高的文化修养，因而在为人处世时知书达理，冷静而善解人意。经常读书的女人，一眼就能从人群中分辨出来，因为她们身上有一种从容、得体的气度。经常读书的女人，不会人云亦云、信口雌黄，而是言必有据地合理推导出每一个结论。

女人读书也是有讲究的。我们必须每天安排固定的读书时间，这样所有其他的空闲时间就都是额外收获了。我们唯一需要的是读书的决心，有了决心，不管多忙也一定能找出这样的时间。一旦开始阅读，时间一秒都不应该浪费。事先把要读的书准备好，床头放上一本，卫生间放上一本，饭桌旁边也放上一本，书架上、书桌上永远不能让书本缺席。任何地方，都应该放些好书。

但是读书也是有要求的，无论一个人的精力多么充沛，时间毕竟是有限的，生活中还有很多事情需要我们去处理。所以，我们应尽量在保证学习和工作的同时，根据自己未来职业生涯和人生规划，有目的地多涉猎一些自己感兴趣或与所学专业、所从事的工作相关的交叉学科领域，甚至是距离很远的学科的书籍，使自己的知识成为一个开放的、多元的、精细的系统。

当然，读书不能永远局限于一个领域。因为学习知识的目的不是“掌握”，而是“融会贯通”，进而转化为学习、工作和生活的能力。如果一个领域的知识积累太多，却始终食而不化，这就是知识结构不合理造成的后果。所以爱书之人总是一次次地沉醉在不同的领域，并把各种互不相关的知识糅合到自己的思想当中——你用自己的方式去理解知识，知识却在悄悄地改变你的思维和生活方式。

读书需要掌握一定的方法，有的书泛读即可，有的书则需要深读。凡是时尚而肤浅的书籍不可深读，更不可多读；凡是伟大而隽永的作品必须多读、深读、精读，还要养成做笔记的习惯，以便随时查阅。若你能读一本好书并读懂它，胜过那些走马观花看的书。

读书的女人，足以让男人敬畏，因为读书的女人是很难“征服”的，她会平视强大的男人世界，认为自己和所有人都站在同一高度，她甚至不屑于俯视一眼男人的自恃强壮。那些能够长期、有效地吸引住有思想有内涵的男人的女人，凭借的不是美丽的外表，而是高雅的气质、纯洁的心灵和独立的思想。

读书的女人，让人记住的不是她的身材她的脸，更不是她的衣着，而是她的文采、才情、风韵和智慧，是她说出来的话写出来的文章做出来的事。读书的女人，是一道不事张扬的风景，在平淡中写满人生的真谛，让人回味无穷。

2 内涵决定气场

内涵能够赋予美丽以灵魂，它可以使美丽长驻，还能够使这份美丽得到质的升华。台湾著名歌手吴佩慈拥有令人羡慕的身材和演艺条件，在当红的时候重新考研，让人折服。看来，女人拥有内涵比外在美更重要，女人可以不美丽，但一定要有内涵。

女人的内涵由何而来呢？通过不断地学习，不但可以提升你的内涵，还能让你光芒四射。一个拥有智慧、用心去寻求幸福的女人，不会让自己成为时代的文盲。《简·爱》一书中所塑造的拥有丰富内涵的女性形象影响了一代又一代人，她是一位知性女子，自尊、自爱、自强，在她纤弱的身躯里蕴藏着一股神奇的能量，高尚、纯洁，有着一颗高贵的心灵，表现出强大的人格魅力。小时候父母双亡，过着寄人篱下的生活，被别人嫌弃，被表哥侮辱和毒打……可以说，一个孩子最阴暗的童年在她的身上都体现了出来，她的尊严被无情地践踏，但是这一切并没有将她那无限的信心、坚强不屈的精神击退，相反，她的内心深处拥有一股不可战胜的人格力量。

时间可以带走女人青春的红颜，却带不走女人经历岁月的积淀才焕发出来的美丽。这份真正的美丽就是女人的内涵、修养与智慧。它是无形的，属于个人身上的一种很内在的东西，但它却有着有形的力量。它渗透在生活中的每个方面，体现在每一件小事上。那么，如何才能提高内涵呢？

（1）多看点书。女人一定要爱读书，和一些高尚的人交朋友。比如列夫托尔斯泰、莎士比亚、罗曼·罗兰、巴金、钱钟书、三毛等，在他们的作品中寻找生命的价值和真谛，获得人生的充实和安宁。

（2）多听音乐。音乐让美有了声音，让心灵得到安静或激励。如果女人的生活中能多点音乐，生活一定就能多点精彩。

（3）及时给自己充电。当今社会，随时“充电”是很必要的。不耻下问绝对是美德，不要担心向比自己年龄小的人请教是很丢面子的事情。和不同年龄层的人接触才能知道各种信息。有的女人抱怨孩子不和自己交流，反省一下就不难发现，孩子的思想领域、兴趣爱好你了解吗，他和你说“超级女生”你目瞪口呆，和你谈“视频聊天”你瞠目结舌，时间长了他自然就不说了，对牛弹琴的傻事谁会去做？夫妻间的交流也如是，他看足球，你没兴趣就当看帅哥，这样两人才会有更多的话题。

（4）扩大自己的知识面。涉猎知识最忌单一，只要不是特别抵触的活动就应该积极参与。各种知识不用太精，略知一二即可，这样才能让自己和周围的人更好地交流，了解更多。

（5）语言要高雅得体。时代发展到今天，很多女性似乎早把“出口成脏”当成了时尚，随心所欲，旁若无人。如果不是处在青春期懵懂、叛逆的孩子，请在想发泄的时候找对场所和对象。

（6）不做琐碎的是非女人。婆媳关系、夫妻感情、孩子教育、七大姑八大姨的纷杂人际关系……这些都只是你的家事，请不要把它们广而告之。把你的喜悦传递给别人，把你的烦恼向真正会为你担忧而不是等着看你笑话的朋友倾诉。不要加入东家长李家短的是非讨论中，女人在一起其实也有很多有趣的话题：练习瑜伽的裨益；购物、美容的收获；烹饪和家务的心得；旅游的见闻和乐趣……在交流中开阔视野，在交流中放松心情。

（7）留一点时间给自己。蓬头垢面，衣服不伦不类，皱皱巴巴，这样的自己你也不爱看吧，何况你的家人和朋友。从爱自己开始，听听喜欢的音乐，做做皮肤护理，看看有趣的电视节目……即使忙得团团转也要做个干净利落的女主人，而不要让别人误认为你是家里的保姆。

一定要相信，美貌的女人不一定是美丽的，但是有内涵的女人一定是最美丽的。

3　知性靠的是脑袋而不是脸蛋

在众多时候，女人都会给世人留下一个深刻的刻板印象：女人不会用大脑思考。我们经常听到的“胸大无脑”就充分说明了这种现象。在男人看来，女人是感性的动物，习惯用心来判断是与非，所以可想而知，结果都是主观臆造的。女人不会用大脑思考，因为女人总是用美来衡量一切，在她们看来，只要符合她们的美的标准，就是正确的，女人把自己包裹在无限的想象中，以为美可以无限延续下去，直到永远。但是，女人必须明白：女人不能离开美，但是也不能只有美。只有美的女人永远只能当个花瓶，无法走上生活的舞台成为主角。只有美丽而又具有智慧的女人才能主导自己的生活。

有个故事，好事者当笑话听，但对于女人来说，则应该警醒。

故事讲的是一个被称之为头号大美女的女人上了飞机，直接坐在头等舱。空姐过来检票，告诉她："您的机票是普通舱的，不能坐在这里。"女人说："我是白种人，是美女，我要坐头等舱去洛杉矶。"空姐无可奈何，只好报告组长。组长对美女解释说："很抱歉！您买的不是头等舱的票，所以只能坐到普通舱去。""我是白种人，是美女，我要坐头等舱去洛杉矶。"美女仍然重复着那句话。组长没办法，又找来了机长。机长俯身对美女耳语了几句，美女立即站起来，大步走向普通舱。空姐惊讶不已，忙问机长跟美女说了些什么。机长回答："我告诉她头等舱不到洛杉矶。"

如果一个女人只有漂亮的脸蛋而不会用大脑思考，便可能成为别人愚弄和嘲笑的对象。一位哲人曾说："我思故我在。"古巴谚语也说："不会思考的是白痴，不肯思考的是懒汉，不敢思考的是奴才。"当今社会淘汰懒汉，停止了思考的人，从某种意义上说便失去了存在的价值。不管女人还是男人，在当今政治、经济、社会意识形态都发生剧变的时代，更应该放弃懒惰依赖的行为，广学知识，积累自己的知识库，学会思考。

裴琳结婚后想去深造，丈夫说："我需要你待在我身边。"裴琳便顺从地守家生子。几年来，丈夫挣了足够的钱供她享受，裴琳不用说对社会、对家庭不必有一点思考，就连买柴米油盐这样的小事都要请示丈夫。她顺从至极、满足至极，脑子也懒惰到了令丈夫无法忍受的地步。面临着开创、发展事业所产生的矛盾、彷徨与苦痛，丈夫与许多男人一样，心灵深处渴望得到高层次的交流。他找了个能理解、能辩论、思想活跃甚至能够指点他的导师般的情人来共渡难关。裴琳悲痛欲绝后仍没有深究其中投射出来的新信息。她继续犯着错误，她说："假若自己当初深造回来，有了文凭就不会出事了。"

如果女人不思考，就更容易受到伤害。比如在所有女性都极为重视的爱情婚姻问题上，男人思考一番宣布说：男人喜欢并需要顺从温柔的女人。许多女人对此毫无疑义，欣然接受，于是便去迎合男人，做顺从温柔的女人。但是省心省力做了一段时间贤妻良母后，才发现自己处处被动受挫，在生活中完全丢失了自己。虽然做贤妻良母未必不是一个好选择，但是女人在选择前也应该仔细思考一番，至少应该思考如何做一个贤妻良母，同时又不失去自我。

作为女人，不管你是否美丽，是否富有，是否性感，你必须学会用大脑去思考，做一个聪明的女人。

幸福感悟

女人总是用外表来衡量一切，在她们看来，只有符合她们容颜的标准才是美，把自己包裹在无限的想象中，以为年轻的美可以无限延续下去。这是一种天真的想法，唯有知性、智慧、内涵才是女人真正美的主角。

四十　幽默　用开朗的心去欣赏人生

1　幽默让你的生活更有味道

幽默是一种积极的人生态度，它使生活总是充满了快乐、温暖、爱心和希望。

生活中，人人都愿意和幽默的人相处。女人喜欢选择天性诙谐幽默的男人做丈夫；学生渴望老师把枯燥的学问讲得妙趣横生。生活中有幽默，生活会更有味道。王蒙说："幽默是一种酸、甜、苦、咸、辣混合的味道。它的味道似乎没有痛苦和狂欢强烈，但应该比痛苦和狂欢还耐嚼。"幽默往往是极具生活色彩的。生活中无论遇到什么问题，在适当时刻巧妙地运用幽默，常常能事半功倍。

乐言的上司是一个外国人，在与上司相处的过程中，乐言有时会看准时机幽她一默，而且总能以快乐作为结尾。因此，上司对乐言格外青睐。有一天，上司不小心把可乐打翻在办公室的地毯上，大为恼火，让乐言立即清理干净，并不停地唠叨说蟑螂部队准保会因此大规模袭击她的办公室。乐言想了想，微笑着说："绝对不会发生这种事，因为中国蟑螂只爱吃中餐。"老板的脸色顿时放晴，露出灿烂的微笑。不久，乐言的工资就涨了一级。因为她富有幽默的性格，很有人缘，公司最受追捧的"白马王子"也成了她的男友。

乐言的幽默常常让男友感觉捡到了宝：工作压力大的时候，乐言的一句玩笑往往能让他的神经脱掉疲惫；他不小心出了糗、犯了错，乐言总有办法在笑声中帮他解围。男友自然对她珍爱有加，两人情投意合，恋爱不久就结了婚。婚后第一个情人节，丈夫因为工作繁忙，把这个特殊的日子忘得一干二净。如果是别的女人，肯定会闹得天翻地覆，把心中郁积的所有不满从头到尾控诉一下，弄得丈夫也不舒服。可是，幽默的乐言却采取了截然不同的处理方式。她接过丈夫买回来的黄瓜和花菜说："早知道卖菜的小摊子不会附带卖玫瑰花了，虽然黄瓜和花菜都很漂亮，但……"丈夫是个聪明人，马上心领神会，带有悔意地笑着说："那带你出去吃饭，然后再慢慢挑一束最漂亮的花送给你。"接下来是一整晚的浪漫和温馨。

很多时候，赔礼道歉或温言软语可能对拉近距离和化解矛盾都无济于事，但是适时说一些笑话，来点幽默，就能让别人露出会心的微笑，或者一笑泯恩仇。因为幽默能调和彼此内心的情绪，释放出知性的欢乐，从而化解一时的紧张气氛。

男人说：爱一个女人有很多理由，但是她的聪明，解人意，解风情，还懂得勇敢的自嘲，没有比懂得幽默的女人更加性感的了，这是现代特立独行、独立自主的女人的代表。做有魅力的女人，就不能不做幽默的女人。

男人还说：说一个女人有幽默感，可以认为是对女人极高的赞赏，因为它不仅表示了受赞美者的随和、可亲，能为严肃凝滞的气氛带来活力，更显示了受赞者高度的智慧、自信与适应环境的能力。

艾丽在一家公司里任接待员，她要应付访客、电话、杂事和老板，空闲的时间还必须打字。有时，某些自以为是的人打来电话，往往给她出难题："我要和你的老板说话。"

"我可以告诉他是谁打来的电话吗？"

"快给我接你的老板，我马上要和他说话。"

"很抱歉。他花钱雇我来接电话，似乎很傻，因为十个电话中有九个是找他的。"

来电话的人笑了，然后把他的姓名及电话号码留给了她。艾丽既要知道是谁找老板，又不能得罪对方，只好采取这种看似自嘲的方式逗对方与她同笑，取得了皆大欢喜的效果。

记得一位西方哲人说过：幽默是我们最亲爱的伙伴。的确，生活需要笑，人生需要笑，一个健全的社会不能没有幽默。否则，岁月将会变得怎样枯寂、干涸！

2 幽默是最好的保健医生

医学研究表明，人的大脑皮层有个“快乐中枢”，当其受到适宜的刺激而呈现兴奋状态时，能使人体发生一系列生物化学反应，调节中枢神经，改善血液循环，促进免疫功能，而幽默就是最好的刺激剂，因此科学家把幽默生动地比喻为“心理按摩”。

世界上不少著名人士都具有幽默感。邓小平曾对人说：“天塌下来我也不怕，因为有高个子顶着。”陈毅也是一位幽默大师，平时讲话时总是妙语连珠，即使在战火纷飞、身处绝境时仍充满乐观、幽默地写下《梅岭三章》等不朽诗篇。

幽默来自良好的心态和乐观的个性，一个具有幽默感的人在与别人交往的过程中更容易获得信任和喜爱。德国作家布拉尔说：“使人发笑的，是滑稽；使人想一想才发笑的，是幽默。”一个具有幽默感的人能从自己不顺心的境遇中发现某些“戏剧性因素”，从而使自己达到心理平衡。

难怪有的科学家把幽默生动地比喻为强壮体魄、调节情绪的身心解毒剂，是最忠实、最省钱的贴身保健医生。学会幽默可减轻心理上的挫折感，有益于内心的安宁。幽默是一种“自我”的保护方法，也是一种很好的修养之道。

幽默总是和笑连在一起的，笑不仅使人心情舒畅、精神振奋，而且能消除忧虑、稳定情绪。生理学家通过研究发现，笑可使大脑分泌出一种快活物质——脑啡呔，该物质能使人产生愉悦感，调节神经功能，增大肺活量，促进血液循环，改善心肺功能，加快全身代谢。

幽默还能激活处于抑制状态的脑细胞，扩张血管，有效地改善大脑的供血供氧功能，增强脑细胞的活力。因此，幽默常被应用到医疗实践中，例如，国外有些医生常关照患抑郁症的病人多看幽默小说和滑稽戏，或每天进行一次“笑疗”。

幽默疗法在中国也不乏其例，清朝一名八府巡按患了精神抑郁症，久治无效，后经人介绍到扬州府兴化县名医赵海仙处诊治。赵大夫切脉后沉默不语，巡按大人再三追问，赵大夫才慢吞吞地回答道：“依老朽之见，大人之疾，乃月经不调也。”巡按听罢，不禁哈哈大笑，连说“庸医，庸医”，然后拂袖而去。此后，这位巡按大人逢人谈及此事都要嘲讽一番，在一次次开怀大笑中，他的病竟不药而愈了。待他醒悟过来拜谢赵大夫时，赵大夫这才向他说明了不药而宽神治病的道理。可见幽默是一剂健康良药。

3 幽默的女人更容易相处

一个女人，才华出众，气质高雅，美貌过人，聪明可爱，那就不能不幽默。没有幽默感的女人，就像鲜花没有香味，形似而神无，可惜了外表，看上去总感觉差了点什么。幽默是什么？是智慧的提炼，是才华的结晶，明明是同样一个意思，经过她的嘴吐出来就如珍珠般有光泽，听者无法释怀，常会暗暗地思索，怎么话经人家的口这么一演绎，听起来就这么令人开怀，简简单单的道理，原来可以用另一种方式去表达。

阿信虽然没有出众的容貌和迷人的身材，但她为人性情开朗、正直、幽默，许多人和她交往几次，往往就被她的幽默所吸引，不知不觉地感受到她的魅力。有一次，阿信参加同学的生日聚会，和同学们一起回忆大学时代的美好生活。同学的妈妈在招呼客人时，不小心将一盆水打翻，全倒在了阿信的身上，把她那身新衣服都弄湿了。同学的妈妈一时不知如何是好，十分尴尬。这时阿信从容地说：“一般正常情况是聚会结束才能换衣服，阿姨，您成全了我，呵呵。”一句话使满屋的人都笑了起来，难堪的气氛也一扫而光，大家都对阿信投来赞许的眼光。

幽默的女人，说起话来虽让人感到如憨似傻，却因心境豁达，反而令人感受到她厚实的天性和无穷的智慧。再大的事，经她的口轻轻一说，就云淡风轻了，生活可以从另一个角度去解读，女性的魅力就在这一来一往的言辞中变得清晰起来，有了生动的韵味。

幽默的女人，是豁达的，对一切事物都能看得透彻，不会因为困难而畏缩，因为通透所以乐观，原来生活只是那个样子的，你为难也好，困苦也罢，其实都可以一笑了之。别人和她的交往就变得更轻松自如，笑声不断。

不同年龄的女性，即使都是出类拔萃，即使都是聪明过人，也会有不同时代的烙印。幽默的女人懂得从生活中提炼出生存的智慧，锦心绣口，带着激情而现实的生活态度，快乐地享受自己的人生。幽默不是低级无聊，也见过那种女人，那样的人怎么能和幽默搭界呢？幽默有尺度，不能最后演变成一场谁也不喜欢的闹剧，只要不过分，没有什么不可以的。

索菲利亚是一位著名的喜剧女演员，一次她正坐在某餐厅里用午餐。这时，有一位老妇人走向她的餐桌，举起手来摸摸索菲的脸庞。老妇人的手指滑过她的五官，带着歉意说："我看不出它有多好。""省省你的祝福吧！"索菲利亚说，"我看起来也没多好看。"

索菲利亚的这一妙语，打破了双方的尴尬局面。事实上，当交流陷入尴尬的境地时，无论是名人还是普通人，无论是随机应变还是荒诞的推理，一些幽默技巧的运用可以让你摆脱尴尬，甚至可以给对方以回敬。这就是幽默的超级效用。

任何时候，任何场合，幽默都能帮助善于与人交流的女人打开人与人沟通的大门。只要你稍微留意一下，生活中到处都可以发现许多不易为人察觉的幽默。

乔尼娅是一位大学教师，当她50岁的时候，决定于某天结束她的教学生涯。这天，乔尼娅在学校大礼堂讲最后一课时，一只美丽的知更鸟停在窗台上，不停地欢叫着。乔尼娅出神地打量着小鸟，许久，乔尼娅转向学生们，轻轻地说道："对不起，诸位，我要失陪了，因为我与春天有个约会。”言毕，她微笑着走了出去。这句美好的结束语充满了诗意，也颇具幽默，从而赢得了学生们热烈的掌声。

我们每个人终将年华老去，红颜不再，但岁月只能风干肌肤，而睿智和幽默的魅力却不会减去分毫。幽默的魅力，仿若空谷幽兰，你看不到它盛开的样子，却能闻到它清新淡雅的香味；幽默的魅力，又如美人垂帘，不能目睹美人之芳华，却能听到美人的声音，间或环佩叮咚，更引人无限遐思……

所以，如果一个女人很温柔，很妩媚，同时也很幽默的话，她一定到哪里都是众人瞩目的明星，令与她相处的人感到愉快。她会吸引异性，而同性对她亦很“感冒”，因为她的平易近人，幽默乐观。

幸福感悟

女人的幽默用妙处横生的戏语，用爽朗大气的玩笑，用心存善意的调侃……看似不经意，却拉近了人与人之间的距离，走到哪里都是众人注视的焦点，更是女人大智大慧、大彻大悟的流露。

四十一　独处　听听内心的倾诉

1　享受孤独，倾听内心深处的声音

在晨曦初照的黎明、夕阳西下的黄昏，或是万籁俱静的黑夜，独自走进孤独，便深深体会到孤独是一种美丽。只有在孤独中，一切才是最真实的，笑容是对自己，哭泣是对自己，淡淡的惆怅是对自己，甜甜的喜悦也是对自己。那时才能轻轻梳理如梦如烟的往事，让莫名的疲惫、无谓的忧伤如潮水般徐徐退去，让往日飘忽不定的眼神清澈如水，让焦躁不安的面孔宁静似月。也只有在孤独中才能融入自然，完美地领略春花的绚丽、夏日的浓烈，秋风的清幽、冬雪的晶莹，懂得珍爱生命，善待朋友。

一本书，一段音乐，一杯香茗，都可以让人在孤独中享受一种无限的幸福与满足。夜深人静时，一个人静静地呆在房里，让一盏橘黄的灯光充满一室的温柔，一卷在手，心如明镜，倚着孤灯吟读长思。可以放一首心仪的音乐，让心在黑暗的苍穹中自由地飞翔，如果这时窗外有风，就有了飞的理由！

孤独并不可怕，可怕的是对一切都没有兴趣。能够对一件事物热衷地去爱好，去钻研，而不愿把时间浪费在其他事情上的女人，她不但不怕孤独，有时反而喜欢孤独。

能够在孤独的时候，不觉得孤单；在冷清的时候，不觉得寂寞；在空闲的时候，不会无所事事，所靠的是内心的丰富与充实。人与人之间在有形的亲密中，还是有着无形的距离。这距离有时很远，但是，我们不必为这距离而觉得悲哀，只是我们必须承认这个事实，才会有力量去面对事实，能面对事实，就不会觉得寂寞是可怕的了。

贝多芬一生孤独，正是孤独成就了他伟大的事业。《命运交响曲》中的每个音符，无不奏出了他的心声，它以另一种方式去叩开人们的心扉，告诉人们他在孤独中找到了生命的意义。伯牙在钟子期死后，享受孤独，不然他早就另觅知音了，这样后人也无从领略伯牙的古曲美妙。陆游晚年在山阴闲居20年之久，存诗9000余首，虽然他怀着“但悲不见九州同”的遗憾结束了作为诗人的一生，但正因为他20余年的独处，才为中国留下了一笔丰富的文化遗产。

拥有孤独是一种感受，善待孤独是一种境界。人人都会有孤独的时候，即使你的笑容永远像阳光一样灿烂，即使你终日埋首在繁忙的工作中抬不起头来，总会有那么一刻，但愿仅仅是那一刻，在你的世界里。生在万丈红尘，都市的喧嚣常常让人忘记了自我，忘记了那曾经的美丽，只留下世俗的忙碌和喜悲。尘世间有许多故事起起落落，也有许多心情沉沉浮浮，但是这些与生俱来的情节，又有几人能体会？唯有孤独，唯有孤独地行走于城市的边缘，才能读懂这些悲欢离合的故事，才能固守住心中这片芳草地，在浮躁的城市中保持完美的自我。

一个人的日子过得很慢，一个人的日子里满是思念与期盼。孤独时，总期望着笔下能流淌出所有的情感，落日的余辉能照映出所有的等待。其实，孤独的时候只有自己才能读懂自己。孤独的时候可以完全把心情敞开，孤独的时候可以不必带上厚厚的面具，孤独的时候可以放飞灵魂，也放飞自己。当心中所有美好的情感经过岁月的沉淀，终于绽放出惊世骇俗的花朵时，孤独就是一种美丽的等待。

2　给自己一个自由空间，让心灵得到休息

现代生活总是忙碌紧张，所以女人总是在赶时间，忙着挤公车，忙着去超市采购，忙着与朋友相聚，总是处于人群之中，甚至在喧闹的人群里已听不见自己的脚步声，也没有时间注意不知何时爬上额头的皱纹，更没有时间倾听心灵那个小小的声音：请给我一个自由的空间。

儿子考上大学走了，家里一下子多出了很大的空间，林意把自己使用的电脑、书籍、私人物品从卧室的一隅搬进了儿子的屋里，并用铅笔写了四个漂亮的美术字贴在门上：闲人免进。她看了又看，觉得这四个字未免生硬，于是找来儿子用过的橡皮擦去了“免”字，改成稍温和一点的“莫”字。再看，这四个字就像女人一样笑意盎然了。家里房子小，林意一直想有自己的私人空间。那种想，都有点成心病了。

丈夫下班回来，看见了那四个字却假装没看见。林意在厨房有点忐忑，其实，她也没有别的想法，只是想拥有一块属于自己的天地，当然还想体会一下别样心情。这些年，夹在丈夫和儿子中间，林意把妻子和母亲的角色扮得都很好，可她总是对自己不满意，她丢掉了她自己。她从厨房出来，意外地看见丈夫正在往卧室的门上贴横幅，却是狂草：闲人免进。丈夫的狂草当然很不成样子，但那种心绪却表现得淋漓尽致。林意觉得丈夫是在用这种方法提出抗议，不过她一点也不为之所动，她的那种渴望实在是太久了。吃完饭，丈夫和她相视一笑，各回各屋。

一个女人，随着时间的推移，由于种种担心与阻碍，使烦恼、欲望、忧愁、痛苦等堆满心灵，使原来洁净的心灵受到污染和蒙蔽，内心无法快乐。如果你发现自己时刻被家人、朋友围绕着，耳边充斥着噪音与喧哗，每天神经都绷得紧紧的，得不到一丝喘息的机会，那真该找个独处的地方，让那段时间全属于你自己，彻底放松自己。

每天抽出一小时，找一个清静的地方，一个人静静地待着，什么也不做。刚开始这么做的时候，你也许还会放不下那么多该干的事情，可是，抬头看看飘浮的白云，聆听一下鸟鸣声，渐渐地，你会发现整个人轻松多了。而后来，鸟鸣声你也听不见了，也不知道心自由自在地飞到哪儿去了。这一个小时的清闲让你整个身心都感觉很舒服，干起活来也不再像以前那样手忙脚乱，能够从容地去处理各种烦人的事务。

女人的一生就像一次旅行，沿途有数不尽的坎坷泥泞，也有看不完的春花秋月。如果一颗心总是被尘世所覆盖，干涸了心泉，黯淡了阳光，失去了生机，丧失了斗志，人生岂能美好？只有将自己的生活从杂乱无章的感觉中解救出来，让头脑得到彻底净化，发现真实独特的自我，你才会有快乐的一生。

你可以选择一个人去海滨游泳或散步，无论是面对一望无垠的风景，还是一片小小的土地，都可以感受到大自然的神奇与美妙，使自己也融入其中，成为大自然的一部分。在那里你可以放松紧张的神经，使自己的心灵变得清澈起来。如没有充裕时间散步或从事户外活动，也可以独自到花园里去走走。在公园的草地上晒晒太阳，闻闻花香，甚至只是坐在窗旁眺望窗外的蓝天绿树，都可以让心灵得到极好的休息。

一座设防的城市才安全，一个设防的空间才自由，一个设防的人生才宁静！不要在意别人说什么，你有你自己的私人生活，只有拥有自己的一个自在空间，你才能体会到真正的幸福与安宁、自由与洒脱。

3 走进自然，享受独处的时光

尘世的繁嚣，让我们每天总有干不完的事，或者为总也忙不完的家务而忙碌，或者为自己的晋升而不停地加班，或者为赚钱的欲望而早出晚归，心越来越麻木，已经想不起上一次听见清脆的鸟叫声是在什么时候了。

你可曾想过，摆脱工作和杂务，独自去乡间呆上一段时间，会有什么样的感觉呢？在那里，没有义务，没有责任，只有宁静、轻松和舒适。

不久前，同事要被调去新地方公干，我是她的“同居密友”，她的部门经理为她送行，安排了一系列活动，自然少不了把我带上。这位经理是个慷慨豁达之人，有他在的地方总是一片欢声笑语。在他的带领下，我感觉很愉快，很轻松，仿佛大脑被洗了一遍。在满眼绿色的湖中，我心中一片清静，感受着大自然浓烈的绿的冲撞。我肆无忌惮地大笑，大口大口地嚼着野味。彼时彼刻我只想在那里种桔子，然后收获一金秋的蜜桔。大自然第一次对我产生了作用。以前，只要他不在，我都在想，要是有他在该多好啊，可这次却没有这种感觉。一个人，所以才那么真实地感受到天地的包容。原来大自然是这么美好，原来我也可以被青山绿水所陶醉，而不仅仅是光怪陆离的物质世界！我劝自己，多出去走走，去摸一摸青柳，闻一闻花香……

是的，一个人也可以很快乐。只是，单独一人时，我们总会尽量找点事情来做，即使没有人陪伴，我们也会找到可以陪伴自己的东西。打开电视，或者打开收音机，或者找一本书来读，要不然就是马上抓起电话，找朋友聊天。因为只有这样，我们才能不让脑子空闲下来。实际上，这样的独处还不如没有。

不要试图在家里寻找孤独，因为那里根本没有孤独。即使别人都不在家里，你还故意掐断了一切对外的联系，但你眼睛看到的、耳朵听到的都是熟悉的东西，这会引起你对过去一些琐事的回忆。真正的孤独要到陌生的、僻静的地方去寻找，最好不要有引人入胜的美景。也许一片蓝天、一片旷野，便是最佳的选择。

为什么不选择在一个仲秋的午后，独自来到乡间的旷野，一切都如我们想象的，即使有一些天籁之音，也不会影响我们倾听自己心跳的声音。这时候整个人都会放松下来，真的可以什么都不想，什么都不做，达到“天人合一”的境界。

若是秋高气爽的季节，就独自去山涧野林，欣赏秋风中飘零的落叶，悠悠寻找归宿，没有秋来凋零的哀愁与感伤，只有笑对春夏秋冬的从容与潇洒，以及回归的喜悦。

若是花雨飘零的季节，就到远离城市的野外去踏青，看那密密的雨洋洋洒洒，偶尔蹿入怀里，感受“草色遥看近却无”的新奇，看那绵绵雨丝洗尽尘埃，天地间焕然一新。天空一片蔚蓝，没有风，空气里仿佛弥漫着鲜牛奶的味道。

若是一个夜晚，那就离开喧哗的人群，或在一条幽静的小路上，或在一个宁静的花园里，聆听虫鸣，用心感受花草树木的幽香；或者独对夜空，没有月亮，唯有星星，稀稀落落，此景此刻，没有杂念，没有烦絮，没有忧伤，有的是一份自然。

唯有融入大自然，我们才能找回一个真正的自我，在这里，你完全可以放纵自己的性情，你可以踏歌而行，随心所欲；也可以如闲云野鹤，如鸟归林……

幸福感悟

紧张忙碌的生活迫使女人上班忙工作，下班忙家务。在喧闹的人群里听不见自己的脚步声，皱纹何时爬上了额头也一无所知。这时请给自己找到一个独处的空间，听听内心的倾诉，让疲惫的身心找到一片宁静的港湾。

四十二　情趣　找点属于自己的快乐

1　用情趣给生活加点色彩

生活是平淡的，也是艰辛的，甚至是单调和乏味的。再宏大精彩的人生，掌声过后，难免归于沉寂和孤单；再奢华富贵的生活，成为习惯后，也难免归于惆怅和落寞，更不必说在艰辛中过活的人生，那么，若给生活添些色彩，添些音乐，添些爱好，添些异想天开，添些稀奇古怪……生活是不是会有些不同？

这就是生活中的情趣。情趣是对生活的诗意化，是生命的羽翼，是对生命的珍惜和呵护，是对生命积极的态度。

林语堂在他的一篇散文中提到："我们只有知道一个国家人民生活的乐趣，才会真正了解这个国家，正如我们只有知道一个人怎样利用闲暇时光，才会真正了解这个人一样。只有当一个人停下他手头不得不干的事情，开始做他所喜欢做的事情时，他的个性才会显露出来。只有当社会与公务的压力消失，金钱、名誉和野心的刺激离去，精神可以随心所欲地游荡之时，我们才会看到一个内在的人，看到他真正的自我。"

只是这种"精神可以随心所欲地游荡"的心态和生活状态，往往被世人忽视或不屑或不顾，所以从这层意义上来说，情趣还是比较难拥有的，更何况天下熙熙皆为利来，天下攘攘皆为名往。生命的诞生似乎就有这样一种宿命，人世间能有几个躲得过去，超越得过去？名利装满了心，心便载不动情趣，名利给予生命的风光大多在身外而不在内心。辞让几份名利于情趣，让心充盈而丰满一些，难否？也难，也易。

在另一层意义上，情趣也是极容易拥有的，当衣可以暖身，食可以饱腹，住可以避雨，情趣可以在你生命旅程的每一个时刻：在临街的咖啡屋小憩喝一杯咖啡看车来人往于街市，在近湖的茶楼品一壶茶看远山近水相依偎，登城中最高处俯瞰万家灯火霓虹闪烁竞繁华，去远郊农家买回自家种养的蔬菜土鸡于餐桌。情趣就是这样的一个个简单而温馨的生活碎片。一次远行、一次健身、一次写作、一阵发呆、一次聚会、一次散步，都可以把情趣承载，可以一人独享，也可以和家人、朋友共享。

为平淡的生活营造一些多余，情趣便在衣食住行中。比如，清晨比家人早起一小时，轻放一曲心仪的音乐，饮一小杯水，随音乐或操或舞，让身心在美妙的音乐中渐渐苏醒、舒展到轻盈。沐浴后，泡一杯加蜜的新鲜柠檬茶，静静地坐于阳台或书房，或读或写一篇美文，心可以随文驰骋于万里之外。当家人从睡梦中苏醒，你悄然从万里之外归来，在厨房一边听着新闻、音乐，一边为家人做一顿营养可口的早餐。这份独享的晨之情趣带来的心之恬淡与充盈，足以让你坦然而从容地度过新的一天。

让心亲近文学艺术，情趣就在美的欣赏和真的感悟中。每天留一点时间，静静地欣赏几页文字，几幅画，几段音乐；每年安排一些时间，听几次讲座，看几次画展，听几场音乐会，欣赏几场舞台剧，阅读中，聆听中，静观中，会有相遇良师的微笑，会有邂逅知音的惊喜，也会有结交朋友的喜悦。那良师、那知音、那朋友，可能是吾家可爱的孩子，从纤细灵巧的指间弹拉出稚嫩悦耳的天籁之音；也可能是旅途擦肩而过的一位不羁的旅人，在书中讲述他踏遍万水千山收集的种种震撼心灵的风土人情、人文历史；也可能是千年前一位慈祥如祖父的老者，在他宏阔灵动的诗篇、书画与论著中道尽岁月的沧桑与美丽……这样静静地听着，读着，看着，和他们可以相知，可以错过，可以不遇，可以神会。只是，不可以把收获的一篮篮的美好归还，它是生命的一份馈赠，让生命不再孤单；它是生命的羽翼，让心在更广的天地间飞翔；它是生活的甘露，可以赠予家人、朋友。

2 自己动手 DIY，给生活加点糖

现代女性会上网的和会手工的肯定比例悬殊，商品丰富，哪儿都能买到成品，但是手工情结似乎又是许多女人心底一个柔软的梦。

在经济形势大好、消费信心满满的时候，DIY 只是得空时在家偶尔为之、增添生活情趣的一个方法而已。在经济紧缩、一时半会看不到乐观临界点的当下，DIY 则成为节省支出的法宝，最难得的是，它既不失品位，更增添了生活情趣，真是省钱、品位两不误。

可儿大学毕业后，租住了一间简陋的民房。除了房东的床和桌子外，可儿唯一拥有的就是一大纸箱的书。一天，一个男同学来看她，当男孩走到窗前时，他忽然发现在一个精致的瓶子里，插着一株美人蕉：红红的，别有生机。周末的晚上，男孩又来到这里，发现那个瓶子里又开满了郁金香。当男孩得知可儿是用房东扔掉的酒瓶和花农抛弃的花在装点生活的时候，他毫不犹豫地把美好的爱情给予了她。在此之前，男孩正为婚姻苦恼，他不知道是否应选择父母满意的一位富家女孩。在见到这位清贫却能让自己心动的女孩后，他相信自己今后的生活一定会丰富多彩，充满快乐和幸福。

DIY 风潮对于年轻女性来说，最直接的体现莫过于自己亲手加工服装、提包以及小饰品。

夏季，戴上一顶适合自己脸型的帽子，再别出心裁地把一片绿叶插到帽子一边，这清新明快的形象不就让心情为之一爽吗？乍暖还寒时，披一袭枫叶红的披巾，不就把心情点燃了吗？在卧室里挂上有南国风情的椰树图案窗帘，当轻柔的月光流泻，窗帘飘动，不就是风的私语、夜的心声吗？

从拆迁的窗帘布艺店挑出便宜的窗帘样品和布头，自己回去缝缝补补，就成为门背后的挂袋。如果嫌挂袋单调，在边边角角缝上自制的绢花，甚至别一个发卡、一枚胸针，挂袋立即便变得妩媚起来。

红酒的酒瓶形状通常都是有特色的，其纤长的形态很像一个婀娜多姿的少女，那就在瓶身随手缠上紫色的缎带，系一个蝴蝶结，瓶子里插上即将扔掉的紫色绢花一朵，一个华丽的装饰花瓶就可以登上展示柜了。

踏秋的时候在干涸的水塘里拾到一些干莲蓬，回来包上纯紫色的礼品包装纸，用一个带抽绳的软皮囊束住花捧根部，便比卖的手捧花更带有季节和往事。

到市场淘回一堆各种颜色的小珠子、渔线、塑料花。珠子大大小小，淡黄色、粉红色、淡粉色、白色，再把一个浅绿色的塑料花束在珠子接头处，一串光彩夺目的手链便大功告成，比市场的手链不知好看多少倍，而且其成本不会超过5元。将就余料，不久，一批别出心裁的项链、胸针相继出炉。

母亲过时的羊皮裙子可以缝成流行的手工挎包，包型就顺着原来裙子的摆型，找一条钉有铜扣的腰带做包带，在悬挂包带两边的铜环上穿上各种颜色的皮绳，下面再点缀几个小铁环，既粗犷又风情万种。

女友小妍在淘宝网上以超实惠的价格买了一个米奇限量版粉色布包，由于这个包是挂在店外的样品，所以有点脏。当时实在是喜欢，所以就买下了，本想洗洗就好了，没想到晾干后发现包上出现了一大块黄渍，用各种洗涤剂都洗不掉。小妍急中生智，把一根不常戴的七彩石项链拆了，用这些大小形状各异的石子珠子沿着黄渍的轮廓缝出一个漂亮的几何图案。小妍的包拎出去后受到了不少朋友的称道。一次逛商场的时候，小妍还被人拉着问这包是从哪个国家带回来的，弄得她不知所措，欣喜不已。

其实，串珠引线的DIY饰品早已不是什么新鲜事物。一件样式简单的T恤衫，缝上木质、石质、骨质、琉璃、藏银等小饰件，风情就截然不同了，且绝对不用担心会有雷同。

快乐，其实就在我们的DIY中；快乐，原来可以像玩雪球一样，越滚越大。

3　一个人也可以很浪漫

一直以为浪漫是两个人的事，也一直渴望着浪漫的爱情。其实不然，一杯咖啡，一首好歌，一个人也可以很浪漫！

宽宽大大的房间里，所有的空气都归自己调配，空调想定在几度就几度，电视想开到多大音量就多大音量，灯光可以选用自己喜欢的颜色与亮度，阳台上的门窗可以选择是开还是关，快乐地呆在干净而整洁的房间里，不用听任何人的意见，不用关注任何人的感受，只一个心思，让自己的状态处于最佳。

夜深人静的时候，可以冲杯咖啡，来点音乐，任思绪飞扬，任情感飘忽，在寂静的夜里想念远方的亲人和朋友。不用担心有人打扰，不用考虑孩子的被角是否又被蹬开，也不用担心因玩电脑而冷落了丈夫，一个人的静夜里，你就会有想飞的冲动。

夜，只能站在窗前静静地欣赏；月色有无，与你没有关系；星星亮否，对于你也不是太重要，最关键的是，它们全部属于你。

时钟的滴答声，只需去掉一个电池，便取消了。关掉音乐，也没有了滴答声的夜，空气像平静的湖面，静寂无波，没有风，也没有草动，只有安静。这时，你可以拿一本书，回到床上，微斜躺着，拧开微黄的台灯，轻读优秀作家用心写就的美文，其间的恬淡与适然，何其乐哉?

这样的夜，睡眠也是安静的。不知何时入了眠，也不知何时要醒，慵懒的小妇人形象是你最得意的留影。当晨起的太阳将客厅照得亮白亮白时，你可以慵懒地斜坐在沙发上看一会八点的动画片，让本是孩子的节目，今天属于自己。于是，你有了孩子般纯真的笑脸。

吃过早餐，着一袭便装，带上休闲包，简简单单下得楼来，没有目的地，也没有采购任务，今天，你可以去任何想去的地方。不用打车，也不用坐公车，先步行，走在车行如梭的公路上，看红蓝黄绿的大小车子或快或慢地赶路。天，好蓝，白云在蓝幔下鱼儿般快活地游走，变换出不同的形态。路边的杨柳，在向你招手，你如远道的客人般惊喜着它们的高大浓绿，张开双臂恭迎着对面偶尔过来的热风。

一个人，就是要找到点一个人的快乐。不为赶路，不为公差，在不紧不慢中为乞怜人丢上一块钱；听天桥上卖艺的青年弹唱几次，分享他的希冀，感受他的落寞；还可以站在某个桥头，看车流、人流如洪水般涌过。

一个人，可以不去商场，只去书店，或者逛逛音像店，反复地听那些想听的歌，或者去逛逛礼品店，看各式各样的精美工艺品。一个人的时候，可以去看图片展，可以去看场电影，可以在闹市的街头看人吵架，听人争执。

一个人，走在异乡的街道上，可以走走停停，吃点路边摊点上的小吃，也可以步入富有情调的咖啡厅，在轻柔的音乐中陶醉，在对面友好的微笑里进行交谈，来一点风花雪月的点缀，还可以坐在靠窗的位置，尽情揣测一下路人特别的神情背后可能发生的故事。

谁说一个人就不能拥有浪漫？一个人唱歌，可以用最放肆的声音大声呼喊；一个人跳舞，才不用配合谁的舞步；一个人旅行，才不会错过沿途最美的风景。一个人的时候，找点属于自己的快乐，便是找到了最大的浪漫。

幸福感悟

"天下熙熙皆为利来，天下攘攘皆为利往。"生命的诞生似乎只有这样的宿命，人世间有几个躲得过，超越得了呢？名利装满了心，心便载不动情趣。辞让几份名利于情趣，让心充盈而丰满，难否？也难，也易。

四十三　爱好　一种使人幸福的本领

1　没有爱好的生活是没有颜色的

爱好是一种精神上的寄托，完全属于个人灵魂深处的东西，它不一定有很大的意义，不一定有什么积极的目的，它只是你精神上的一片私人园地，是你灵魂的一个小小避风港，是你躲避世俗羁绊的堡垒，是你可以在那里找到自己，和自己的心灵恳谈的一个秘密花园。

会处理生活的人，一定懂得怎样给自己安排一片不受干扰的属于自己的小天地。在这里你可以想你所要想的，做你所要做的，躲开一切你所要躲开的，逃避一切你所要逃避的。这片小天地就是你寄托灵魂或你真正的自己的地方。

给自己的灵魂找一个寄托，并不是消极的逃避，那正是一种积极的养精蓄锐的方式。正如有位名人说的“我休息是为了工作”，我们也是一样，让灵魂去休息一下，给它添点营养剂，养一养它在尘世奔波所受的伤，然后好再去奔波。

我们几乎很难找到一个人，能够成天只做他自己喜欢的事，过他自己所愿意过的生活。每个人都必须被动地做一些自己并不想做的事，表演自己并不喜欢表演的角色，过一种自己所不愿过的生活。所以，我们发现，有些人一有时间就吸烟，有些人一有时间就看书，有些人一有时间就写文章。这些一有时间就想做的事，才是他真正喜欢做的事。但是，因为他必须应付许许多多生活中的琐事，他没有充分的时间和自由去只做自己喜欢做的。因此，这些小小的嗜好，就成为他生活中的一点寄托。他从这里面找到他自己，得到生活的真味，暂时忘却世界的烦嚣。

假如你懂得生活，同时你也懂得自己，那么，你一定能在生活中找到那么一点使你安心，使你忘忧，使你沉醉的所谓的寄托。

这寄托有时很容易找到，一本书、一张唱片、一支笔、几张纸，或集邮摄影，或游山玩水，只看你的兴趣近于哪方面，只看你是否诚心去找。

辛勤的工作，然后用你的爱好去美化并充实你的生活，这样物质和精神才可以平衡。你才有余情去欣赏这个世界可爱的一面，才有机会去享受属于自己的人生。

2 培养自己爱好

爱好是我们度过闲暇时间的一种有趣的方式，也是我们寻求乐趣的一种活动。它就像一个任你选择的特殊朋友，吸引着你，你也喜欢它，并愿意为它花费精力。“迷失”是一种很棒的感觉，当你发现有件事情可以让你全神贯注时，千万别错过了。

当你真的培养起一种爱好，它或许会伴随你的一生，让你时时为之自豪和沉醉，它也会时时给你快乐，充盈你的生命，让你拥有一个富足的人生。古今中外，不论是奋斗终生的政治家，还是久战沙场的军事家，也不论是治学严谨的科学家，还是造诣高深的艺术家，他们的生活都不是单调乏味的，他们有着各种各样的兴趣爱好，有着充实的精神生活。列宁喜欢打球、滑冰；陈毅擅长写诗、下围棋，曾被棋院授予名誉五段的称号；爱因斯坦则钟情于小提琴。

阅读，几乎是对社会进步有所建树的杰出人物的共同爱好。马克思说他最喜欢做的事是“啃书本”。高尔基在谈到他对书有浓厚兴趣时说：“我扑在书本上，像饥饿的人扑在面包上一样。”广泛阅读有价值的书籍，有助于培养高尚的情操，增长丰富的知识。

健康的音乐可以陶冶人的情操，启迪人的智慧。中国杰出的科学家钱学森说夫人蒋英是“女高音歌唱家，而且是专门唱最深刻的德国古典艺术歌曲，正是她给我介绍了这些音乐艺术，这些艺术里所包含的诗情画意和对于人生的深刻理解，使我丰富了对世界的认识，学会了艺术的广阔的思维方法。”

由于不同的人有着不同的兴趣，如果把各种爱好列成一个表，那是很长很长的一大串，从拣海滩上的碎玻璃、养热带鱼，到识天象、观察野鸟、破译密码等等，无所不包。因此，无论你住在什么地方，有无特殊兴趣和技能，你都能找到一种适合自己的爱好。

随手涂鸦，为家人画一张像，一定会被认为是最有意义的礼物。饭后轻轻拉上一曲，家人定会陶醉。假日钓两条大鱼，为家人的餐桌增加一道好菜。周末邀约朋友爬山登高，呼吸最新鲜的空气，桃花树下，品茗下棋，不亦乐乎。深夜窝在被子里，读狄更斯的小说，沉浸在雾都孤儿的悲惨命运中。又或者你的爱好是收集岩石、矿物、纽扣、蝴蝶、贝壳、布娃娃，或是收集扇子、古董。如果你愿意动手，可以做一些绘画、泥塑或肥皂雕刻之类的工作。如果你有户外活动的爱好，可以去划船或徒步旅行。无论是什么爱好，用心做，用心感受，都能够得到慰藉。

有时你所钦佩的人也会与你选择爱好有很大关系。也许你的朋友喜欢收藏古瓷器和玻璃器皿，每次你去看她时，她都会给你讲她书架上古董的掌故，最后你也感兴趣了，决心开始自己的收藏。

爱好常常使你在无意中学到许多知识。当你把一枚枚邮票放进集邮册时，你就会通过这些小小的、彩色的画面，了解到有关这些国家和民族的地理和历史。当你把岩石分门别类地收藏起来时，你就会学到许多关于地质和地球历史的知识。

爱好还有你起初意想不到的好处：一种爱好能使你产生自始至终都依靠自己的满足感。看着自己的全部劳动成果——你做的凳子或织的围巾，这些会使你感到自豪。你还会发现，当你醉心于某种爱好时，即使独自一人也不会感到寂寞。

3　每天为自己的爱好挤出一小时

在当今这个生活节奏紧凑的年代，人们似乎每天都没有充裕的时间去做完想做的事，所以许多念头就此打住，但世界上仍有许多人用坚定的意志，坚持每天至少挤出一小时的时间来发展自己的个人爱好。事实上，往往越是忙碌的人，越能挤出这一小时来。一小时并不算长，也许就是我们吃一顿饭的时间，但是时间长了，你就能从这每天的一个小时里受益匪浅。

当今世界上最大的化学公司——杜邦公司的总裁格劳福特·格林瓦特，每天挤出一小时来研究蜂鸟（一种世界上最小的鸟），用专门的设备给蜂鸟拍照。权威人士把他写的关于蜂鸟的书称做自然历史丛书中的杰出作品。

的确，要挤出这一小时并不容易，需要有决心和恒心，关键还在于如何设法得到这一小时，并且有效地利用它。

威尔福莱特·康奋斗了30多年，成了一家食品公司的董事长，可说是事业有成。在他56岁那一年，他突然发现自己由于忙于工作，竟然错失了很多美好的东西。于是，尽管他每天的事务十分忙碌，他仍渴望有自己的兴趣爱好。他说："过去我很想画画，但从未学过油画，我曾经不敢相信自己花了的力气会有这么大的收获。可我最后还是决定了，无论做多大牺牲，每天一定要抽出一个小时来画画。"

工作的时候是不能画画的，那么只能牺牲睡眠了。为了保证这一小时不受干扰，唯一的办法是每天清晨5点前就起床，一直画到吃早饭。这对很多人来说，并不容易做到。但是威尔福莱特·康说："其实那并不算苦，一旦我决定每天在这一小时里学画，每天清晨这个时候，渴望和追求就会把我唤醒，怎么也不想再睡了。"

他把顶楼改为画室，几年来从不放过早晨的这一小时。后来时间给他的报酬是惊人的，他的油画大量地在画展上出现了，他还举办了多次个人画展。其中有几百幅画被高价买走。他把用这一小时作画所得的全部收入变为奖学金，专供给那些搞艺术的优秀学生。他说："捐赠这点钱算不了什么，只是我的一半收获。从画画中我获得了很大的愉快，这是另一半收获。"

时间对任何人来说，都是公平的。每天安排出一小时来静心，排除疲劳，即使看来没有做出多大的事情，相信大多数人还是会觉得有收益，至少他们在这段时间里可以理清头绪，为自己定出一个明确的目标。

因此，一旦你发现了一种使你陶醉的爱好，在开始之前，考虑一下它是否可行。同时还要考虑到这种爱好是否会使你的开支预算变得紧张。直到确定自己的兴趣真的能够持久后，再从一个小的基础开始。如果你要集邮，不必一开始就买既大又贵的集邮册；如果你要弹吉他，可以先租几个月试试。

从事爱好活动的最好方式是与兴趣相投的朋友一起做。你可以从有共同爱好的朋友那里得到大量的信息和有价值的建议。参加各种爱好俱乐部也是一个极好的办法。一种为爱好者出版的杂志是传播各种消息，提供各类办法的来源，如果你觉得需要某一专题的更多知识，可以到网上或图书馆去查询。

每天花一小时去做你想做的任何事，有助于挖掘出你身上的潜在能力，这种能力若不去挖掘，很容易消失。抓住这点时间，就能使你的心灵变得更美，生活更有情趣，生命更有意义。

幸福感悟

用爱好给自己的灵魂找一个寄托，这不是消极的逃避，而是一种积极的养精蓄锐的方式。爱好不仅可以缓解生活压力，而且还能陶冶情操，更能使自己的内心得到一份宁静与洒脱。

四十四　完美　越是追求完美，幸福就越远

1　不完美才是生活的本身

有人曾问梵高：“你的画里哪一张最好?”

他说：“就是我现在画的这一张!”

几天之后，那个人再问他。梵高说：“我已经告诉过你，就是我现在正在画的这一张!”

虽然梵高正在画的是另一张，但对他而言，对一个活在当下的人来说，毫无疑问，他的回答都会是：“我现在正在画的这一张就是最好的。”

世上没有绝对完美的事物。你不必因考试少了几分而耿耿于怀，不必因说过一句错话而内疚不已，不必因男友的一个小缺点而感到遗憾，不必因一顿不可口的饭菜而埋怨，不必因一次评比名落孙山而垂头丧气，不必因一次失误而放弃全部计划，不必因一个人负心于你便怀疑世间的真情……考不上大学不一定是你的失败，找不到舒心的工作不一定说明你无能，失去这个机会你可以寻找另一个机会，搭不上这班车你可以搭下一班车……一切都不会像想象的那样完美，也不会像你策划的那样顺利，接受不完美你才有勇气面对现实。

如果同一个晚上你有两件事要做（应男友的邀请陪他去听歌，到图书馆听一个学术讲座），你的选择应该是：你认为哪件事重要就去做哪一件，而把另外一件忘掉。只有敢于放弃才能有所获取。

认真对待生活，把握生活，但又不能抓得过死，松不开手。人生这枚硬币，其反面正是那悖论的另一要旨：我们必须接受“失去”，学会怎样松开手。

这种教诲确实不易领受，然而，我们正在“失去”中逐渐成长，走过

人生的每一个阶段。我们离开娘胎来到这个世界上，开始独立的生活；而后又要离开父母，进行一系列的学校学习；结了婚，有了孩子，等孩子长大了，又只能看着他们远走高飞；我们要面临双亲的谢世和配偶的亡故，面对自己的精力逐渐地衰退；最后，我们必须面对不可避免的死亡——我们过去的一切生活，生活中的一切梦想都将化为乌有。

但是，我们为何要臣服于生活这种自相矛盾的要求呢？明明知道不能将美永久保持，为何还要去造就美好的事物？我们知道自己所爱的人早已不可企及，为何还要使自己的心难以割舍？

要解开这个悖论，必须寻求一种更为宽广的视野，通过通往永恒的窗口来审视我们的人生。一旦如此，我们就可醒悟：尽管生命有限，而我们在世界上的作为却为之织就了永恒的图景。

只要你能秉持向着更好的方向迈进的信念，你每天都可以是出色的。与一般人的想法相反的是，“出色”这个字眼并不代表完美，而是指你的“最佳状态”。这也就意味着：今天或现在所处的环境限制之下，依你的知识及经验，尽最大努力所得的结果。如果你真的尽了全力，再也不能做得更好，那你也算是相当出色了。

然而，这并不是说你不能再继续追求成长，追求更好的境界。你当然能继续茁壮成长，比如从现在开始一年内，你的工作业绩一定要比去年好，因为你又多了一年的知识、经验以及专业训练。但是现在的工作业绩还是最杰出的，因为这是你当下能力的极致发挥。而下一年的工作业绩当然也会是最出色的，因为那也是彼时的最佳状态。

所以，追求完美固然是我们的终极目标，但是却须强求。只要能够在重重的限制条件之下，尽己所能地朝目标努力，就一定能够达到出色的境界。

2 珍惜缺憾，它就是下一个完美

你是否总在抱怨，抱怨上天的不公、人间的不平？当你总是感觉自己十分不幸时，为什么不去看一下比你悲惨十倍、二十倍的人？你哭着说自己没有鞋穿，而看到连脚都没有的人时，你还要继续哭泣吗？如果你把眼光一直放在不幸、不公的这一面，恐怕下辈子也不可能得到幸福！

实际上，上帝对每个人都是公平的，它赐给了音乐家才华，就不再赐给他容貌，可是其貌不扬又如何呢？重要的是你能发现自己的价值，绽放出自己的光芒。

有个女孩的梦想是当个歌唱家，她有一副婉转动听的歌喉，但却从不敢在众人面前放开嗓子歌唱，原因很简单：她长着一张难看的阔嘴和一口奇怪的暴牙。

她一直对自己的暴牙耿耿于怀。到高中毕业聚会时，因为每个人都得表演节目，她便选择了唱歌。她穿着一条漂亮的白色裙子，紧张地站在舞台中央，音乐响起便开始唱。因为太在意自己的牙齿，为了使它不影响自己的魅力，她一直想办法把上唇向下撇，以此掩饰她那暴出的门牙。像这样唱歌当然十分别扭，她唱得心不在焉，声音变得扭扭捏捏，甚至把好几段歌词都忘到了脑后。同学们看着她奇怪的样子，忍不住哄堂大笑。这是她第一次公开演唱，结果使她沮丧万分。

这时，音乐老师史密斯夫人来到她身旁，很诚恳地说：“其实你的嗓子很棒，完全可以唱得更好。但你唱歌时，好像在试图掩饰什么，你不太喜欢自己那口牙齿吧？”女孩被说中了心事，羞得满脸通红。

史密斯夫人又直率地说：“这又有什么关系呢？暴牙并不是什么罪过，你为什么要拼命地掩饰呢？张开你的嘴巴吧！只要你自己不引以为耻，观众也一定会喜欢你的。说不定，这口牙齿还能给你带来好运气呢！”

女孩接受了老师的建议，开始大胆地在各种公共场合演唱。她不再去想自己的暴牙，只是张开嘴，尽情地放声歌唱。几年后，她成了顶尖的歌星——凯斯·黛莉。她的暴牙和她的名字一样响亮，甚至代表了她的形象，成为一种美丽的象征，很多人还刻意模仿她呢！

不完美，其实真的没关系，谁规定“美女”一定要是瓜子脸、双眼皮、樱桃小嘴？你不必有最标准的五官，只需要某种独特的气质便可以使你与众不同，你认为是缺陷的地方或许正是你的个性之处呢！

曾经有这样一个故事给了我们很多启示。

一个被劈去了一小片的圆想要找回一个完整的自己，到处寻找自己的碎片。由于它是不完整的，滚动得非常慢，从而看见了沿途美丽的鲜花，它和虫子们聊天，它充分地感受到阳光的温暖。它找到了许多不同的碎片，但它们都不是它原来的那一块，于是它坚持着找寻……直到有一天，它实现了自己的心愿。然而，作为一个完美无缺的圆，它滚动得太快，错过了花开的时节，忽略了虫子。当它意识到这一切时，毅然舍弃了历尽千辛万苦才找到的那块碎片。

这个故事告诉我们，也许正是失去，才令我们完整；也许正是缺陷，才体现我们的真实。作为独立的个体，你要相信，你有许多与众不同甚至优于别人的地方，你要用自己特有的形象装点这个丰富多彩的世界。

不要因为不完美而恨自己。你有很多的朋友，他们没有一个是十全十美的。那些伪装完美、追求完美的人，其实正在拿自己一生的幸福开玩笑。世界上根本没有完美，反而正是有了缺憾，才使我们有了前进的动力，所以，珍惜缺憾吧，它就是下一个完美！

3 不要斟满自己的杯子

生活中，从没见过一个发条永远上得十足的表会走得久；从没见过一个马力总是加到极限的车会很安全；从没见过一个绷得过紧的琴弦不易断；从没见过一个心情日夜紧张的人不易生病。

生活就像一杯水，尽管杯子的华丽程度因人而异，但杯子里的水，清澈透明，无色无味，对所有人都是一样，你有权利加盐、加糖等各种调料，只要你喜欢。但若添加的成分太多，装得太满，会不堪其重。

朋友灵珊一直以来就有很强的物质欲望，想要的东西太多太多，但是她的收入却很有限，这给她带来了很多烦恼。有一次，她和几个朋友一起吃饭，其中一位朋友说吃东西吃到半饱的时候是最好的，这时候胃很舒服，而且还有食欲，是一种意犹未尽的感觉。大家对这个话题都很感兴趣。这位朋友接着说，在生活中，她喜欢用半饱的方式对待事物，一直带着欣赏的眼光看待生活，不绷得太紧，不过得太满，留有余地，舒适舒心。

朋友的一席话给了灵珊很大的启发，她开始回顾自己过去的生活，发现自己在追求鲜亮夺目的过程中，把自己弄得疲惫不堪，即便是得到了，也似乎没有真正开心过，反倒助长了不少虚荣心。她意识到应该改变自己的生活了，留有余地才会让人心情舒畅。

在我们的生命中，只有走过了一段路程，才会领悟到：凡事不能太满，把握一个合适的度，才是让别人和自己都最舒服的状态，更是一种生活的艺术、处世的技巧。

香港首富李嘉诚之所以能够把事业做得这么大，拥有今天的财富和成功，凡事留有余地就是他敬奉的一个哲学。他曾忠告儿子李泽楷：“做事要留有余地，不把事情做绝，有钱大家赚，利益大家分享，这样才有人愿意与你合作。假如拿 10% 的股份是公正的，拿 11% 也可以，但是如果只拿 9% 的股份，就会财源滚滚。”

这是李嘉诚从商一辈子的经验，它让李嘉诚结交了无数商界朋友，赢得了广大股东和职员的信赖和支持，树立了崇高的形象，并赢得了巨大的财富。

苏格拉底曾经说过：“一颗完全理智的心就像一把锋利的刀子，会割伤使用它的人。”在这个世界上，没有完全绝对的事情，就像一枚硬币一样具有它的两面性。这就告诫我们做人做事不要太绝对，要给自己和他人留有余地。

杯子留有余地，就不会因为加进去液体而溢出来；气球留有空间便不会爆炸；人说话做事留有余地便不会因为“意外”的出现而下不了台，使自己有回旋的机会。

“利不可赚尽，福不可享尽，势不可用尽。”其实你在给别人留有余地的同时，也为自己留下了余地。

人的脚踩过的地方，不过是几寸大小，可是在咫尺宽的山路上行走时，很容易跌落于山崖之下；从独木桥上过河时，常常会坠入河中……这是为什么呢？是因为脚的旁边已经没有了余地。人若想在社会上站稳脚跟，就必须使自己脚底下宽阔一些。

做事为自己留点余地，也是解脱自己的一种方式。比如，干事业要勇于拼搏，但不能拼上小命；美食要好好享受，但不要撑得自己太难受；减肥可以少吃一点，但不能为此饿出病来；外出旅游劳累难免，如果一天非去好几个景点，定会累得一塌糊涂，还怎能感受快乐？

人生不要太圆满、太幸福，生命中有个小小的缺口，也是很美的一件事，它让我们有了永远追求幸福的动力。

幸福感悟

幸福的女人都不会苛求完美，她们明白，凡事追求完美就是毒害我们心灵的药饵。这个世界本来就不完美，过去不是，现在不是，将来也不是。事事追求完美，无疑是自讨苦吃。

四十五　付出　施比受更有福

1　舍才会有得

付出，是一种气度，一种胸怀，一种境界。人生在世，不可否认，在私心的角落都希望只有索取，无须付出。因此，性格自私的人不愿意对别人付出任何关爱，所以他们永远体会不到来自他人的友情和温暖。而那些胸襟开阔的人则始终生活在幸福和关爱之中，这些幸福和关爱既来自于别人，也来自于他们自己。

冬天的晚上，我每天下班后都要拎着汤去看望腰椎扭伤的父亲。父亲因为帮助邻居搬动预备过冬的大白菜，弯腰时用力过猛，造成腰椎骨裂，瘫在床上无法动弹。母亲每天给他擦洗身子，煎浓浓的药汁为他熏蒸伤处；去菜市买来骨头熬汤，精心烹制新鲜的菜肴；让他喝甜美的果汁。父亲是个悲观的人，无论什么事情在他看来都是忧愁的，让人烦心的，这下子躺在了床上，就更要抱怨“生不如死”，“人活着就是受罪”了。于是我不动声色地说冷笑话，先让幽默的气氛给病房冰冷的空气“热身”，吃完饭后给他读报，尽量“报喜不报忧”，读那些鼓励人心的文章，说那些充满阳光的话语。结果，父亲所在的病房里总是悬着一轮春日里的太阳，进进出出的人脸上都笑眯眯的，虽然这是很冷很冷的冬天的夜晚。父亲的伤很快好了，最重要的是，他的心态有所改变。他知道，无论发生什么事，家人总在左右，不离不弃。放宽了心的父亲，笑容明显多了，话语也渐渐多了起来，要知道，从前他老人家的脸上可是常常阴云密布，时有小雨，偶尔还会电闪雷鸣。

这桩坏事变成了好事。更关键的是，我们在家里找到了那种温暖的感觉。母亲年轻时十分刚强，但她为父亲擦洗时，眼神竟充满怜惜、柔情，我觉得这新鲜的眼神真好。

原来幸福就是这样，当我们心甘情愿地付出，为家人，为他人，我们是幸福的；而当心稳妥地跳动着，知道有人会为你牵挂，为你付出，你们互相依存，你的内心也会充满幸福的感觉。

播撒阳光必将收获温暖。付出时，我们会感知自己的伟大，尽管那是不为人知的伟大。付出时，我们会感受到自己的人生价值，会获得无比的快慰。予人玫瑰，手有余香。付出的感觉如此美妙，它像一股暖流在你身体里涌动，让你感觉浑身舒服自在。

这是一个守墓人亲身经历的故事。每周守墓人都会收到一位素不相识的妇人的来信，信中附着钞票，要他每周帮她在她儿子的墓地上放束鲜花，这样的状况持续了很多年。后来有一天，他们见面了。那天，开来一辆小车停在了公墓的大门口，司机匆匆来到守墓人的小屋，说："夫人在门口的车上，她病得走不动了，请您去一下。"

一位上了年纪的妇人坐在车上，表情有几分高贵，但眼神却很哀伤，毫无光彩。她怀抱着一大束鲜花。"我就是鲁比夫人，"她说，"这几年我每个礼拜给您寄钱……"

"买花。"守墓人答道。

"对，给我儿子。"

"我一次也没忘记放花，夫人。"

"今天我亲自来，"老妇人温存地说，"因为医生说我活不了几个礼拜了。死了倒好，活着也没意思了。我只是想再看一眼我儿子，亲手来放一些花。"

守墓人眨着眼睛，苦笑了一下，决定再讲几句："我说，夫人，这几年您常寄钱来买花，我总觉得可惜。"

"可惜?"

"鲜花搁在那儿，几天就干了。没人闻、没人看，太可惜了!"

“你真的是这么想的?”

“是的，夫人，您别见怪！我是想起自己常去的敬老院，那儿的人可爱花了。他们爱看花，爱闻花。那儿都是活人，可这儿墓里哪个活着?”

老妇人没有作声。她小坐了一会儿，默默地祷告了一阵，没留话便走了。守墓人后悔自己说的话太直率、欠考虑，这会使她受不了的。不料几个月后，这位老妇人又忽然来访，把守墓人惊得目瞪口呆：她这回是自己开车来的。老妇人微笑着，显得很开心：“我把花送给那里的人们了，他们看到花是那么高兴，这真让我感到快乐！我的病也好转了，医生都不明白是怎么回事，可是我自己明白。”

有时候，一个发自仁慈与爱的小小善行，会铸就人生大爱的舞台。善待社会，善待他人，并不是一件困难的事，只要心中常怀善念，即使是举手之劳，也能给予别人很大帮助，何乐而不为呢?给迷途者指路，向落难者伸出援手，真诚鼓励失意的朋友，等等，看似微不足道的举动，却能给别人带去力量，给自己带来付出的快乐和良心的安宁。

2 送人玫瑰，手留余香

生活中，一个能够设身处地为他人着想，了解别人心里在想些什么的女人，永远不用担心未来。任何一种真诚而博大的爱，都会在现实中得到应有的回报。你铺就的良好人缘，将会给你以莫大的帮助。

一对夫妇平时待人不错，在街坊邻居中极有人缘，他们下岗不久，在小城新兴的一个市场里开起了火锅店。由于夫妇俩待人热忱、收费公道，赢得了大批回头客，火锅店的生意一天比一天好。不过每到吃饭的时间，小城里行乞的七八个大小乞丐，都会成群结队地到这家火锅店来行乞。夫妇俩每次都笑呵呵地给这些肮脏邋遢的乞丐的讨饭盆中盛满热饭热菜。而且他们俩在施舍的时候，没有丝毫的做作之态，表情十分自然，就像他们所做的这一切原本就是分内的事情。

日子就这样一天一天地过着。一天深夜，市场里一家从事丝绸生意的店铺忽然失火，很快殃及了火锅店。这一天，恰巧丈夫去外地进货，店里只留下女人照看。正当她束手无策、万分着急之时，只见那群平常天天上门乞讨的乞丐不知从哪里钻了出来，冒着生命危险将那些笨重的液化气罐迅速搬运到安全地段，并将那些易燃物品也搬了出来。消防车很快开来了，由于抢救及时，火锅店虽然也遭受了一点小小的损失，但最终给保住了。火灾过后，人们都说这是夫妇俩平时善待那些乞丐的结果，要是没有那些平时受他们施舍的乞丐们出力，火锅店恐怕只好关门了。

生命就像回声，你送出什么它就回应什么，你播种什么就收获什么，你给予什么就得到什么。心要靠心来交换，感情只有用感情来交换。同样的道理，一个乐于助人的人同样也会得到别人的尊重和回报。

当然，我们帮助别人的初衷并非是要得到回报，但是大部分获得帮助的人都会感恩，会记住别人的善意。有些时候，与人方便的同时也是与己方便。

一位穷苦学生为了凑足学费，挨家挨户地推销商品。由于他一心一意想凑足学费，于是决定硬着头皮靠乞讨食物度日，以便尽可能少花点钱。年轻人敲了一户人家的门，开门的是个小女孩，他一看便失去了勇气，心想：天下哪有大男生向小女孩讨东西吃的？于是他只要了一杯开水解渴。小女孩看出他非常饥饿，于是拿了一杯开水与几块面包给他。他把食物接过来，狼吞虎咽地吃着。一旁的她看到他这种吃法，不禁偷偷地笑了。吃完后，他感激地说："谢谢你，我应该给你多少钱？"她满脸开心地笑着说："不必啦，这些食物我们家有很多。"

年轻人觉得自己很幸运，在陌生的地方还能受到他人如此温馨的照料，真让人感动。

多年以后，小女孩长大了，不幸感染了一种罕见的疾病，许多医生都束手无策。女孩的家人听说有个医生医术高明，找他看看或许有治愈的机会，便赶紧带她去接受治疗。在医生的全力医治和长期护理下，女孩终于恢复了往日的健康。出院那天，护士把医疗费用账单交给她。女孩几乎没有勇气打开来看，她知道可能要一辈子辛苦工作才还得起这笔医疗费。最后，她还是打开了，看到签名栏写了这样一句话："一杯开水与几块面包，足够偿还所有的医疗费。"女孩眼里含着泪水，原来主治医生就是当年那个穷学生。

一次小小的给予，就可以帮助一个人渡过难关；也往往因为这样，在我们遇到难关的时候，也会有人帮助我们。

许多人活了一辈子都不会想到，自己在帮助别人时，其实就等于帮助了自己。他们会问："明明是我去帮助他们，他们受惠，怎么会是帮助自己呢？我受的惠在哪里呢？"其实你在帮助别人时，无形之中就已经投资了感情，别人对于你的帮助会铭记在心，只要有机会，他们会主动报答的。

任何一种真诚而博大的爱都会在现实中得到应有的回报。所以，善待别人即是善待自己。试着帮助他人，给他人方便，你就会得到更多的收获。

幸福感悟

你先争人必争，争未必得；你先让人必让，让未必失。只要心怀善念，生命就像回声，你送出什么就会回应什么，你播种什么就会收获什么……送人玫瑰，手留余香。

四十六　命运　把命运掌握在自己手中

1　我的命运我作主

命运有时候很残酷，可这种残酷里有多少是自作自受的呢？不过是自食恶果罢了。就这样还要叹命运不公平，怪别人影响你，骂男人都不是好东西，就不主动去照照镜子，看看自己都已经成了什么模样。“我过不好你也别想过好”，说这句话的人内心是阴暗的，有种的就站直了，别趴下，指着对方的鼻子说：“我一定会比你过得好!”然后让那些人悔青了肠子去吧。

如今已经不是性格决定命运，而是心态决定命运。心态直接影响着你判断是非的能力和解决问题的智慧，决定着你能否尽快走出失败的阴影，摆脱痛苦的纠缠。心态和性格没多大关系，只要没到偏执的程度，抛弃贪婪的欲望与刻薄的挑剔，怀着一颗感恩的心把日子往好里过的，久而久之都能炼就一副好心态。

一种健康的心态，比一百种智慧都有力量；一个人有什么心态，就有什么样的人生；一切的成就，一切的财富，都始于积极的心态。因此，我们要用正确的态度去对待生活。比如口渴难忍的你，回到家看到冰箱里只有半杯水，你会怎么说？是抱怨只有半杯水，还是有半杯水就已经觉得足够了，总比没有水强。心态怎样左右我们的人生，就怎样决定我们的命运。

威尔逊是一位成功的商人，他从一个普普通通的事务所小职员做起，经过多年的奋斗，终于拥有了自己的公司、办公楼，并且受到了人们的尊敬和羡慕。一天，威尔逊从他的办公楼里走出来，刚走到街上，就听见身后传来“嗒嗒嗒”的声音——那是盲人用竹杆敲打地面发出的声响。威尔逊愣了一下，缓缓地转过身。那盲人感觉到前面有人，连忙打起精神，在一个包里摸索了半天，掏出一个打火机放到威尔逊手里，说：“先生，这个打火机只卖1美元，这可是最好的打火机！”

威尔逊听了，叹口气，把手伸进西服口袋，掏出一张钞票递给盲人说：“我不抽烟，但我愿意帮助你。这个打火机也许我可以送给开电梯的小伙子。”

盲人用手摸了一下那张钞票，竟然是100美元！他用颤抖的手反复抚摸着钱。威尔逊正准备走开，盲人却拉住他，又喋喋不休地说：“您不知道，我并不是一生下来就瞎的，都是23年前布尔顿的那次事故，太可怕了！”

威尔逊一震，问道：“你是在那次化工厂爆炸中失明的吗？”盲人仿佛遇见了知音，兴奋得连连点头：“是啊是啊，您也知道？这也难怪，那次光炸死的人就有92个，伤的人有好几百，可是头条新闻呢！”

盲人想用自己的遭遇打动对方，争取得到更多的钱。他可怜巴巴地说：“说起来我真可怜啊！到处流浪，孤苦伶仃，吃了上顿没下顿，死了都没有人知道！”他越说越激动，“你不知道当时的情况，火一下子冒了出来，仿佛是从地狱中冒出来的！逃命的人群都挤在一起，我好不容易冲到门口，可有个大个子在我身后大喊：‘让我先出去，我还年轻，我不想死！’他把我推倒了，踩着我的身体跑了出去。我失去了知觉，等我醒来，就成了瞎子，命运真不公平啊！”

威尔逊冷冷地说：“事实恐怕不是这样吧？”盲人一惊，用空洞的眼睛呆呆地对着威尔逊。威尔逊一字一顿地说：“我当时也在布尔顿化工厂当工人，是你从我的身上踏过去的！你长得比我高大，你说的那句话，我永远都忘不了！”

盲人站了好长时间，突然一把抓住威尔逊，爆发出一阵大笑，“这就是命运啊！不公平的命运！你在里面，现在出人头地了；我跑了出去，却成了一个没有用的瞎子！”

威尔逊用力推开盲人的手，用自己手中精致的棕榈手杖敲了敲地面，平静地说："你知道吗？我也是一个瞎子！你相信命运，可是我不信。"

同样的遭遇，为什么会出现两种截然不同的结果呢？关键就在于，他们对身处逆境的承受力和对命运的理解迥然不同。把命运交到上天手里的人总被命运捉弄，自己把握命运的人则总是交好运。

洛克菲勒曾说："就算我今天变得一贫如洗，被扔在了沙漠腹地，只要能活着出去，我照样可以从两手空空开始，变成亿万富翁。"他之所以有这样的自信，是因为他知道，使一个人成功的不是环境、机遇和命运，而是自己所拥有的心态，以及在这种心态下产生的思路和行为。成功者具有点石成金的魔力，能够将不利的环境变为有利。

因此，若想改变自己的命运，最重要的是要改变自己、改变心态、改变环境，这样命运也会随之改变。对于女人而言，拥有积极的心态才能幸福。

2　改变自己才能改变命运

经过了年月的冲刷，那曾经雄心勃勃的理想已经变成了1/3理想，当初的执着在跌跌撞撞的途中如水般滴漏了。理想站在交叉路口，放也不是，抓也不是，那年少轻狂的影子再也难以重现，想哼唱那青春歌谱里的歌曲，才发现歌声中已经缺少了一种东西，那就是激情。雄鹰注定要搏击长空，麻雀终究要荡回那片稻田的上空，它们有着各自的命运轨迹，得遵循地行走于其间。要逃出命运的轨迹，不是不能，但似乎那不必要的牺牲只能让你在头破血流中才醒悟过来，发现原来改变命运是如此之难，除此之外，你一无所获。

曾经听说过这么一个故事：有一位老人回忆他年轻的时候，他的梦想是改变世界，当他发现这个世界是不可改变的时候，他就想改变自己的国家；后来他意识到自己的国家也是他无法改变的，他只好改变他的家庭、他亲近的人，结果这样的愿望也没有实现。他为此非常沮丧，闷闷不乐，最后抑郁而终。

我把这个故事讲给心理学家听之后，心理学家说了一句话："他可以只改变他自己呀!"是啊，他只要改变一下自己，就会觉得家里人发生了变化，国家也变了，世界也和以前有所不同了。也许我们不能操控外部世界，但是我们却可以改变自己对世界的认知。这样的改变，往往会给我们的生活带来翻天覆地的变化。

海伦·凯勒一岁零七个月之时，一场突如其来的猩红热使她失明、失聪，成为一个集盲、聋、哑于一身的残疾人。她的命运发生了转折，然而，她以良好的心态紧紧扼住了命运的喉咙，给黑暗中的生命带来光明。她从不觉得自己痛苦，而是认为比正常人有了更多更好的锻炼机会。她10岁那年开始学习说话，用手去感觉老师发音时喉咙、嘴唇的运动，然后进行成千上万次的模仿和纠正。当海伦首次像正常人那样说出"天气真热"这句话时，惊奇之余，她和莎利文老师都意识到，在保持幸福的心态之前，再也没有克服不了的困难。

没有一个人是十全十美的。发明大王爱迪生小时候曾被认为是弱智，天体物理学始祖爱因斯坦因为性格的缺陷而难于与人相处，钢琴大师贝多芬双耳失聪，但是，他们都没有自认不行，自暴自弃，而是接受挑战，不让命运毁在自己手上。

叶晨是某大学中文系毕业的高材生，她到某单位应聘秘书一职，一路过关斩将，最后只剩老总面试点头了。按理叶晨是十拿九稳会被录用的，不料企业老总和她交谈了几句，看了看她的简历，说："对不起，我们不能录用你。试想，连自己的简历都保管不好的人，我们怎能放心把单位的工作交给你。"原来是叶晨那留有水渍，并显得皱巴巴的简历引起了老总的反感。

叶晨早上出门时走得急，一不小心碰翻了茶杯，弄湿了简历，再重新打印一份已来不及了。谁知问题就出在这里，这能怪谁呢？回家后，叶晨非常认真地用钢笔抄写了一份简历，并给那个单位的老总写了一封信，其中写道："贵公司是我心仪已久的单位。您对我的近乎苛刻的要求，正反映了贵公司在管理上的认真与严谨，精益求精，这也是贵公司兴旺发达希望之所在。我一定铭记您的教诲，在今后的工作中尽心尽责，一丝不苟。"叶晨发自肺腑的话语，详略得当的简历，以及她那娟秀清丽的笔迹，使那位老总眼睛一亮。最终，那家公司向叶晨亮了绿灯。

从上述故事我们可以知道，如果想改变命运，最重要的是改变自己。在相同的境遇下，不同的人会有不同的命运。一个人的命运不是由上天决定的，也不是由别人决定的。若想改变自己的命运，最重要的是要改变自己，改变心态，改变环境，这样命运也会在不经意间随之改变。

3　习惯成就命运

习惯是女人成功的资本，好的习惯会使女性立于不败之地，坏的习惯则会将女性从成功的航船上拉下来。常常做一件事就会成为习惯，而习惯的力量的确大极了。但是人类也有一股不小的缓冲能力，既然有能力养成习惯，当然也有能力祛除他们认为不好的习惯。举例来说，一个商人有遇事保持乐观和热情的习惯，这对自己是有帮助的，它会使工作较顺利、较容易，而且也会激励和鼓舞他的同伴和下属。但是，习惯性的乐观和热情，往往会造成危险的甚至是不堪设想的过度乐观和热情。

好的习惯可以在成功之路上助你一臂之力，你必须时时警惕祛除那些可能破坏你好习惯的缺点，尽快养成对自己所追求的事业有助益的那些习惯。

当你每天坚持培养良好习惯的活动时，它们很快就会成为你精神生活的一部分。最重要的是，它们会溜进你的心灵，变成奇妙的源泉，永不停止，创造财富，并使你事业的航船不断驶向成功的彼岸。

杰克·伦敦是享誉全美的大作家。他在很小的时候就立下了志向——将来成为著名的大作家，他为了实现自己的理想曾付出过艰苦的努力。他19岁进入高中就读，并在短短3个月时间里读完了4年的课程，通过考试，进入大学。在大学时期，杰克拼命地写作，他以每天5000字的速度拼命写稿，用20天的工夫就完成了一部长篇小说。那段日子里，他以短篇小说《日本海岸外的台风》入选《呼声》杂志主办的征文比赛第一名，奖金20美元，这点钱连他所欠的房租都不够。生活的巨大压力使他不得不加入到淘金队伍之中，在经过千辛万苦之后，杰克一文不名地回到了家乡。

为了生存，他在餐厅里洗碟子、扫地，也曾在码头做零工，但他仍旧是一贫如洗。1898年的一天，杰克身上仅剩下2美元，如果用完了，他只有饿死。在走投无路的困境下，好消息突然传来，他的6部长篇小说及125篇短篇小说出版了。杰克一下子成了全美文坛最受欢迎的作家。

俄国大作家果戈里成功的方法也是坚持每天都要写作，从不间断。一次，他的一个朋友问他："您天天都写吗？"

果戈理肯定地说："必须每天写作。"

朋友又问："如果有一天没有写呢？"

果戈理回答道："如果有一天我没有写作，就拿起笔来，写下'今天不知因为什么我没写'，把这句话一遍一遍地写下去，直到写得厌烦了，就要开始写作了。"

良好的生活习惯是成功的前提，它可以产生巨大的力量。如果你反复地去做一件对成功有利的事，那么所有的困难都微不足道了。一个好习惯给你带来的好处，可能会远远超出你的想象和期待。

1978年，75位诺贝尔奖获得者在巴黎聚会。有人问其中一位："你在哪所大学、哪所实验室里学到了你认为最重要的东西呢？"出人意料，这位白发苍苍的学者回答说："是在幼儿园。"又问："在幼儿园里学到了什么呢？"

学者答："把自己的东西分一半给小伙伴们；不是自己的东西不要拿；东西要放整齐；饭前要洗手；午饭后要休息；做了错事要表示歉意；学习要多思考，要仔细观察大自然。从根本上说，我学到的全部东西就是这些。”这位学者的回答，代表了与会科学家的共同看法：成功源于良好的习惯。

记住，好习惯成就好命运，你的好习惯越多，你就离幸福的天堂越近。当你培养了一种良好的习惯，每天早晨，你开始带着以前从来没有过的活力醒过来，你的元气将会增加，你的热情将会升高，你事业成功的欲望将会使你克服一切恐惧，你将会比你想象的更快乐。

幸福感悟

改变命运一定要转变思想，端正行为，培养习惯，磨炼性格。因为思想决定行为，行为形成习惯，习惯决定性格，性格决定命运。

四十七　希望　心怀希望就永远有希望

1　凡事要抱有希望

我们都曾经看到过这类不幸的事实：很多有目标、有理想的人，他们努力工作、奋斗，用心去想、去做，希望能实现自己的愿望和理想，但是由于过程太艰难，他们越来越倦怠、泄气，终于半途而废。到后来他们发现，如果他们再坚持久一点，如果他们能看得更远一点，他们就会终成正果。

因此，无论你在生活和工作中，遇到多大的挫折和困难，永远不要绝望，即使面临各种困难，你仍然可以选择用积极的态度去面对眼前的挫折。保持一颗积极、绝不轻易放弃成功的心，尽量发掘周遭人或事物最好的一面，从中寻求正面的看法，让自己有向前走的力量。即使最后还是失败了，也能汲取教训，把这次失败视为朝向目标前进的踏脚石。

美国成功学家格兰特纳说过这样一句话：如果你有自己系鞋带的能力，你就有上天摘星星的机会！一个人对待生活、工作的态度是决定他能否做好事情的关键。首先改变自己的心态，这是最重要的！

很久以前，在意大利的庞贝城里，一个普通人家生了一个叫莉蒂雅的女孩。莉蒂雅自小双目失明，但她并不怨天尤人，也没有垂头丧气，反而热爱生活，对生活充满信心和希望。稍稍长大后，她像常人一样劳动，靠卖花自食其力。不久，维苏威火山爆发，庞贝城面临一次大的灾难，整座城市被笼罩在浓烟尘埃之中。浓密的火山灰，遮掩了太阳、月亮和星星，大地一片漆黑。黑暗中，惊慌失措的居民跌跌撞撞地根本找不到出路，人们好像生活在人间地狱中。莉蒂雅虽然看不见，但这些年来，她走街串巷在城里卖花，对城市的各条道路了如指掌。她靠自己的触觉和听觉找到了出路，不但救了自己的家人，还救了许多人。后来，莉蒂雅的事迹一直被后人所传颂，并出现在很多的文学作品中。

所以，永远不要放弃希望，哪怕是置身黑暗当中；永远不要失去对自己的信心，哪怕是上天夺走了你太多的东西。成功学大师拿破仑·希尔也说过："没有任何东西能够换取希望对于人的价值，因为没有什么比希望更能改变我们的处境！"是啊，当我们处于逆境的时候，当我们经历失败的时候，当我们面对灾难的时候，如果没有了希望，人生将会怎样？

有一架运输机，在飞越一片戈壁滩的时候，不幸遭遇了一场特大的沙尘暴，但飞机还是成功迫降了。飞机上只有驾驶员、设计工程师、导航员三人。正当大家为劫后余生欢呼的时候，却发现身处戈壁滩深处，更为要命的是：飞机严重受损，无法重新起飞；通讯设备全部损坏，无法与外界取得联系……

大家顿时感到死亡正在向自己一步步地逼近。为了不同的逃生方案，驾驶员和导航员发生了激烈的争吵，谁也说服不了谁，发展到最后竟然拳脚相向地抢起食物和水来。在这紧要关头，一直坐在一边苦苦思索的设计工程师冲了过来，一脸兴奋地说："你们两个谁也不要争了……我刚才大致检查了一下飞机，发现飞机的主要部件并没有损坏，只要你们两个都听我的指挥，我就可以把飞机修好！"驾驶员和导航员听了，立即停止了争斗，赶紧按照设计工程师的话忙碌起来。为了躲避烈日炙晒，他们白天休息晚上干活；为了节省食物和水，他们两餐并做一餐吃……

几天都过去了，飞机还是没有修好。就在这个时候，导航员偶然发现设计工程师根本就没在修理飞机，他只是不停地重复着一些装卸工作。导航员恼羞成怒起来："好你个骗子，在身陷绝境的时候，你还不忘欺骗我们啊……"

"不，我没有欺骗你们！"设计工程师冷静地争辩着。突然，设计工程师兴奋地挥舞着手："来呀，救救我们——"顺着设计工程师手指的方向望去，一个驼队商队正在远处不紧不慢地晃动着。于是，三个人得救了。喝着商人递过来的水，设计工程师开心地笑着说："怎么样，我没有欺骗你们吧?"驾驶员和导航员顿时醒悟过来了。

身陷困境固然是不幸的，但是，比身陷困境更加不幸的是心中没有希望，倘若如此，只有慢慢地等待死亡的降临了。设计工程师的欺骗给了同伴存活下去的希望，正是这个希望支撑着他们在苦难的边缘抗争。因此，当你的人生遭遇困境时，只要还有1%的希望，就应该付出100%的努力，只有这样才能迎来柳暗花明的一天！

2 相信自己，一切皆可重头再来

人生，什么时候开始都不算晚，想做什么，就勇敢地去做吧！

第十四届金鸡奖闭幕，最佳女主角居然是84岁的金雅琴。半个月之后的东京国际电影节，她再获殊荣，仍然是最佳女主角。《东方之子》采访她，她笑言："演了《我们俩》才知道怎么演戏，也许我真正的演员生涯80岁以后才开始。"

老人的这种心态多么美妙啊！金雅琴是位老演员，演了一辈子戏，却没让人记住。84岁时，她在《我们俩》中扮演一位刁钻古怪的老太太，把房子租给一个年轻的女孩子。她和女孩子由开始的敌视变成祖孙般的亲情，非常感人，让人几度落泪。金雅琴拍这个戏很难，耳朵听不到，眼睛也看不清，什么时候开拍她甚至也不知道，于是她就让导演举一面小红旗，红旗一落下就开始演——片子一点点地拍出来了，老人的敬业精神感动了所有人。这部戏之后，她才被人熟知欣赏。

一个画家朋友，40岁才开始画画，几年之后得了全国大奖。人们开始都以为他只是玩玩而已，没想到他认了真，每周从河北跑到北京去学画。还有一个孩子，在不停地留级之后，在所有人都对他失望之后打算学英语。几年之后，他居然考上了北外！记者采访他的时候，他说，我总以为太晚了，总以为我落下了，开始学了以后我才明白，什么时候开始追都不晚！

是的，人生可以随时开始，即使只剩下生命中的24小时。只要你还能思考，还充满了梦想，就一定可以重新开始自己的人生。没有年龄限制，更没有性别区分，只要我们有决心和信心，梦想即使到了70岁也能实现。

日本作家中岛薰曾说："认为自己做不到，只是一种错觉。我们开始做某事前，往往考虑能否做到，接着就开始怀疑自己，这是十分错误的想法。"

一位68岁的老太太去日语学习班报名，为的是能听懂儿子和日本媳妇的谈话，能和他们进行简单的交流。负责报名登记的小姐说："你想听懂他们的话，至少要学两年，可两年以后你都70岁了。"老人笑吟吟地反问："姑娘，你以为我如果不学，两年以后就是68岁吗？"

事情往往如此，我们总以为开始得太晚，所以放弃。殊不知，只要开始，就永远都不算晚。明年我们将增加一岁，不论我们是走着还是躺着；明年我们将同样增加一岁，可有人收获，有人依然空白——差别只在于你是否开始。老人学与不学，两年以后都是70岁，差别是：一个能开心地和儿媳交谈；一个依然像木偶一样在旁边呆立。不是我们没有做某件事的能力，不是我们没有时间，是我们自己在给自己设限。

你肯定也有过去KFC享受美食的经历，不知道你是否留意过每家KFC墙上关于肯德基创始人的历史介绍呢？肯德基创始人桑德斯上校65岁开始创业，几年后便有了人人都喜欢食用的KFC快餐。再晚的开始也不算晚，迟开的花也许更香，迟熟的果也许更甜。只要有了开始，就有了成功的希望；没有开始，就永不会有成功的可能。

不管我们昨天成功也好，失败也罢，今天都可以重新开始，重新开拓自己的人生。昨天失败了，不要紧，今天忘了它，总结失败的教训，继续新的努力。即便昨天是成功的，今天依旧要重新开始，在成功的基础上继续努力，争取更辉煌的进步。

3 心若在，梦就在

生活中的倒霉事件和意外不幸时有发生，挫折会给人以打击，带来损失和痛苦，但也能使人奋起、成熟，从中得到锻炼。每个人都要学会换个角度看厄运，学会在失望中寻找希望。只要心存希望，总有奇迹发生。

美国作家欧·亨利在他的小说《最后一片叶子》里讲了个故事：病房里，一个生命垂危的病人从房间里看见窗外的一棵树，树叶在秋风中一片片地掉落下来。病人望着眼前的萧萧落叶，身体也随之每况愈下，一天不如一天。她说："当树叶全部掉光时，我也就要死了。"一位老画家得知后，用彩笔画了一片叶脉青翠的树叶挂在树枝上。最后一片叶子始终没有掉下来。只因为生命中的这片绿，病人竟奇迹般地活了下来。

富兰克林是揭开雷电之谜的人，他当年的电学论文曾被科学权威不屑一顾，1749 年，他就曾写报告给英国皇家学会，建议将尖端金属杆装在屋顶，再用铁丝把铁杆同地面连接起来，这样就可以把天上的电引到地下，防止房屋遭到雷击。但他的建议却遭到皇家学会的"科学家们"的讥讽和嘲笑。富兰克林并没有因此而悲观失望，他没有放弃自己的科学信念。后来，他写信告诉一个法国朋友，法国朋友将一根铁杆直立在屋顶上，在雷雨时真的把天空中的闪电引到了地下，这就是富兰克林发明的避雷针，直到今天人们还在使用。

在战争年代，有一名战士的头部被敌人击了 5 枪，最后竟奇迹般地活了下来，医生把他的康复归功于求生的希望。他自己也说："希望和积极的求生意念是我活下去的两大支柱。"

那些创造奇迹的人就是这样，在面临困难时，他们充满希望，永不放弃。他们把每一天都当做新生命的诞生，充满希望。

一位邻居在工厂当工人，劳累了一辈子，正要退休回家享受天伦之乐时，不幸的事发生了，他被诊断出患了癌症。这对他仿如当头一棒。然而，他没有抱怨命运对他的不公平，反而变得更宽容、更谦和，更加珍惜自己所拥有的一切。在配合医生治疗的同时，他没有放弃锻炼身体，每天早晨都到江边去做操，还结交了一些病友，鼓励大家和病魔搏斗。就这样他已经平安度过了好几个春秋。有人惊讶于他的事迹，问他是什么神奇的力量在支撑着他。他笑盈盈地答道："是希望！几乎每天早晨，我都给自己一个希望，希望我能多活一天，希望我的笑容能温暖我的每一个亲人。"

是的，生活中其实没有绝境，绝境在于我们的心没有打开。封闭的心，如同没有窗户的房间，会处在永恒的黑暗中。但实际上周围只是一层纸，一捅就破，外面则是一片光辉灿烂的天空。所以，就看你愿不愿意去捅开。

无论何时，你都要记住，无论黑夜多么漫长，朝阳总会冉冉升起；无论风雷怎样肆虐，春风终会缓缓吹拂。

幸福感悟

我们永远不要丢掉心中的希望！如果说人生是一次未知的旅行，那么希望便是指引我们抵达目的地的驼铃声。虽然未来难料，但只要心怀希望，勇敢面对，就一切皆有可能。

四十八　梦想　引领幸福的希望

1　有时也要做做白日梦

想象自己成功，是我们每个人都应该适时做的白日梦。不必害怕做白日梦会浪费生命。人类学家经过多年研究发现，做白日梦不但有益于身心健康，而且还会给人们带来挑战困难的旺盛精力。科学研究证实，每天做5分钟白日梦，一边深呼吸，一边做做白日梦，让愉快的画面从脑海中飘过，可以增加免疫细胞的数目和活动能力。

据说，希尔顿在孩提时就开始想象自己在经营旅馆，并常常扮演旅馆经理的角色，最终他经营的希尔顿酒店享誉全球；拿破仑很小的时候，就把自己想象成一个司令，并画出科西嘉岛的地图，进行军事布防，结果他真的成了世界史上杰出的军事家；卓别林从小就梦想成为一名演员，后来虽经历种种磨难，最终美梦成真，成为世界上著名的喜剧明星。

"我是哪种类型的人，会成功还是失败?" 这是人们常常思考的问题。人们在成长的过程中也不断地通过他人肯定或否定的评价，自己失败或成功的经历，不自觉地给自己勾画出一幅幅心理图像。令人遗憾的是，这些自我画像往往都是消极的、否定的。在很多人眼里，成功似乎只青睐少数天分高、条件优越的人，他们感觉自己才智平平，条件一般，天生就是失败者。

其实，人生来都是平等的，无所谓伟大或渺小，后来之所以千差万别，并不是上帝的不公或成长环境的不同，很大程度上是因为每个人内心对自己的愿望设定不一样。有的人把自己设想成为生活和事业的成功者，有的人则把自己当做生活中的牺牲品，自轻自贱，自甘平庸，导致结果产生了巨大的差别。著名的心理学家詹姆斯·艾伦曾说过，一个人成功与否都取决于他的想法，不论我们的愿望是什么，想成为什么样的人，我们就会无意识地、不自觉地朝实现愿望的方向运动。如果我们把自己想象成怯懦胆小、内向害羞的人，我们就会想方设法通过种种举动来证明这一点，即使心理有时也会闪过改变这种不良性格的念头，甚至也做过一些努力，结果却无济于事。如果我们把自己想象成为失败型的人，我们就会想尽办法证明自己的失败；相反，如果我们把自己想象成为成功型的人，我们必然会想办法取得成功。如果你想成为一个人格完善的人，你就会努力去破除原有的坏习惯，使自己的人格逐步完善起来。如果你能描绘一个幸福乐观的自我，你就会是一个幸福乐观的人。

1976 年，当钱德勒和阿诺德·施瓦辛格在亚利桑那州德克郡的双树饭店共进午餐之时，施瓦辛格还没有出名，饭店里没人能认出他是谁。当时，施瓦辛格正在城里为他和杰夫·布利茨、莎丽·菲尔德合作的新片《保持饥饿》做宣传，那部影片票房表现平平。当时钱德勒是“德克郡公民体育专栏”的撰稿人，他的任务是通过对阿诺德的一对一采访，为星期日特刊撰写一篇人物专访。那个时候，钱德勒对施瓦辛格一无所知，更不知道他将来会成为大明星。钱德勒之所以要对施瓦辛格作一整天的专访，纯粹是上司的安排而已。

那天，最令人难忘的事情发生在共进午餐之时。钱德勒一边吃一边整理采访笔录，突然问施瓦辛格：“现在你既然已经完成了塑身计划，接下来打算做什么呢?”施瓦辛格以极其平静的语气，就像在讲述一个平淡无奇的旅行计划一样回答说：“我要做好莱坞票房冠军。”钱德勒惊呆了，怀疑施瓦辛格是否在开玩笑。因为当时他的体型根本不像我们现在看到的那么健美和修长，他整个人就像吹起来的一样，壮得像座小山。钱德勒尽量装得像施瓦辛格一样平静，继续问道：“那么，你计划如何成为好莱坞的明星呢?”“就像我做塑身运动一样，”施瓦辛格解释道，“在头脑中勾画一个成功的自我，然后像他那样生活，就像梦想已经成真。”

施瓦辛格在第二部影片《终结者》上映后就获得了票房冠军。

很多时候，一个人最终会成为什么样的人，并不是先天决定的，也不是受外界环境左右的，最主要是由他的想法决定的。换句话说，我们自己在内心把自己设想成为什么样的人，我们往往就真的会成为什么样的人。所以，若想改变自我，你必须从改变自己的想法、改变自己的内心世界开始。

2　为梦想列一份清单

梦想和理想的区别就在于有没有计划。有一种通往成功的方法，属于目标管理的范畴，即给自己制定远大目标，然后倒着给自己制定一个个计划，直到现在，再从现在开始执行计划，小范围调整步骤，最终达成理想。

一次和朋友吃饭，谈起关于梦想的话题，朋友不断地问我：你希望老了过怎样的生活？45 岁呢？具体一点？还不够具体……在朋友的不断追问下，我刚开始时那种模糊的想法越来越清晰，最后终于能总结为一句话，而且以往一直认为是不可能实现的梦想，现在觉得还是能够实现的，只是需要一一计划。朋友用同样的方法问我的短期目标，比如 3 年后 30 岁的我将是怎样的状态，我终于也能整理出思路。虽然不止一次思考过人生规划的问题，但在这次热烈坦诚的对话中，我仿佛闯过了许多不明白的关卡，让自己知道“我想要怎样的生活”。朋友最后说，要写下来，经常提醒自己，梦想才能变成目标。

工作的压力和生活的磨砺让我们的想象力逐渐褪色，浪漫于是变得遥不可及。生活在日复一日中演绎成乏味的黑白片，我们的眼睛看不到一丝彩色。如果你有梦想，那么，千万不要让你的梦想永远只是梦想，记录下你心中的梦想，要知道可能在不久的将来，你的梦想就会进驻到你的生活中。

你不一定要在过生日那天才能许愿，当你有一个强烈的念头，愿意倾一生之力去实现、去完成时，如果你能像以下故事中的主人公那样为梦想列一张清单，也许你也能体味到美梦成真的快乐。

五官科病房里同时住进来两个病人，都是鼻子不舒服。在等待化验结果期间，A说，如果是癌，立即去旅行，首先去拉萨。B也同样表示。结果出来了，A得了鼻癌，B长的是鼻息肉。

A列了一张告别人生的计划离开了医院，B住了下来。A的计划表是：去一趟拉萨和敦煌；到海南三亚以天涯海角为背景拍一张照片；在哈尔滨过一个冬天；从大连坐船到广西的北海；登上天安门；读完莎士比亚的所有作品；成为北京大学的一名学生；写一本书……他总共写了27条。

A在这张生命清单的背后写道：我的一生有很多梦想，有的实现了，有的由于种种原因没有实现。现在上帝给我的时间不多了，我打算用生命最后的几年去实现这剩下的27个梦。

A很快辞掉了公司的职务，去了拉萨和敦煌。第二年，他又以惊人的毅力和韧性通过了成人考试，成为北京大学中文系的一名学生。期间，他登上了天安门，去了内蒙古大草原，还在一户牧民家里住了一个星期。现在，A正在实现他出一本书的夙愿。

有一天，B在报上看到A写的一篇散文，于是打电话去问A的近况。A说，我真的无法想象，要不是这场病，我的生命该是多么的糟糕。是它提醒了我，去做自己想做的事情，去实现自己想实现的梦想。现在我才体味到什么是真正的人生。你生活得也挺好吧！

B没有回答，因为在医院时所说过的话，早已因患的不是癌症而被他抛到九霄云外去了。

世上没有不可能实现的梦，而且你要记住，上帝早已承诺要给他的子民心中所求的礼物了。你要懂得借助这样的礼物。当你希望在生活的各方面得到你想得到的东西，不妨绘声绘色地想象这些东西，然后确实地建构你个人的梦想清单，针对你的愿望展开行动，通过这个简单的练习，把你的想法转变成具体的事实。在梦想面前，你默默的努力才是所有的一切。

3 用行动现实梦想

人的生命是有限的，就像流星划过天际，很短暂。让我们来算一笔账，假设一个人的寿命是75岁，除却他的少年时代，也就是从18岁成年开始计算，每天除去吃饭、睡觉以及其他事情得用掉大约10年的时间，那就只剩下不到50年的时间。也就是说，我们所有的目标都要在这短短的50年内去完成，此外还要考虑到一些特殊情况，如生病等，那么所剩的时间就更少了。所以，我们每个人都应该抓紧时间去完成自己的梦想，不应该再荒废时间。

中国有句古话叫做“机不可失，时不再来”，意思是说，机遇是转瞬即逝的，在它到来时一定要紧紧抓住，否则就不会再有机会了。

网络、电视曾报道过一个“感动世界”的英国妇女苏珊大妈的励志故事，这位47岁的英国无业大妈，因为参加“英国达人”节目，凭借天籁之音演绎《悲惨世界》震惊了世界，散发出巨星的光芒。据说苏珊演唱视频的网络点击已经数以亿计，世界各地媒体纷至沓来，唱片公司也找上门来……而苏珊大妈最具号召力的是：我没钱，没工作，没男人，唯一的伴侣是一只猫，最大的梦想是唱一回歌剧。为什么世界被苏珊感动？不仅因为她天籁般的歌声，更因为她一直怀揣梦想，最重要的是她还有去实现梦想的勇气和行动。苏珊的个案很难复制，“四十年磨一剑”，并非所有“怀才不遇”的人都能够真正理解其背后的艰辛和无助。到底苏珊给我们带来了什么？——做人要有梦想！当然，梦想不是用来想的，而是用来想办法实现的。

我们每个人都有很多的憧憬，很多的理想，如果我们将这一切都付诸行动的话，我们的人生不知该有多么伟大。然而，无论我们的梦想多么美好，理想多么伟大，计划多么周密，如果不去实行，那也只能是空想。

实际上，大多数人都没有立即行动的习惯，“等等吧，明天也不会晚”，“不急，以后有空再说吧”，或者“现在好像时机还不成熟”，于是，时光就在拖延、等待中悄悄流逝，梦想也在等待中慢慢地枯萎。

Atari公司的创始人、电子游戏之父诺兰·布歇尔在被问及企业家的成功之道时，这样回答道：“关键便在于抛开自己的懒惰，去做点什么，就这么简单。很多人都有很好的想法，但是只有很少的人会即刻着手付诸实践。不是明天，不是下星期，就在今天。真正的企业家是一位行动者，而不是什么空想家。”

从空想家到行动者的转变不可能不疼不痒，需要付出极大的努力才能得以实现。

杰西·欧文斯曾被称为“跑得最快的人”。他出生在克利夫兰一个“物质贫乏，精神富有”的家庭中。一天，一位知名运动员到杰西所在的学校给孩子们演讲，他叫查理·帕多克，曾经被体育记者称作“活着的跑得最快的人”。帕多克与孩子们交谈时说：“你们要做什么？说出来，然后相信上帝会帮助你实现。”

小杰西看着帕多克，想道：我要做查理·帕多克这样的人。演讲结束后，在心目中的英雄的激励下，杰西跑到运动教练那儿说：“教练，我有一个志向！”

教练看着这个瘦得皮包骨似的黑皮肤男孩，问道：“你的志向是什么，孩子？”

“我要像帕多克先生一样，成为跑得最快的人。”

“杰西，有一个志向很好，但要实现志向，你得要有阶梯。”教练语重心长地说，“第一级是决心，第二级是投入，第三级是自律，第四级是心态。”

杰西·欧文斯把自己的脚伸向第一级，在大脑里下了第一个决定：不管面对多么大的挑战，决不放弃。其后，他投入了艰苦的训练中，从未有一刻放松自己，挫折、失败进一步激励了他的斗志。后来，杰西·欧文斯果真成了100米比赛中跑得最快的人，在奥运会上获得了4枚金牌。

你打算什么时候实现梦想呢？你还在等什么？还有什么没准备好？你在等待别人的帮助还是等待时机成熟？如果想做，就立刻行动。这是所有成功人士的共识。希望永远都在今天，希望就在现在。立即行动！只有行动才会让我们的梦想变成现实。立即行动！只有大量的行动，才会让我们不断超越对手，超越自己。

幸福感悟

人生本来就是平等的，没有贵贱与贫富之分。而结果之所以千差万别，并不是因为上帝的不公与成长的环境不同，很大程度上取决于梦想的设定并付之于行动。

四十九　行动　不要给幸福开空头支票

1　绝不做“寒号鸟”

最宝贵的是时间，最被轻视的也是时间。现在的年轻人都崇尚悠闲，安于“散漫”，三三两两聚在一起便能聊个天昏地暗，有什么不顺心的事也能郁闷好几天，刚准备看看书，一个电话打来，就兴高采烈地随好友逛街吃烧烤去了。他们总以为自己有用不完的时间，于是毫不怜惜地蹉跎着时间，挥霍着光阴——这是一件多么可悲、可惜的事啊！

德国大哲学家叔本华曾感慨地说：“有一种人总忽视现在，只寄望未来，他们以为现在不是时候，未来才更好，于是总在等待中错过了最精彩的现在。其实，这种做法简直和我在意大利看到的笨驴没两样。”之所以说是笨驴，是意大利人为了让驴更好地干活，就在磨盘前面挂一束干草，驴子就使劲加快步伐去追赶，孰不知干草永远都在面前，看得见却吃不着。虽然叔本华的比喻并非十分恰当，但他就是想告诉那些永远抱着等待心理的人，这样做不合适，既然想做，就要马上行动，等待永远没有尽头。

佛教也讲“照顾当下”，因为等待明天，明天过了还有明天；等待以后，以后之后还有以后。等待中，浪费多少今朝明日；等待里，又错过多少美好的生活！

也许你没有傲人的姿色、出色的才能、高贵的出身，但是请相信，上帝给了你公平的时间。所以，别看比尔·盖茨富可敌国，别看妮可·基德曼光彩四射，任何人都是时间的产物。荣华可以无限，时间却是有限的；生命虽然有限，精彩却可以无限。

瑞秋是大学艺术团的歌剧演员。在一次校际演讲比赛中，她向人们展示了一个最为璀璨的梦想：大学毕业后，先去欧洲旅游一年，然后要在纽约百老汇中成为一名优秀的主角。当天下午，瑞秋的心理学老师找到她，尖锐地问："你今天去百老汇跟毕业后去有什么差别?"瑞秋仔细一想："是呀，大学生活并不能帮我争取到去百老汇工作的机会。"于是，瑞秋决定下学期就去百老汇闯荡。

老师紧追不舍地问："你下学期去跟今天去有什么不一样?"瑞秋激动不已，她情不自禁地说："好，给我一个星期的时间准备一下，我就出发。"老师步步紧逼："所有的生活用品在百老汇都能买到，你一个星期以后去和今天去有什么差别?"

瑞秋终于双眼盈泪地说："好，我明天就去。"老师赞许地点点头。第二天，瑞秋就飞赴到全世界最巅峰的艺术殿堂——美国百老汇。当时，百老汇的制片人正在酝酿一部经典剧目，几百名各国艺术家前去应征主角。按当时的应聘步骤，是先挑出10个左右的候选人，然后让他们每人按剧本的要求演绎一段主角的对白。这意味着要经过百里挑一的两轮艰苦角逐才能胜出。

瑞秋到了纽约后，费尽周折，从一个化妆师手里要到了将排的剧本。这以后的两天中，瑞秋闭门苦读，悄悄演练。正式面试那天，瑞秋是第48个出场的，制片人让她说说自己的表演经历，瑞秋嫣然一笑。当制片人听到传进自己鼓膜里的声音，竟然是将要排演的剧目对白，而且面前的这个姑娘感情如此真挚、表演如此惟妙惟肖时，他惊呆了！他马上通知工作人员结束面试，主角非瑞秋莫属。就这样，瑞秋顺利地进入了百老汇，穿上了她人生中的第一双红舞鞋。

岁月如梭，时间一刻不停地悄然流逝，绝不复返。每个人都应细细琢磨自己宝贵的一生究竟剩下多少有效的时间。一寸光阴一寸金，我们没有理由因拖延而降低生命质量和生活品质。我们要尽早奋发，工作、学习、事业等都要趁早努力拼搏，抓住大好的青春年华，发扬只争朝夕的精神，过得无怨无悔，充实快乐，有所作为，乃至创造奇迹。只要你下定决心去做，无论结果如何，你都不会后悔。不论你是年轻旺盛的青年，还是白发苍苍的老人，生命都会因为你的努力奋斗而精彩。

2 从每一个小事做起

生活中，谁都渴望在人生的舞台上扮演引人注目的角色，做生活的主角，成就一番大事业。然而要成就大事，必须从小事做起，古人说得好：“一屋不扫，何以扫天下?”

人不可能一口气吃成胖子，名人、专家、博士的美誉也不是一朝一夕即可获得，成功的人都会认真地对待生活中的每一件事，哪怕是芝麻绿豆大的小事。

美国一家汽车公司要招聘员工，他们制定的条件很苛刻，几乎是千里挑一。这天，来应聘的人又排成了长龙。一位身穿燕尾服的年轻人排在了后边，前边已经有几位比他穿戴体面，学历又高的应聘者落选了。看到一个个应聘者被无情地淘汰，他真的不抱什么希望了。可是，既然来了总要有个结果，他仍然坚持等下去。马上就轮到他了，他决定打起精神来做最后的冲刺。不过，当他刚进办公室，看到门口地上飘落一张废纸，他下意识地弯腰将它捡起来，顺手放进不远处的一个废纸篓里。

等他填过表格，又回答了董事长提出的几个问题后，董事长当场宣布：“祝贺你，小伙子，你被我们公司正式录用了。”这突如其来的好事，让年轻人感到大惑不解。董事长看他疑虑重重，就问他：“你还有什么话要说吗?”年轻人说：“董事长先生，我弄不明白，前几位的综合条件都比我好，你没有要，却把我录用了，这是怎么回事?”这位董事长哈哈一笑说：“小伙子，你可能没有想到吧，前面那几位条件确实比你好，学历比你高，而且长得相貌堂堂，不过，他们忽略了一个问题，那就是他们的眼睛只看到了所谓的“大事”，而看不见身边的小事。你之所以被录用，是你的眼里能看见小事。我认为能看见小事的人，将来必定能做成大事。所以，我选择了你。”

许多人会把理想与好高骛远联系在一起。实际上，理想与行动是一对孪生兄弟，既有理想，又有行动，成功才会有保证；而光有理想，没有行动，那就是好高骛远的表现，这种人是很少能够成功的。

我们的生命就是由无数小事组成的，如果我们能将专注的品质带进每一件小事里，就会成就伟大。周恩来位居总理之职时，官不可谓不大，但他强调的却是“关照小事，成就大事。”他一贯要求身边的工作人员尽可能考虑到事情的每个细节。周总理正是以这种一丝不苟的精神，赢得了中国人民的爱戴，同时也受到了国际友人的尊敬。

海不择细流，故能成其大；山不拒细壤，方能就其高。随着经济的发展，专业化程度越来越高，社会分工越来越细，真正的大事实在太少。比如，一台拖拉机有五六千个零部件，要几十家工厂进行生产协作；一辆福特牌小汽车有上千个零件，需上百家企业生产协作；一架波音 747 飞机共有 450 万个零部件，涉及的企业单位更多。

作为一个普通人，大量的日子显然都在做一些小事，怕只怕做不好，小事也做不到位。很多人总是不屑于小事和细节，不屑于做具体的事，殊不知能把自己所在岗位的每一件事做成功，做到位就很不简单了。所以，重要的是做好眼前的每一件小事，成功就是在平凡中做出不平凡的坚持。

中国有个有名气的建筑家，搞了一辈子的房屋设计，最让他头疼的就是“香山宾馆”。他在设计的时候非常注重细节，哪个地方种什么树、什么花；哪个地方放石头，放什么样的石头，都一一标明，但工人在施工的时候，完全没有按照设计方案，因为他们认为这又不是盖房子，完全没有必要，于是干活时随心所欲，怎样施工方便怎么做，结果可想而知。

也许，行为本身并不是问题所在，我们带给行为的品质才是问题所在。印度圣雄甘地说：“不管我们必须从事的工作看起来有多不重要，只要能够像处理重大事情那样的重视这些小事，我们必定有大收获。”一件小事或一个细节往往决定一个人的成败，有时甚至影响一个人的一生。在公交车上给老人和小孩让个座，是小事，但能看出你的道德；随手把瓜皮、纸屑丢进垃圾桶，是小事，但能体现你的素质；别人给一点帮助说声谢谢，是小事，但能体现你的修养；洗完手把水龙头关严，是小事，但能体现出你的细致……千万不要对这些时刻发生在我们身边的小事不屑一顾，它很多时候不仅能充当人生的镜子，更是你成就一番事业的基石。

幸福感悟

再好的梦想，再强的能力，再好的机遇，没有行动去实现，一切皆是枉然。明天过了还有明天，以后之后还有以后。在等待中浪费了多少今朝明日；在等待里又错过了多少美好机会，心动不如行动。